培育幼儿创造力

幼儿园『乐创教育』十年行动纪实

郁亚妹 著

华东师范大学出版社

上海

图书在版编目(CIP)数据

培育幼儿创造力：幼儿园"乐创教育"十年行动纪实/郁亚妹著. —上海：华东师范大学出版社，2020
ISBN 978 - 7 - 5760 - 1059 - 6

Ⅰ.①培…　Ⅱ.①郁…　Ⅲ.①学前教育－创造教育－教学研究　Ⅳ.①G610

中国版本图书馆 CIP 数据核字(2020)第 244540 号

培育幼儿创造力——幼儿园"乐创教育"十年行动纪实

著　　者　郁亚妹
项目编辑　蒋　将
特约审读　王　杉
责任校对　时东明　廖钰娴
装帧设计　冯逸珺

出版发行　华东师范大学出版社
社　　址　上海市中山北路 3663 号　邮编 200062
网　　址　www.ecnupress.com.cn
电　　话　021 - 60821666　行政传真 021 - 62572105
客服电话　021 - 62865537　门市(邮购)电话 021 - 62869887
地　　址　上海市中山北路 3663 号华东师范大学校内先锋路口
网　　店　http://hdsdcbs.tmall.com

印 刷 者　上海展强印刷有限公司
开　　本　787×1092　16 开
印　　张　17.5
字　　数　255 千字
版　　次　2020 年 12 月第 1 版
印　　次　2020 年 12 月第 1 次
书　　号　ISBN 978 - 7 - 5760 - 1059 - 6
定　　价　56.00 元

出 版 人　王　焰

(如发现本版图书有印订质量问题,请寄回本社客服中心调换或电话 021 - 62865537 联系)

目 录
Contents

多年前,我就曾撰文涉及过创造教育的问题,我谈到在国内似乎对创造教育有诸多的误读、误解,例如许多人认为我国儿童的创造力普遍低于西方儿童,我国现有的教育不利于儿童创造力的培养,而中国传统文化是我国儿童创造力低下的根源;又如也有许多人认为幼儿是最具创造力的,幼儿阶段是培养儿童创造力的最佳时期,只有自由游戏才是培养儿童创造力的最佳途径……

事实上,没有一种文化反对创造,也没有一种文化故意扼杀创造,反对和扼杀创造就等于毁灭民族自身。每一种文化都追求创造,并在某一方面显示出其创造性。换言之,在一个文化生态圈中,一种不具竞争力的文化早晚是会被淘汰的,而文化的竞争力就在于创新,包括对该文化中具有核心竞争力的部分加以传承和光大,对该文化中不适合时空变迁的部分加以扬弃和改造。

著名教育家陈鹤琴先生认为,中国人本来有很强的创造能力,无论是文化方面或制度方面,在古代的中国就已经很好,只是近几百年来因循苟且不知创造。

中华文化源远流长,博大精深,在世界文化之林中,中国文化是一种出类拔萃的文化。在涉及创造教育的问题上,深入认识中国传统文化的价值是必须的,对传统文化的忽视和损伤,只会带来对创新和创造的肤浅的理解。当今,在日趋竞争激烈的国与国之间的竞争中,思考如何发扬中国传统文化中有价值的因素、吸取西方文化中有借鉴可能的元素、构建有中国文化内涵的创造教育,这才是我们应该走的道路。

在我国,琳琅满目的以创造教育为名的各类研究中真正有影响力的并不多,有关创造教育实践的更为少见,且多为高等教育、职业技术教育的研究,有关幼儿创造教育研究的实践研究更为少见。虽然人们普遍认同幼儿阶段是培养儿童创造力的最佳阶段,但是这样的说法较多只是停留在口头层面,至于如何去做似乎不甚明了。由此,在幼儿教育实践中出现的多是一些名不副实的所谓"研究"。

在一些有关研究中,我看到了上海莘庄幼儿园的研究富有思想,富有新意。多年来,该园以一己之力,默默耕耘,经历十余年的实践与积累,形成"乐创教育"特色。

"乐创",取"乐学"与"创造"两层含义。"乐创教育",即追求师幼双方"乐享创造,全面发展"的教育理想,让幼儿园的每一位老师和孩子都始终怀有快乐的情绪体验,用兴趣唤醒每一位孩子的创造意识和创造萌芽,在创造教育中充分地感受体验、思索发现、求异求新求变化,尤其让我欣赏的是,莘庄幼儿园提出了"迷你创造"的概念,将创造教育在幼儿教育阶段做一个很好的定位,较清晰地描绘了幼儿园中创造教育的"可做""可为""能做""能为"的边界。

"赋予个人意义的创造"被该园视为幼儿阶段创造力的主要表现,幼儿的创造不是为了产生多么巨大的前瞻性、独特性效应,而在于能够让幼儿在自身基础上有发现和突破。初看可能会觉得它们稚萌可笑,甚至不值一提,但仔细品味这些表现,或是询问他们背后的原因时,就能清晰地了解到它们的创造意味。相比成人,他们对这个世界充满更多疑问和期待,但同时也少了更多条框和固有的限制,对现象创造出属于自己的理解,也就成为他们认识世界、探索世界的一种方式。每一个孩子都会有这样去创造的愿望和需要,这些也成为创造力的最初始的状态。这也是对创造教育一种追根溯源的认识。

基于这样的"迷你创造"认识,莘庄幼儿园的教育实践聚焦于幼儿自我实现的过程,关注他们"一点点"的进步和变化,形成了"乐创教育"。在他们"乐享创造,全面发展"的教育主张中,提到要以创造教育为基点,关注个体的发展需求;要以幼儿的全面发展为本,关注幼儿身心发展特点和未来发展需要;要以幼儿教育的特点为出发点,为幼儿未来可持续发展而服务。我认为,这些观点是真正把创造教育和幼儿发展、创造教育和社会需求、创造教育和中国文化背景紧密连接了起来。

　　"乐创教育"的内涵不仅是一种教育理念,也是一种课程实践。而正如他们自己在后记中所讲的那样,"'乐创'是课程对幼儿的期待,更成为了教师的自我追求",是莘庄幼儿园特有的"思考问题的方式",也是他们被外界认识、认可、认同的文化标签。

　　而今,该园的研究成果已经编辑成册,成为了传播创造教育理念与行动的载体。我很希望读者们能从他们的研究成果中吸取营养,对于提升自己的素养和能力起到积极的作用。

朱家雄

写于 2020 年 10 月

闵行莘庄幼儿园是一所以幼儿创造教育为特色的市级示范幼儿园。早在20世纪末,莘庄幼儿园就成为全国创新教育基地。该园在办园发展的每个阶段都呈现了幼儿创造教育的新的进展和改革成果,成为上海坚持幼儿创造力培养实践与研究的先行者。认真阅读《培育幼儿创造力——幼儿园"乐创教育"十年行动纪实》书稿后,我由衷地赞叹:近十年来,郁亚妹园长和老师们深刻领会党和国家对教育现代化的要求,明确上海学前教育高质量发展的目标定位,以为未来创新人才成长奠基为使命与责任,科学探索幼儿创造力发展规律,攻克深层次实践难题。厚厚的书稿凝聚着莘庄幼儿园郁园长带领下的全体教师深化实践、悉心研究所付出的艰辛和心血。《培育幼儿创造力》成果对当下幼儿园着眼于发展幼儿创造力,探索幼儿园培育未来创造人才的创造教育提供了研究的不同视角。

一、课题引领,理念先行

莘庄幼儿园郁园长团队以课题引领实践,将培育幼儿创造力的实践与研究融合于聚焦问题、判断归因、认识规律和解决问题的行动过程中。近十年改革的行动印证了:

课题引领并不是为课题而做课题,而是时刻保持一种实践思辨的研究态度,围绕问题与困境的解决,从多个层面、多个维度开展研究,使幼儿创造教育从局限于以内容和活动形式为主的研究转向研究幼儿学习和创造力结合,探索以幼儿创造性思维为核心的"乐创"学习模式。研究的课题衔接递进,成果彰显了幼儿园创造教育的"乐创"特色;

经历十年的改革,莘庄幼儿园郁园长团队以最初的"一样童真释放,更有创新萌发"理念为基点,确立幼儿创造力培育的园本价值观体系。在课题研究之始,着力于创造教育基础理论学习和研究,明确指向探索幼儿创造性思维和品质培养的规律,凝练而成儿童观、教育观和创造观。同时,针对幼儿园创造教育的关键要素进行了"乐创"价值观的实践诠释,符合新时代创造教育的基本理念。"乐创"价值观成为研究幼儿创造力发展的指引,成为全园教师内化的改革共识和创新实践的根基。

二、优化课程,统整资源

"乐创"课程是莘庄幼儿园创造教育的核心。近十年来,围绕培育幼儿创造力,莘庄幼儿园不断深化幼儿园课程改革,其主要的创新亮点值得推崇:

一是创造性地落实国家和上海学前教育课程政策,将幼儿园生活、运动、游戏、学习四类活动形态和园本的幼儿"迷你"创造性活动整合,构建了"培、养、育、萌"为目标的"乐创"课程;

二是精心设计,在幼儿创造力发展规律深入研究的基础上,创新幼儿微小创造活动样式。"乐创"教育实践研究的最可贵之处在于把握住启蒙教育阶段幼儿"一点点"的创意萌发表现,即:发现一点点,思考一点点,改变一点点。由此将幼儿创造定位于"迷你"创造,开发了创玩体游活动、创意区角活动、区域野玩活动、"迷你"创造主题活动系列等活动样式,有个体学习、结伴学习和集体共同学习,突出了"真实"、"初浅"、"多样"的核心要素。幼儿在宽松、安全的氛围中自我选择、自然发现、主动学习、想象创造,在每个"一点点"的行动中创意萌发,在实际操作的活动中获得有益经验和"创意"体验;

三是莘庄幼儿园郁园长团队将课程资源配套研究纳入课程建设,为幼儿个性化的创造表现设计空间和资源,包括园内班级和公共活动空间的环境创建。例如,"创意空间"、"创智剧场"、"关爱小屋",被老师家长们称为"创造迁移"的园外实践基地在家庭、社区、田野等区域的全方位匹配,使得幼儿在多样化的活动情境中好奇发现、乐于"迷你"创造,为每名幼儿都提供了充分选择的机会和条件。

三、园本文化领导，全园"乐创"

以办园发展每个阶段的实验项目为行动载体，将幼儿创造教育理念园本化、实践化而创建的"乐创"园本文化渐进地融入每个创造教育实施者的思维和行动中。《培育幼儿创造力》一书，展现了郁园长围绕幼儿"乐创"的园本文化领导，园长文化建设的自觉行动和领导智慧给予我们的启迪，它体现在以下三个方面：

首先，培育幼儿创造力的关键是培养创新教师。十年来，幼儿园以文化创建为载体推进教师专业发展和创新实践。例如："回归童年"教育纪实活动、创意设计的《积点手册》等使教师产生了自身对创造教育实践研究的表达与交流的学习意愿。教师们组建了"乐享乐说"、"趣玩乐思"、"创想乐游"等多个合作教研工作室，形成了特色鲜明的"求真、求实、求新"教研文化，由此培养了一批批具有创新智慧的市级、区级幼教名师；

其次，融创造教育于幼儿园环境的文化氛围创设中。走进莘庄幼儿园，如同进入幼儿的创造世界。幼儿园园舍简朴整洁，环境中到处能见到幼儿的"迷你"创造作品，例如：自然角的布置、窨井盖的涂鸦、洗手池的置物组合等都别出心裁，展露创意，无不让人感受到"创造源自于想象，创造启蒙于童真"；

最后，莘庄幼儿园以"相信儿童是天生的创造者"为家园共育点，传播"乐创"文化。创立了"莘庄嗨儿"信息平台，以主题论坛和问题链接的方式向家长展现幼儿在活动中的"创意萌发"和教师创造力培育的实景。信息化的平台应用被家长公认为"莘"互动，是文化传播的"莘"指导，使幼儿创造活动和创造力表现延伸到家庭。"乐创"文化的影响力给家长带来育儿新思考，幼儿园和家庭之间、幼儿家庭之间已形成"尊重幼儿创造潜能"互信共育的文化氛围。

厚厚的书稿承载了莘庄幼儿园从园长到教师为培育未来创新人才的事业所呈献的追求和奉献。郁园长曾就为何能持续地研究幼儿创造力培育提及，我们时刻需要保持一种思辨的心态,在实践中寻找问题、发现问题、解决问题,"因时而动,因异而谋",这是我们对幼儿未来的一种"坚守"。我想《培育幼儿创造力》这一实践研究的成果正是在这样的"坚守"中应运而生。

郁园长让我为此书写序,说是"作序",确切地说是写下初阅后的感受。虽然领会上还比较粗浅,但愿我的先睹为快能与幼教同行一起分享莘庄幼儿园十年改革成果,同时也寄希望于在迈向学前教育高质量发展的奋进之路上,有更多的幼儿园坚守为幼儿幸福成长的教育情怀,不懈地探索、努力,创造学前教育发展更美好的明天。

郭宗莉

写于 2020 年 11 月

第一章

面向未来的创造之旅

近年来,随着国际社会对创造性人才的愈加关注,创造教育成为一种新的理念,席卷了教育领域。创造教育是未来社会发展和知识经济社会发展的必然趋势,是实现人的发展和自我价值的重要途径。《面向 21 世纪教育振兴行动计划》中,我国将创造性人才的培养作为重要战略目标。因此科学、合理、有效地开展创造教育,将为培养社会发展所需要的创造性人才做出积极贡献。

上海市闵行区莘庄幼儿园充分认识到这一教育战略任务的重要性,历经多年的教育实践探索,对幼儿创造教育的认识逐步从模糊走向清晰、从现象走向本质、从经验感悟走向科学理性。本章从对创造、创造力、创造教育、幼儿园创造教育等概念进行梳理与浅析,试图从理论基础出发,开启充满生命力量的"创造教育"之旅。

第一节　端本澄源——浅谈创造

一、为什么要创造

创造是社会发展的原动力，是人类行进发展的阶梯。纵观人类社会的发展史，其本质就是一部人类活动的创造史。人类的创造活动是科技和社会进步的潜在活力，是提高全人类精神和物质文明水准、增强国家技术竞争力、保障人民幸福的关键。

马克思指出：创造就是力量。现代社会是一个知识和技术创新主导的时代，创造力成为国际社会的核心竞争力。缺乏创造力的国家和民族，处在生产链的低端，只能花资本去购买别人的创造。因此，开发创造力和潜能，培养创新型人才，是未来社会发展的基本形态。于我国而言，要想跻身世界强国之列，关键在于提高创造活动的水平和国家创新能力。

（一）创造是时代发展的需要

1972 年，联合国教科文组织在《学会生存——教育界的今天和明天》一书中指出："人是在创造活动中并通过创造来完善自己的""教育的使命是为一个未知的世界培养未知的儿童、培养具有创造力的人才"。1995 年，国际 21 世纪教育委员会向联合国教科文组织提交的报告《教育——财富蕴藏其中》中对新世纪教育的使命作了全新的注解："未来教育要关注学生发展的需要，关注精神生活，开发创造潜能，激发创造精神，不断提高生命的质量和生存价值。"我国在《国家中长期人才发展规划纲要（2010—2020）》指出："突出培养创新性科技人才，以提高自主创新能力为目标，以高层次新型科技人才为重点。"

由此可见，不同时期，国际社会和我国都对社会创新能力和创造性人才培养给予了高度的重视。在这一背景下,上海市于 1998 年启动了二期课改,将"以学生发展为本"作为基本理念,重点培养学生的创新精神和实践能力。围绕国家和上海市的发展需要,我园将创造教育作为学校发展的基本理念和特色追求,希望给予幼儿更充分、自由的空间,给幼儿提供多样化的活动,关注幼儿的经验和需要,紧密结合创造教育的要素,关注幼儿的个体差异,充分发挥学前教育的基础作用,激发幼儿创造潜能,培养幼儿创造力,为培养创新性人才不断努力。

(二) 创造是美好生活的灵魂

创造与生活息息相关,为美好的生活奠定基础。剧作家莎士比亚说过:"美是生活,美是创造。我们的生活需要创造,它是我们前进的动力,是我们发展的灵魂。"发明和创造出新颖且有价值的产品、观点、方案等成果,可以改善生活现状,增加生活情趣,让生命更加多姿多彩、更加有意义。例如从科技领域来看,创造使我们的生活更加便捷,互联网的广泛使用让人们的生活和工作更加方便、高效;人工智能为人类社会提供了一种新的劳动能力,缔造了新的"虚拟劳动力";创意产业让生活更有活力;快递、外卖行业的兴起,方便了人们的生活,节约了采购时间;共享经济的出现,节约了社会资源,保护了生态环境,促进了财富的流动……除了这些在生活上便捷的创新外,各种有创意性的文化、美食、游戏、服饰等在给予人们美好的感官体验的同时,也在不断塑造着人类对待社会的态度,丰富着人类的物质和精神世界。

(三) 创造是幼儿园发展的基底

我园在多年践行创造教育的过程中,取得了丰硕的创造成果,把想法变成现实,把创意变成产品,真正享受到了创造带来的成功,感受到了创造教育的魅力。如自 2013 年起连续七届荣获"全国头脑奥林匹克创新大赛"中国赛区一等奖;多届学生获得"上海头脑奥林匹克万人大挑战"、"亲子擂台赛"等比赛一等奖的殊荣;《雪地滑滑乐》和《自由穿越》分别荣获全国幼儿优秀自制玩教具制作一等奖、二等奖;《齿轮剧场》、《弹珠历险科探玩具》等 9 项教玩具荣获国家专利;幼儿园随处可见师生用废旧材料制作的"风景",如利用轮胎和隔板搭建"青蛙笑脸"杂物小吧台、PV 管道制成的"动物狂欢会"。想法通过产品落到实处,在创造教育的背景下,幼儿和教师潜在的创意想法被激发、被运用,带到了更广泛的教育实践中,服务了更多儿童。

二、什么是创造力

创造力是什么,研究者们的争论从未停止过,并且依然在继续。该如何理解创造力呢? 创造力是产生新的东西? 是奇思妙想? 还是其他什么呢? 关于创造力的研究,有了一些比较广泛的观点和认识,这里我们从创造力的内涵和特征的角度来认识一下创造力。

(一) 创造力的内涵

对创造力的探讨可以追溯到古希腊,但对创造力的现代学术考量始于 19 世纪中叶。由于科学技术对人类社会发展的推动作用日益显现,西方学者和专家率先开始了对科学创造力与科学创造人才的研究。早期的研究成果如 1869 年英国生理学家高尔顿撰写的《遗传的天才》,就对创造力的研究发挥了重要的作用。经过 100 多年的发展,对创造力的研究不断深化,塞弗吉在 1974 年发现关于创造力的定义就有 100 多个。之所以出现这么多创造力的定义,是由于创造力是一个高度复杂且容易混淆的概念,其涉及的内涵太多,而且有些又是难以直接观察的,如心智过程、特质、动机等。正如著名的创造力学者托兰斯所言:一个类似和循环的问题是"什么是创造力?"[①]围绕这一主题的研究产生了大量的文献和争论。通过对已有文献的研究发现,创造力的内涵主要包括以下几点:

1. 创造力是一种品质

这一研究取向多来自心理学家的研究,他们认为创造力是一种独特的心理特征,依赖于个体的人格取向。如弗雷德就认为创造力分为特殊才能的创造力和自我实现的创造力,自我实现的创造力来自于人格,常表现于一般的日常生活之中。我国著名的心理学家林崇德指出,创造力是根据一定目的,运用一切已知信息,产生出某种新颖、独特、有社会或个人价值的产品的能力品质。张庆林指出,创造性是人类特有的,利用一定条件产生新颖性、可行适用的产品的心

---

① Torrance E P. Why fly?: a philosophy of creativity [M]. Norwood, New York: Ablex Publishing Corporation, 1995.

理素质。[1]

由于强调创造力是一种独特的品质,因此只有那些具有高创造性的人才有这一品质,这在早期理论的"非凡论"和"平凡论"之争中可见一斑。传统观点认为只有高创造人格的人才具备创造力。吉尔福特首次提出"每个人都具有创造潜能",这些潜能指向的是创造性人格,是个体的内部特征,是创造力表现的内部动力,对创造力的发展起着促进和保证的作用。

2. 创造力是一种能力

吉尔福特在《论创造力》中指出,创造力就是指能代表创造性任务特征的各种能力。阿玛贝里将创造力分为三个部分:领域相关的技能、创造力相关的技能、工作动机,其中创造力相关技能是基础。[2] 斯腾伯格认为创造力是一种提出或产出具有新颖性(即独创性和新异性等)和适切性(即有用的、适合特定需要的)工作成果的能力。

这一取向认为,创造力是指自己创造出新颖的、有用的东西,它是人类特有的一种综合性本领,知识的学习能力、运用能力、观察力、注意力、个人的意志、情操等相互影响、相互作用,共同决定创造力的水平。创造力并不是漫无边际、天马行空式的创意,而是能提出问题、解决问题、创造新事物的能力。

3. 创造力是一种行为

贝耶认为创造力就是想尽办法的过程,迈耶指出创造就是为问题找出新奇的解决办法。我国学者秦骏伦在《创造学与创造性经营》一书中说,创造就是首创前所未有的事务,这就意味着创造由两部分组成,第一部分是"想前人所未想,即创造性想象",第二部分是"干前人所未干,即实施创造"。[3]

这一研究取向将创造力与个体的行为相关联,它包括内在行为和外显行为两个方面:其一,是想象力,即创造性想象是创造力的基础,但是单纯想象而没有转化为一定的行为或具体的成果就不能算是创造。其二,是在想象基

---

① 张庆林等编. 创造性研究手册(第一版)[M]. 北京:中国人事出版社,1995:1.

② Amabile T M. Motivating creativity in organizations: On doing what you love and loving what you do [J]. California management review. 1997,40(1): 39-58.

③ 秦骏伦. 创造学与创造经营学[M]. 北京:中国人事出版社,1995:1.

础上的一种行为结果,即创造一种之前不存在的东西,或将已经存在的东西变成另一个样子。可能是新观念、新设想,也可能是新工艺、新技术或新的物质产品。

(二) 创造力的特征

1. 创造力是一种演绎

归纳和演绎反映了人们认识事物两条方向相反的思维途径,前者是指从许多个别的事物中概括出一般性概念、原则或结论的思维方法,后者是从普遍性的理论知识出发,再推论到个别的、特殊的现象。创造到底是一种从下往上的归纳过程,还是一种从上往下的演绎过程呢?

从结果来看,再优秀的归纳也只是对现有现象的总结,并没有创造一种新的事物。在思维过程中,"演绎"则是创造行为外在化前的一个准备阶段。演绎是将一般性原则运用到个别的现象中,创造思维也是有着同样的过程,它需要在既有的知识与经验的基础上(从归纳中得来),把它们用于新的领域。因而,从这个角度来看,创造力是把已知的知识与经验运用演绎的方式投入到它们未曾被用到过的地方。

2. 创造力的产生需要经历长期准备

创造力不是一蹴而就可以形成的,它需要经历长期的思维过程和行为过程。一方面,创造力的形成需要经历长期思维过程的准备,其中既包括对已有规律的习得、对一定知识的积累、以及想象力的塑造和创造性思维的培养;另一方面,创造力的发挥也需要一定的行为过程的实施,其中不仅包括将想法落到实处的探索和尝试,也包括无数次失败后继续坚持和改进的行动。

创造力不是按下开关就能亮的电灯,它需要在思维中积累素材(经验、知识、规律等),并且创造性地加以演绎和应用,然后通过理性的行为实践将创造力通过一种可观察的、可实现的成果体现出来。创造力的形成是一个由内而外的过程,它先要在思维中形成想法,然后再经由行动被观察到。仅仅停留在思维过程的创造是不完整的,有创造力的人应当通过行为方式来落实这种创造,并且通过不断地尝试和探索,历经多次失败后让这一创造结果得以显现。创造力不是灵感一闪就可以实现的,而是需要经历长期酝酿的过程。

3. 创造力是一种概念联结

创造过程中,最核心的从无到有的思维创造过程,又是由什么决定的呢? 这一过程是否有固定的规律可循? 是否可以从教育的角度进行培养和塑造? 心理学家从概念联结的角度给出了可行的答案。

吉尔福特对思维能力进行分类,认为存在发散思维和聚合思维两种思维方式。吉尔福特认为,处理问题,尤其是结构不良的问题,往往有多种方法,而发散思维是创造力思维的基础;但同时,发散思维并不是全部,它只是创造力思维的基础和主要成分,创造力思维是发散思维和聚合思维的有机结合。

寇斯特认为,创造是一个"双向联结过程"——两个先前并不相关的"思想矩阵"联结生成一个新的观点或产品。这一过程中,人的注意力指向先前没有注意的事物,这个事物在过去的情景中是无关的,但在新的情景中却有关,由此发现了潜藏的关联。

不管是吉尔福特所强调的发散思维,还是寇斯特提出的"双向联结过程",他们的观点基本上是一致的,即创造力是一种概念联结,创造的过程就是将两个看似并不相关的物体、场景或事实,通过独特的思维方式进行串联,合理地组合在一起,从而形成一种新的认识,产生一种新的观点,或制造一种新的事物等。

创造力的概念联结特质可以分为两个要素:概念积累、概念联结。概念掌握的越多,也就是掌握的知识基础越多,那就越有利于概念间的有机的整合,更有可能在这些联结的基础上,产生出新的联结,也就是创造。这些联结本身的存在是基于原有的知识经验归纳而成的,新联结的出现则是遵循一定的规则,运用一定的想象,形成观点并进行演绎后获得的,最终这一成果成为行为表现,就是创造。由此可见,概念是创造的基础,这里的概念包括幼儿应习得的基本知识和经验。

正如牛顿所说:"如果说我看得比别人远的话,那是因为我站在巨人肩膀的缘故。"当然,过多的专业知识与经验也可能会阻碍创造力的发挥,使人形成先入为主的思维定式,从而成为创造性思维的障碍。这样一来,知识就不再是创造的助手,而变成了发挥创造力的障碍。如赵括的"纸上谈兵",不敢越"雷池"一步,都是知识束缚创造力的例子。因此,在注重知识积累的过程中,还需要教育的介入，给予适当的引导和开发，才能使得专业知识与创造行为产生联结，从而塑造出创造力。

第二节　探本溯源——简话创造教育

创造教育，是培养民族活力的教育，是培养学生"独出心裁"能力的教育。创造教育的目的，在于根据创造学的研究，把创造学、教育学、心理学和人才学等有关学科的一般原理，有机地结合起来并运用于教育活动的一种新教育，旨在培养善于想象、富有创造力、树立创造志向、具备创造性思维、具有创造性解决问题能力的人。

从人才学的角度来说，创造教育是开发人的创造力，培养创造型人才的教育；从教育学的角度来看，创造教育是为将来创造发明打基础、做准备的教育；从心理学的角度说，创造教育是培养训练创造性思维的教育；从学习的角度来看，创造教育是激发人的潜能，坚持终身学习的教育。

由此可见，创造教育是以培养人的创新意识、创新精神、创造个性、创新能力为目标，有机结合哲学、教育学、心理学、生理学等有关学科，全面深入地开发学生的潜在创造力，培养创造型人才的教育。

一、创造教育发展的现实条件

创造教育的产生不是偶然，而是时代发展的必然结果，其中科学理论的发展、科教兴国战略的实施、课程改革都为创造教育的发展提供了可能。

（一）理论发展的助推作用

对创造教育起到推动作用的理论认知有两个来源，其一是前文所言的创造力相关理论的发展,其二是教育领域对儿童与儿童教育的认识。

儿童观的发展为创造教育提供了科学依据。早在 18 世纪,卢梭提出了自然教育的主张,强调尊重儿童的天性,并给予其自由和谐的均衡教育。19 世纪至 21 世纪,教育学、心理学、生理学、医学等的发展让人们对儿童观有了全新的认识,格赛尔、弗洛伊德、皮亚杰等人的心理研究展现了儿童独有的精神生活、思维方式以及情绪情感。基于这些研究发展起来的儿童观,强调尊重个体内在的独立和健康成长,鼓励儿童有自己的思考方法、有自己的独立见解、发挥创造的主动性和积极性,以适应不断变革的社会。加德纳和斯滕伯格智能理论的出现,帮助人们进一步认识到智能不是单一的而是多元的,因此要多角度去认识理解每个儿童的差异性和独特性。

加德纳提出的多元智能理论,能够帮助教师从学生的智能分布去进一步了解学生,并采取对他们更合适的教育方法。这一理论强调,教师需要转换思维、改进方法,发现"每一片叶子"的不同,珍视每一个不同,激发每个小宇宙内在潜能,让每一名个体都能发掘并刻意锤炼自己的优势,针对个别创造行为和闪光点给予鼓励和支持。斯滕伯格提出了智力的三元理论,认为智力是复杂而多层次的,他强调在问题解决中认知过程的重要性。这一理论认为不管个体所处的社会如何定义成功,个体若想获得成功就必须具备分析能力、实践能力和创造能力等综合的能力。创造能力是个体进行创造、发明或发现等活动时必须具备的能力,它对推动科技进步和社会发展具有重要作用。

从卢梭的人文主义教育观到 21 世纪创新人才的培养、儿童观和多元智能理论的发展,更新了人们的教育观念,"儿童本位观"成为教育领域的共识性话题,推动着教育实践领域的改革发展。"儿童本位观"强调:教育者要认识到儿童是教育的主体,把创造的权力还给儿童,学校教育应当给予每个学生积极的期待,相信他们必定会获得属于自己的成功,同时应该满足学生多种能力发展的需求,为不同能力类型的学生提供平等的学习与发展活动的机会或空间。

(二)国家宏观政策的支持

随着国际竞争的日益增强,各国经济、军事和教育、科学技术的竞争,将集中在创造性人才的竞争上。在知识经济时代,国家和地区的知识创新体系和创新能力(包括知识创新、知识传播、技术创新和知识应用体系)成为国家、地区经济和社会发展的重要基础设施和竞争力的关键因素。[①]

中国作为发展中的社会主义国家,在历经了种种艰难的探索、尝试以后,终于认识到,要想取得经济与社会的全面发展,早日实现现代化,显示社会主义制度的优越性,必须走科教兴国之路。20世纪90年代,素质教育成为我国教育改革的主旋律,特别是1999年颁布的《中共中央国务院关于深化教育改革全面推进素质教育的决定》中明确指出,实施素质教育要以"培养学生的创新精神和实践能力为重点",为创造教育提供了直接的政策环境。进入21世纪以来,"科教兴国"战略得以继续推进,为落实科学发展观、全面建设小康社会、建设创新型国家提供了强有力的支撑。[②]尤其是十八届五中全会上提出"创新、协调、绿色、开放、共享"五大发展理论,不仅重申了要实施创新战略这一重大举措,而且将创新发展摆在首位,这标志着创新发展已经成为我国的核心发展政策和重大战略部署。教育创新发展是建设创新型国家的基础和核心内容,为了回应国家的战略需要,在《"十三五"教育规划纲要》中提出了培养"创新型、复合型、实践型人才"以及培养创新创业人才的迫切需求,在2016年出台的《中国学生发展核心素养》中则进一步明确了我国学生发展的六大核心素养,即人文底蕴、科学精神、学会学习、健康生活、责任担当、实践创新。

中央以科教兴国的重大战略为主线,以科教兴国战略对我国经济与社会发展的贡献为立足点,大力支持新型产业和创新人才的培养,不断探索符合当代中国发展实际、具有中国特色的创新教育之路。

(三)课程改革深化的契机

理想的教育应当有利于激发个体的创造力,促进创造心理的成长,让学生变得更善于思考,更有幻想,富有理想和灵性;而事实是在追求智育传统教育影响下的教育忽略了对个体创造力的培养,在人才选拔上依然以学业成绩和智力作为主要标准。[③]认识到传统教育的"不足"后,"素质教育"应运而生,课程改革

---

① 林崇德.培养和造就高素质的创造性人才[J].北京师范大学学报,1999(01).
② 孙翠菊.论我国的科教兴国战略[D].济南:山东师范大学,2008:1.
③ 王灿明.儿童创造教育新论[M].上海:上海教育出版社.2015:8.

成为创造教育发展的契机。

我国在 1985 年颁布的《中共中央关于教育体制改革的决定》中明确提出培养"具有实事求是、勇于创造的科学精神的新型人才"。1999 年颁布《中共中央国务院关于深化课程改革全面推进素质教育的决定》提出素质教育的核心是"培养学生的创新精神和实践能力"。创造教育在随后的新课改中得到比较全面的实施,基础教育在奋力走出"应试教育"的困局中焕发出勃勃生机。教育改革改变传统教育只注重学生分析能力的现状,强调学生的创造能力和实践能力,培养三种能力的平衡。

每一所学校都是时代的"镜子",都反映着时代的追求,"中国梦"的实现需要更多的创新人才。国家深化课程改革,把人才培养的基点放在世界教育改革的潮流中,放在祖国日新月异的社会变迁中,在新旧教育的转折点上捕捉时机,用创新的教育理念、先进的教育思想,依托国家政策的支持,充分挖掘和培养未来人才的创造潜能。

二、创造教育的研究进展

创造教育的实施主要是指在具体的教学过程中,如何开展创造教育实践。随着创造教育的广泛开展,已经积累了很多宝贵的研究,下面主要从创造性教育模式、创造性教学策略、创造性教师三个方面做一些简单介绍。

(一) 创造性教学模式

创造教育是否有模式可以借鉴,一直处于争论之中,有人认为如果有特定的教学模式,教师的创造性就没有办法体验;如果没有可以借鉴的模式,教师又缺少实施的方向。这里介绍几种常见的创造性教学模式,以及学前教育阶段实施创造教育课程模式的重要性。

在谭小宏的《创造教育学导论》中介绍了三种常见的创造性教学模式,其一是发展多元才能的创造性教学模式,又叫泰勒教学模式,强调了"多元才能"的培养,揭示了教学创造性思维是一个综合性思维,教学创造性思维能力是一个综合性能力,教学要注重对学生多种才能的开发和培养,不能单单局限于传授知识;其二是创造性问题解决教学模式,这一模式最早是由山帕尼斯提出的。

该模式的特点是强调以系统的多角度法来解决问题,开发创造力。该教学模式包括发现困惑、寻找事实、发现问题、发现构想、发现解答、寻求接纳几个阶段。其三是教学创造性思维与个性模式,创造性教学研究专家威廉姆斯认为,一个人的创造性是由两个方面的因素组成,即创造性思考能力和创造性倾向,他提出了三维空间的创造性教学模式。在这个模式中,创造性教学的目标不仅仅在于发展学生的创造性思考能力,还致力于培养学生的创造性倾向。[①]

王灿明和许映建在《我国小学创造教育 40 年:模式、经验与展望》中总结我国基础教育领域创造教育的五种模式,分别为基于科技教育的创造教育模式、基于校本课程的创造教育模式、基于家庭实验室的创造教育模式、基于少年科学院的创造教育模式和基于创造学院的创造教育模式。[②] 其中作者分别列举了重庆市南岸区珊瑚实验小学、济南市经十一路小学、温州市实验小学、南京市凤凰街小学、上海市静安区和田路小学五所学校,阐述了这些模式的具体做法。

每个省市、学校都有自己的创造教育模式,代表了不同的创造教育理念与做法。李鹰在《创造教育:理论实践与教育设计》一书中,总结归纳了山东省的创造教育模式的特征,即"一体两翼",具体体现为:以学生为主体,以学科教学为主阵地,以活动课为延伸,以创造教育系列课程为有机组成部分的模式。

纵观这些模式,划分的标准或是按照培养学生的能力,或是按照教育内容,或是按照课程框架,但是无论何种模式,其理念是一致的,即将学生看成是教育、生活以及个人意志的主体,学生的世界是由自己创造的。

(二)创造性教学策略

教学策略是现代教学论研究的重要课题,加涅提出教学策略包括管理策略和指导策略两个方面;保罗·埃金则认为教学策略是"为完成特定目标所设计的指示性教学技术";阿姆斯特朗将教学策略定义为"有系统地安排教师活动用以帮助学生达到某一单元所确定的教学目标"。我国学者对教学策略的观点归纳起来有三类:一是将教学策略看作为实现某种教学目标而制订的教学实施

---

① 谭小宏. 创造教育学导论[M]. 北京:北京师范大学出版社,2012:61—70.
② 王灿明,许映建. 我国小学创造教育 40 年:模式、经验与展望[J]. 现代基础教育研究,2019(01).

综合性方案;二是将教学策略作为一种教学思想,通过教学方法、教学模式和教学手段得以体现;三是将教学策略等同于教学方法、教学步骤。

关于创造教育的教学策略,谭小宏在《创造教育学导论》中有过详细的介绍。他认为创造教育的策略是分阶段的,不同学龄的受教育对象应按照年龄特征、层次特征,有计划分阶段地进行不一样的教学模式和教育手段。作者主要介绍了学前教育阶段创造教育的教学策略:学前儿童的教育主要在家庭和幼儿园中完成,家长和老师应充分发挥学前儿童的形象思维,应遵循学前儿童的身心特点与规律,实施有效的创造教育教学策略。在实施教学策略时,应当充分考虑个体的智力、气质、性格等特征。课堂教学是教与学的交往互动,是一个动态而复杂的发展过程,具有许多不确定性因素,教师不可能让学生完全按照事先设计好的教学过程参与学习,而应随时掌握课堂上的各种变化,充分利用创造教育教学策略,达成课堂教学效果的最优化。

教学策略是构成教学设计的部分,在特定的教学情境中完成教学目标和内容的有效方法,是实施具体教学活动采取的具体措施,是师生之间动态互动的过程。创造性的教学策略不仅要关注目标的达成,更应关注个体需要,灵活采用各种策略,促进幼儿创造性的发展。

(三) 创造性教师

创造教育的兴起,教育理论界对教师的素养提出了一些新的要求,如"新型教师"、"引导型教师"、"反思型教师"、"创造型教师"、"智慧型教师"等等。无论给予何种称谓,都代表了创造教育对教师的素养和能力的新要求。诚如海纳所言,倘若把创造力作为目标,那么实现的前提就是创造型的教师。那么,创造型教师应当具备哪些素养和特征呢?

美国教育学家托兰斯认为,创造型教师有五个需要遵循的工作原则:尊重学生与众不同的疑问、尊重学生与众不同的观念、向学生证明他们的观念是有价值的、给学生丰富的学习机会、将评价与前因后果联系起来。日本学者恩田彰将创造型教师特征界定为:善于诱发学生的动机和及时给予评价、善于使学生自发地学习和发挥他们进行研究的主动性、善于创建激发学生求知欲的学习环境、善于提出适当的课题不使学生气馁、善于创造令人感到温暖的互相谅解和理解的气氛;善于尊重学生个人的独立性、善于引导学生独立思考、善于让学生自己去形成概念、善于创造性地组织小组学习、善于建立与各类专家协作的体制,借助社会力量发展学生的创造力。[1]

我国谭小宏在《创造教育学导论》中指出,创造性教育要具备以下 4 种特征:创造性的人格特征、科学的教育理念、合理的知识结构、娴熟的教育能力。作为创造型教师,要热爱尊重学生、具有较高的职业理想、独立开放性的态度、好奇心强、求知欲旺盛;能将学生创造力培养作为教学的重要目标;能科学理智地认识和看待学生;具备精深与广博相结合的系统而扎实的知识结构;具备从事创造教育教学活动的核心要素,如教学艺术能力、教育机智和科学研究等。[2]

创造性较强的教师能在更大程度上培养儿童的创造性,创造型的教师在实际的教学实践中,可能在比传统的教学方式上更具灵活性、实验性和创造性,能够站在儿童本位的角度去对待儿童,会以学生的成就感到骄傲,会创造性地解决儿童的问题,能够鼓励儿童的创造性。

三、我国创造教育发展历程

(一)创造教育萌发阶段

我国是有着灿烂文化的文明古国,有过许多影响人类社会文明发展的创造性成果,早在几千年前就已孕育了创造教育的萌芽。

春秋战国时期,出现了一些创造学研究和创造教育方面的论述,如智力开发、人格特质、教育的个别差异、了解人的心理状况的可能性等。《大学》确立了探究和传播学问的纲领性精神,凝结了革故鼎新观念。《学记》中针对教师实施创造性教学提出了原则和要求;还提出了"善学"、"善问"等创造性学习方法。

在我国文明发展史中,思想家、哲学家和教育家提出了许多关于创造教育的思想和观点,如程颐在《伊川学案》中主张"学者需要会疑",并认为"人皆可以至圣人",反映了"人人皆有创造力,人人皆能创造"的朴素创造思想。

由于历史条件的发展局限未能积极发挥其作用,这些思想和观点却为创造

---

[1] 季诚钧. 创造型教师:一个值得推广的概念[J]. 教师教育研究. 2006(02):44—47.
[2] 谭小宏. 创造教育学导论[M]. 北京:北京师范大学出版社. 2012:69.

教育在我国的发展和实施提供了一片肥沃的思想文化土壤。

(二) 创造教育的孕育阶段

我国创造教育的孕育阶段是指 20 世纪初到 80 年代前的发展阶段。民国时期出现了具有代表性的创造教育刊物,说明创造教育已经成为当时教育界颇具影响的教育主张,是讨论教育问题时引用的一种新的教育理念。

陶行知先生是我国创造教育的先驱,是世界创造教育的最早探索者之一。陶行知说:"我们加入儿童生活中,便发现小孩子有力量,不但有力量,而且有创造力。""我们要发展儿童的创造力,先要把儿童的头脑从迷信、成见、曲解、幻想中解放出来。"他明确提出创造教育对教师素质的要求是"敢探未发明的新理,敢入未开化的边疆"。除了这些思想外,更为可贵的是他身体力行地进行了大量创造教育的实践活动。1931 年,他在上海创办了"自然学园",开展"科学下嫁运动";1932 年,他又创办"山海工学团",进行创造教育实验;1939 年,陶行知创办了育才学校,全面进行创造教育的尝试等等。

陶行知的创造教育思想有其先进性,是扎根于中国本土的创造教育理论,对当代创造教育的实施仍然有着重要启示和借鉴价值。

(三) 创造教育的蓬勃阶段

我国创造教育的蓬勃阶段是指 20 世纪 80 年代以来的时期,或称我国创造教育的当代阶段。20 世纪 80 年代初,上海开始引入一些创造工程、创造技法方面的资料,中小学开展了一些创造和发明活动,如 1980 年,上海市教育局、团市委等在中小学开展"小建议、小改革、小创造"活动,很快扩散到全国,并发展为"五小"(小发明、小创造、小实验、小论文、小制作)科技活动。此外,中国科协、教育部也开始在全国举办各种科技作品展览和青少年发明活动。这些初步探索,发挥了宣传、发动和组织的作用。

进入 20 世纪 90 年代,社会和教育系统认识到单纯的科技活动不能与创造教育画等号,于是开始注重课程建设,同时各种研讨会也相继开展,如 1992 年,中国发明协会中小学创造教育分会召开"首届全国中小学创造教育学术研讨会"。与此同时,1999 年出台了《关于深化教育改革全面推进素质教育的决定》,"培养创新精神"成为中小学素质教育的核心内容,由此加快了创造教育的发展。

进入到新世纪，随着教育技术的发展，创造教育正向智慧课堂、互动教室、虚拟教学、机器人教育、互联网＋、STEM 教育、创客教育等方向发展，显示出蓬勃生机。目前北京、上海、天津等地的创造教育已初具规模，逐步形成了自己的特色。这一阶段创造教育快速发展，取得了许多令人瞩目的成就。

需要指出的是，虽然全国大多数省市和地区都有一些中小幼开展了创造教育，但相比较而言，这在全国中小幼的总数中占比不大，创造教育在基础教育中的实施尚有待加强。今后我国的中小幼创造教育发展将呈现以下趋势：在未来几年将有较大的发展；各种类型的创造教育模式将相互借鉴，取长补短；理论研究和探讨将更加活跃、更加深入；创造教育成为基础教育改革的一个重要发展方向。

第三节　追根寻源——认识幼儿创造教育

研究表明，4—5 岁是创造力发展的关键期，这一时期实施创造教育对其未来发展会产生关键影响。因此，在这一阶段开展创造教育显得尤为必要。幼儿的创造教育区别于儿童和成人的创造教育，幼儿创造教育不是幼儿和创造教育的简单相加，而是在尊重幼儿、理解幼儿基础上，顺应幼儿的天性，以幼儿的兴趣、需要为出发点，基于幼儿立场和视角，把创造权利还给幼儿，尊重儿童的主体作用，观察、引导幼儿。[①]

一、幼儿创造教育的定义

目前对幼儿创造教育的研究取得了一定的进展，但是关于幼儿创造教育的

---

① 王灿明.儿童创造教育新论［M］.上海：上海教育出版社，2015：8.

定义学术界也尚未形成一致观点。

袁爱玲指出学前创造教育是以促进幼儿创造性的充分发展为核心，整合其能力的全面发展和人格素质的健康发展的素质教育，是依据创造原理和创造性发展规律，把成就创造型幼儿作为培养主体，实现个体与社会可持续发展的现代化教育。[①]

王灿明是目前国内比较系统的研究儿童创造教育的学者，他认为儿童创造教育是指在实施素质教育的过程中，教育者根据创造的基本原理和儿童创造心理发展规律，唤醒其创造潜能，启发其创造意向，发展其创造性思维，训练其创造性行为，塑造其创造性人格，为创新人才成长筑牢发展根基。[②] 这个定义中的儿童指的是根据我国相关法律和《联合国儿童权利公约》规定的 0—18 岁的个体，不是专指的学前教育阶段的幼儿。

我们查阅了大量文献，尝试进行整理和归纳，结合我们的教育实践，提出：幼儿创造教育是指教育者遵循幼儿心理发展特点与创造教育基本规律，有目的地组织各类活动、提供教育场景、营造支持性的氛围，激发幼儿的好奇心，从而使得幼儿能大胆想象、乐于尝试、主动行动，并进行新颖、独特且具有个人意义的各类创作的教育。

二、发展幼儿创造教育的必要性和可行性

（一）创造力培养呈现的"递减法则"决定了学前创造教育的迫切性

学前教育是基础教育的基础，是人生第一个阶段的教育。加德纳指出于创造教育而言，创造能力同其他才能一样，也是开发得越早，开发得越多；开发得越晚，开发得越少。学龄前幼儿拥有无限的创造潜能，但是这种创造潜能是需要被激发和指导的，诚如加德纳所言："如果儿童在早期有机会以高效、合理的方式对其世界进行更多的发现，那么他们将积累不可估量的、用于后续生涯的创造资本。"[③]

[①] 袁爱玲.实施学前创造教育必须把握其整体性[J].华南师范大学学报（社会科学版），2001（01）：105—109.
[②] 王灿明.儿童创造教育新论[M].上海：上海教育出版社，2015：8.
[③] 王灿明.学前儿童创造力发展与教育[M].南京：南京大学出版社，2016：85.

这就要求幼儿教育阶段给予充分的创造潜力开发的教育。幼儿创造教育更多是保护幼儿的好奇心和想象力,培养幼儿的创新意识、创新态度、创新思维的方法和简单的技能,激发幼儿的创造潜能。[①] 游戏是幼儿园教育的基本组织方式,结合已有经验,在游戏多样性的探究中,幼儿利用模仿和想象的现实,创造性地整合与表现自己的现实生活经验与愿望的活动。在游戏中操作材料、角色扮演、同伴交往,能够展现出幼儿的创造思维和创造技能,创造性地解决问题。

(二)早期教育培养目标表明了幼儿创造教育的必要性

《幼儿园工作规程》(以下简称《规程》)指出幼儿的任务是:实行保育与教育相结合的原则,对幼儿实施体、智、德、美诸方面全面发展的教育,促进其身心和谐发展。《规程》为学前儿童的身体、智能、品德、性格等方面的和谐发展还规定了各自发展的目标,将身心和谐发展作为发展创造力的基础。《3—6岁幼儿学习与发展指南》中指出,要激发幼儿的探究兴趣,发现和保护幼儿的好奇心,尊重幼儿的表现和创造。在研究领域,包括像袁爱玲、王灿明、王小英等学者也纷纷从理论上系统地论述了构建学前创造教育课程的意义,为学前创造教育的实施提供了丰富的理论沃土和宝贵的实践经验,从理论的高度为学前创造教育培养目标提出了具体的要求。

无论是国家政策中对学前教育目标的规定,还是学者们对幼儿教育发展的研究,都凸显了要培养学生创造性能力的这一关键性成长目标,并指出达成这一目标对培养学生的创新思维、增进主动学习能力和探究性学习能力等方面的基础效应。由此,重视和培养学前儿童的创造力就显得尤为必要。

(三)幼儿身心发展特点和规律为幼儿创造教育提供了可行性

学前教育阶段儿童神经系统发展迅速,脑结构和技能都有明显的发展,脑重量接近成人的最低水平,神经细胞溶剂增大,神经纤维的髓鞘化过程接近完成,使神经兴奋得更加迅速而准确,尤其是大脑皮层的额叶正在迅速增长。中科院心理研究所根据儿童脑电活动的研究,指出4—7岁是大脑皮层代谢最旺

---

① 杨莉君.试论学前儿童的创造教育[J].湖南师大教科院学报,2001,(05):92—95.

盛的时期，也是大脑可塑性最强的时期。[1]

创造教育是通过发展创造性思维、创造性人格，培养创造能力、创造态度、创造技能的教育。从学前儿童脑结构、功能的发展及创造教育的性质来看，学前教育阶段是进行创造教育的黄金时期。学龄前幼儿随着活动范围的扩大，语言发展、心理发展水平逐步得到提高，思维和想象等高级心理机能都很活跃。这一阶段幼儿好奇心强，求知欲旺盛，能够推动学前儿童积极主动地去观察世界。

创造是幼儿的天性，学龄前幼儿对周围的世界充满好奇，兴趣是创新最大的动力。幼儿创造教育要遵循幼儿发展规律，顺其自然，引导幼儿对世界、对事物的好奇心和兴趣，就能激发幼儿的创造力。[2]

三、幼儿创造教育的特点与目标

（一）幼儿创造教育的特点

幼儿期是创造力的萌芽时期，与个体其他年龄段相比，有其独特的年龄特征。国外研究人员做了大量的纵向研究，如托兰斯对幼儿创造性思维发展年龄特征和规律的研究显示，3—5岁是幼儿创造力发展较快的时期，5岁以后呈下降趋势。[3]

董奇的研究进一步揭示了创造力与幼儿年龄的关系，他认为随着幼儿年龄的不断增长，知识经验日益丰富，心理发展渐趋成熟，个性逐渐形成，其创造力发展也随之发生相应的变化，这具体表现在：第一，幼儿创造活动类型和范围有了变化；第二，幼儿创造的目的性和指向性不断增强，随着自我意识的发展，幼儿逐渐从无目的创造向有一定目的、解决问题式的创造过渡；第三，幼儿的创造产品由仅具有个人价值和意义逐步向具有社会价值和意义的方向发展。[4]

① 杨莉君.试论学前儿童的创造教育[J].湖南师大教科院学报,2001(05)：92—95.
② 王灿明.儿童创造教育新论[M].上海：上海教育出版社,2015：8.
③ 董奇.E.P托兰斯的创造力研究工作[J].心理发展教育,1985(1)：42.
④ 董奇.儿童创造力发展心理[M].杭州：浙江教育出版社,1999：52.

鉴于幼儿创造力与年龄的关系，华德福、奥尔夫、蒙台梭利、瑞吉欧、陶行知等人都表明了早期干预创造力发展的重要性。例如陶行知曾经说过："我们发现了儿童有创造力，认识了儿童有创造力，就须进一步把儿童的创造力解放出来，并对儿童的创造力予以适当之培养。"那么，幼儿创造力到底有何特点呢？研究认为主要有以下几点：

1. 幼儿创造教育在于激发"迷你创造力"

创造力早期被分为"Big C"和"Little C"两种。前者指个体所创造的产品能产生重大历史影响；后者指个体解决日常问题和适应变化的能力，这两种创造力又被称为杰出创造力和日常创造力。考夫曼等人认为这样的二分法不利于对创造力本质的考察，从而在前人研究的基础上增加了"Mini-C"（迷你创造）和"Pro C"（专业创造），并构成了创造力发展的四维模型。[①] 在这其中，所谓的迷你创造，是指对经验、事件和行动所作出的新奇的、具有个人意义的解释或"灵光一现"，它强调的是来自生活或者学习过程中创造。举个例子可见，有一个孩子在菜市场看见一个土豆，觉得特别像个老虎，便把它买下来，回家拿一把小刀将其雕塑成一个老虎模型，放在桌上，这种对事物的兴趣以及产生新颖且对个人有意义的诠释或表达，就叫迷你创造。

考虑到幼儿处于学习知识、积累经验的初步阶段，一般很难表现出专业的创造力，更不用说杰出创造力。他们的创造更多的是一种来自对自然或身边事物的直接体验所产生的懵懂想法，因此，在创造水平上属于迷你创造。

从我们幼儿园的经验来看，在孩子们自由游戏中，这样的"迷你创造"随处可见：为冰淇淋店设计一款新口味的甜品、为"宇航员"系上一根丝带作为氧气输送管、设置免税店为航空公司增加生意……这些创意制作、问题解决、人际交往中都包含着属于幼儿个人意义的创造。而当幼儿原有的生活经历、认知体验、熟悉的场景等等激发起创造灵感时，他们的创造就会发生在一日生活的任何时刻，创造也变得信手拈来。不同的一个表情、一个动作、一个想法、一段改编，都是幼儿的"迷你创造"。

① Kaufman，J. C. Creativity 101 [M]. New York：Springer Publishing Company，2009.

2. 幼儿创造教育在于激发表达性创造力

美国创造心理学家泰勒根据产品新颖独特性和价值大小的不同,将创造力从低到高划分为 5 个层次,分别是表达式创造力、生产式创造力、发明式创造力、革新式创造力和高深的创造力。其中表达式创造力是以自由和兴趣为基础,因情境而产生,随兴趣而感发,但是具有某种创意的行为表现。

幼儿的思维发展处于具体形象思维及初步抽象逻辑思维阶段,他们对世界充满好奇心,有独特的表达方式,但经验积累不足,故只能进行直观形象,同时缺乏严密性和实用性的创造。然而,这种创造对于幼儿个人是前所未有的,是其形成高级创造的重要积累。① 因此,有时幼儿的作品看似稚拙,缺乏严密性和逻辑性,但仔细品味可以发现,其实每一个幼儿的作品都是独特的,他们会在作品中加入自己的理解、情感、梦想等等,并以外显、形象的方式呈现出来。

所以,在幼儿的创造教育中,教师要保护和激发学生的表达性创造能力,一方面,要通过各种活动给予幼儿充分创造、并依托创造表达个人情绪的机会;另一方面,则要仔细观察和认识幼儿创造作品中所反映出的情绪特征,并给予适当的引导和教育。因为这些简单、随意的设计背后其实有他们大大的用心和用意。不要小看这些表现性作品,它们恰恰是幼儿创造力的表现。

3. 幼儿的创造教育要适应创造力变化大、范围广的特征

学龄前幼儿处于人类大脑突触生长最快的阶段,突触密度远高于成年人的水平。② 幼儿的创造力随着经验的不断丰富、心理发展的日益成熟,所涉及领域会不断增加或迁移,同时也会从无意创造走向有意创造,逐步从只具有个人价值和意义向具有社会价值和意义的方向发展。

在教育实践中,我们也往往会惊讶于幼儿在创造表现上的发展变化。不同年龄段的幼儿存在明显不同。而在跟踪个别幼儿的成长过程中,我们也发现他们在创造表现的主动性、有意性和计划性方面有着显著变化。这在创造性艺术活动中表现最为明显,越是小年龄的幼儿,他们设计与创作往往体现的仅是新奇,但这些新奇的背后在成人看来可能是没有意义的,仅仅是停留在感官上的。

---

① 王小英.幼儿创造力发展的特点及其教育教学对策[J].东北师大学报,2005(2):149—154.
② 杨雄里.脑科学和素质教育刍议[J].教育理论与实践,2002(02):1—10.

但随着幼儿的年龄增长,他们会越来越关注某一创作设计背后的缘由或某一细节的存在目的。

因此,这就要求学校在设计活动课程的时候,首先把握一定的广度,通过各种课程和多样化的课程设计,让学生在创造的乐园中释放自己的创造天性,每一个学生都能找到自己的创造兴趣。但是,随着幼儿年龄的增大以及创造活动的不断开展,教师也要在基于兴趣的基础上,适当地引导幼儿开展一些聚焦性的创造活动,让幼儿的创造能力不断深化和聚焦,从感官体验逐渐上升到认知发展中。

(二)幼儿创造教育的目标

1. 培养幼儿的创造性思维

创造性思维是指以解决问题为前提,用独特的思维方法,创造出具有社会价值的新观点、新理论、新知识、新方法的认知心理活动。[①] 张译丹(2019)指出创造性思维基本上可以归纳为是以一定的感知、记忆、思维、理解、想象为基础,用一种新的独创性的方式来解决问题。[②] 创造性思维是创造力的核心。幼儿期是创造性思维发展的重要时期,幼儿创造性思维的发展为其今后创造力的发展奠定重要基础。[③] 幼儿创造性思维的发展程度对学前教育阶段幼儿的学习活动至关重要,对幼儿未来发展有重要影响。

托兰斯研究出了著名的"托兰斯创造性思维测验",是目前应用最广泛的创造性思维测验。在学前教育阶段我们经常涉及的是思维的流畅性、变通性和独特性。流畅性是指对于某一问题能很容易地产生自己想法的数量;灵活性指的是可以从不同的维度来思考和解决问题;独特性是指问题解决的新颖、独特,有自己独特的见解。那么幼儿创造思维的流畅性、变通性和独特性如何呢?叶平枝(2012)通过测验得出 2—6 岁幼儿思维的流畅性发展最好,新颖性(独特性)发展尚不足。男孩在思维的新颖性(独特性)、变通性思维总分上均显著高于女

---

① 王灿明. 儿童创造教育论[M]. 上海:上海教育出版社,2005:1—2.
② 张译丹,张洪秀. 幼儿创造性思维的发展以及培养策略研究[J]. 产业与科技论坛,2019,18(16):251—252.
③ 王灿明. 学前儿童创造力发展与教育[M]. 南京:南京大学出版社,2016:18.

孩，只有在流畅性维度上与女孩不存在显著差异。[①] 同时幼儿的创造性思维还表现出不稳定性，随着年龄增长幼儿受到的约束越来越多，有些必须"遵守"的规则，会抑制幼儿创造性思维的发展。幼儿的创造性思维终与具体实物相结合，幼儿创造性思维的发展总是以某一具体事物为物质基础来充分发挥自己的创造性思维。

创造性思维是创造力的核心，要科学地培养和提高幼儿的创造能力，就必须注重对幼儿创造性思维的培养。在学前教育阶段要爱护幼儿的好奇心、探究兴趣和创造积极性，积极评价、反馈幼儿独特的行为表现，提供适合创造力发展的环境，积极开展各种活动以支持幼儿创造性思维的发展，使幼儿具备未来社会生存的必备技能。

2. 培养幼儿的创造性人格

创造性人格是指个体在创造性过程中表现出来的、对创造力的发展起到促进和保证作用的、统合而稳定的人格特征，是幼儿创造力表现的内部动机，对幼儿以后的创造和成功起着关键的作用。学前教育阶段是创造性人格发展的萌芽期和关键期，培养幼儿的创造性人格，要根据其身心发展特点和水平。

幼儿的创造性人格是其自身全面发展的基本需要和基本条件，是个体成功、成才的保证。以往有关创造性人格的研究取得了一定程度的进展，综合以往国内外有关创造性人格的实证性研究内容，主要是有关创造性人格的结构、发展特点和类型的研究。

托兰斯认为，高创造性幼儿的人格特征具有以下特点：有强烈的好奇心、思维和行为上的独特性、独创性、想象力丰富、自信心强、喜欢探索、灵活性强、坚韧、敢于幻想。齐璐指出，我国幼儿的创造性人格呈波浪式发展趋势，总体发展存在显著的年龄差异，年龄阶段发展速度不均衡。李明研究发现，3—5岁幼儿创造性人格的发展存在显著的年龄差异，4岁是幼儿创造性人格发展的关键期。[②]

---

① 叶平枝，马倩茹. 2—6岁儿童创造性思维发展的特点及规律[J]. 学前教育研究, 2012(08)：36—41.
② 李明. 3—5岁幼儿创造性人格类型倾向的特征及与多元智能关系的研究[D]. 大连：辽宁师范大学, 2010：64.

这些研究都显示,幼儿创造性人格的培养是关键是重要的。我园在实践探索的基础上,借鉴了权威的创造性思维性三个特点,即变通性、流畅性、独特性,作为评价幼儿创造力的参考;提炼出了幼儿八大人格特征,即"莘幼创造性人格特征",包括"常好奇、爱想象、善求异、乐主动、能坚持、愿合作、敢挑战、多灵活",这些特征能够帮助我们更好地诠释"乐创教育"的幼儿形象;结合幼儿创造力的特征与表现,我们尝试概括了出幼儿创造力的三个特征,分别是好奇心、想象力和主动行动。好奇心会激励幼儿对新材料、新同伴等产生浓厚的兴趣,推动幼儿关注他们,并影响着幼儿如何关注事物的持续度和方式。[①] 想象力是幼儿天生就具有的独特能力,在某种意义上,幼儿是通过想象来创造的。真正的创造力存在于行为范畴,包括内在行为和外在行为两个方面。主动行动是幼儿接触、探索世界的主要方式,他们通过探究材料、与同伴和教师主动互动,从而调动自身的积极性,激发探究的欲望,从中发现体验的乐趣,使探索活动更加深入,从而获取丰富的知识与经验。

3. 培养幼儿的创造性行为

创造性行为是指个体产生新奇、独特和一定价值成果的行为。国内外的普遍做法是通过创造技法,训练幼儿的创造性行为。但如果单纯地进行创造技法训练,其成效可能是短暂的。此外,这种模式脱离具体学科,创造具有鲜明的领域性,需要各种专门化的知识技能及较长时间的专业训练。幼儿的创造性行为训练应落实三大抓手:一是大力推进研究性学习,引导儿童用科学家的研究方法去解决日常学习及社会生活中遇到的疑难问题,这对实施创新人才的早期培养具有举足轻重的作用;二是广泛开展科技创新实践活动,让幼儿在探究性的科技活动中亲身体验动手动脑、问题解决的乐趣;三是加快建设面向幼儿的创客空间。"创客"源于英文 Maker,是指那些热衷于利用互联网、3D 打印机和开源软件把自己的创意转化为真实产品的"发烧友"。近期出台的《国家创新驱动发展战略纲要》明确提出"推动创客文化进学校,设立创新创业课程,开展品牌性创客活动,鼓励学生动手、实践、创业"。然而,一个不容忽视的事实是,尽管

---

① [美]托德·卡什丹著,谭秀敏译. 好奇心[M]. 杭州:浙江人民出版社,2014:7.

国家政策不断呼吁，但建立创客空间的幼儿教育依然寥寥无几，亟须政府加大引导和扶持。

第四节　继往开来——践行幼儿园创造教育

莘庄幼儿园的创造教育实践之路，不是一蹴而就，也不是朝着一个方向一成不变的过程，而是一个不断通过"盲人摸象"般的尝试、探索积累、重塑凝练，在不断梳理中厘清，呈螺旋状上升和发展趋势的过程。曾有人说：曾经走过的路永远都会在那里。追溯回 1998 年，幼儿园首次触及创造教育的理念，并尝试探索与研究。到 2009 年正式提出"乐创"的概念，让乐创教育成为幼儿园的实践内核，从此开启了乐创教育的十年实践探索之路。回顾那段行走过的道路，幼儿园对创造教育不断深化理解、推进实践的过程，我们走过了由表及里、由顶层设计到具体实施的历程。

一、萌芽期（1998 年—2008 年）

全国第三次教育工作会议确定了我国 21 世纪"全面推进素质教育"的重点是"培养学生的创新精神与实践能力"。根据要求，我们转变以往那种"注重知识的灌输、轻视创新精神的培养的传统教育"的教育思想。当时，幼儿园作为闵行区唯一的一所上海市"一期"和"二期"幼儿园课程改革的实验园，在二期课改伊始，开展了"幼儿教师创新能力培养的研究"、"幼儿创造性思维训练和培养的可行性研究"，提炼出教师创新教育能力的三大层次及三大培养策略、幼儿创造性思维的五大培养策略等，集结出版了《创新与实践：二期课改中的莘庄幼儿园》。

幼儿园确定了办园特色的走向,即幼儿创造教育的实践研究,提出了"一样童真释放　更有创新萌发"的课程理念。但是,对幼儿创造教育的整体架构显得单一而零散,主要体现的问题为:

(一)课程方案流于形式,各要素之间关联度不强

作为幼儿园教育管理核心的课程方案,虽是文本性资料,但其对幼儿园保教质量、运行管理、教育观念的提升起到了积极的作用。我们在对幼儿园课程方案的分析中,发现了很多的问题:在课程理念中,将幼儿"多元智能发展"与"创造才能"混淆,这样的混淆也直接导致了课程内容凌乱;课程设置的不聚焦,比如将英语口语、幼小衔接等与创造教育关联不强的课程内容也纳入到选择性课程中来,造成选择性课程(创造教育)的重点不突出;在课程结构中,共同性课程与选择性课程的关系不明确,学习、运动、生活、游戏四大板块内容与选择性课程之间的关系似乎是包含、又似乎是交叉并列,也没有配合相关的文字阐释,从而导致课程结构基本要素边界模棱两可;课程实施部分中,对于活动方式的安排、活动的作息安排、时间分配、课程实施的原则与要求、课程资源的配备等都缺乏必要的说明,大大降低了课程方案的指导性与操作性。

(二)理念与实践之间对接缺乏桥梁基础

虽然学校将"一样童真释放　更有创新萌发"作为课程理念,但是缺少对下位的发展诠释,致使理念于实践之间脱节。一方面,表现为教师对于童真的解读含糊;另一方面,对基于儿童立场的活动展现较弱。此外,对幼儿创造力评价缺少科学安排,如评价内容不全面,评价频率、评价管理等缺乏具体阐释,管理机制含糊等。

这一时期,幼儿园创造教育的研究仅以课题文本的方式呈现,对幼儿创造力还缺乏深度理解,在实践层面缺乏系统化的、全方位的设计,创造教育的活动尚处于探索萌芽期。

二、抽枝期(2009年—2011年)

这一阶段,在对幼儿园管理运行情况、课程实施状况、园所环境氛围等方面进行整体了解的基础上,我们想通过三年左右的时间,借助项目、课题、主题活

动等方式,实施解构式的发展推进,凭借以点带面、积跬步般的实践积累,实现理念与实践的对接,最大限度地让创造教育在幼儿园实践中落地生根。由此,主要依靠三个项目,实现园所发展的变革。

(一) 重构课程实施方案

我们从课程内容分布着手,从创造性思维的三大特征出发,进行课程内容平衡性分析,并以此反观课程目标,调整课程结构,将选择性课程命名为"创意萌发课程",并设定领域倾向的幼儿创造力培养路径,形成了1085个课例。

我们重点关注了常态下的课程实施,着手开展"教育纪实"的实践探索,改变观察记录的形式,提出实证思想,通过实录的方式,真实地记录课程实施的状况,通过反复观看对比的过程中,帮助教师更好地关注常态下课程的实施,提升对课程实施状况的感知,让园部实现对课程细节性的关注,提高了实证意识,能够使教育纪实得以流传,通过对实证的分析、讨论和交流,提升教师对幼儿教育的分析能力。

(二) 投入创新环境研究

《上海学前教育课程指南》明确提出,"教育环境创设主要看教师在时间和空间上是否为幼儿营造了安全、温馨的氛围,保证幼儿自主地开展活动;是否创设了对幼儿有激发性的环境,使环境成为课程的组成部分"。要让教师确实更加重视课程环境的创设,避免走入"多、花、精细、高档"却"忽视幼儿的参与互动"的误区,我们采用了课题驱动的办法,通过研究与创新,研制出了幼儿园创新环境设计的六大原则与方法,并得到了系统的应用。这一研究成果获得了上海市第四届学校教育科研成果二等奖。

(三) 突破园所管理围墙

我们认为幼儿创造应该是愉悦而快乐的,这就需要打破管理的边界,在实践中形成三个运行机制,分别是:建立有序进取,均衡提高,荣辱与共的管理机制;建立多元培训,合作分享的发展机制;建立求索创新,循规务实,有效修正的工作机制。从思想、学习和创新三个方面重新定义了办园方向,即实施快乐的幼儿园创造教育,调整了课程理念,将关注焦点落在"创新萌发"上。

在坚持上述三个机制后,教师们对幼儿园创造教育的探索有了贴近的实际变化,在悄然中,教师们的观念、行为在发生着根本性变化。大家不再回避"幼儿园创造教育"的话题,也将三个实践特征,即发现一点点、改变一点点、思考一点点,落实在日常一日活动之中。

三、苗壮期(2012 年—2019 年)

随着"乐享创造　全面发展"的办园理念逐步深入人心,大家对于校训的认识也逐渐达成共识,即要求教师们能自主创新、主动成为幼儿创造教育研究的主体。教师群体开展了大量的创造教育的课程,这些课程包括"创新教育背景下幼儿园科学活动设计与实施的研究"、"在学习活动中提升大班幼儿创新表现能力的实践研究"、"在新课程音乐活动中培养幼儿自主学习能力的实践研究"等等。这些课程经过不断的更新与完善,不仅在校内教学上获得了成功,同时还获得了市区级科研成果的一、二等奖。

这一阶段,我们在原有课程方案基础上进行全面的梳理与重构,更好地体现了幼儿各方面的均衡发展和初浅的创意表现。这样的梳理和重构从课程顶层设计开始,兼顾了课程发展理论、办园思想凝练、共性教育规律、社会文化的新发展等。通过对课程目标的设定、课程内容的设置、课程评价的设计等全方位的再审视、再评估、再构建,更好地落实"一样童真释放,更有创新萌发"的课程理念,更好地保护幼儿的创造潜能,为他们的健康成长,实施快乐的启蒙教育。

如果说在这之前的创造教育的探索,我们总是不忘把"创新"、"创造"、"创意"的帽子戴好,好体现我们时刻不忘乐创教育的内涵。那么,时至今日,我们不再纠结于这样的名称,而是在深入理解课改的基础上,去思考如何深度创新幼儿教育实践。

我们尊重幼儿的能力、情感及发展水平等方面的个体差异,注重因人施教,同时,也更加关注智能超常与发展障碍儿童的特殊需要,满足每一个幼儿不同的发展诉求。为了保障创造教育的有效实施,我们还不断地创新管理机制,建立资源教室;创新课程设置样式,开发个性化幼儿关爱课程;创新教育方法,设计干预方法。在不断地总结和研究的基础上,我们还出版了《遇见不一样的你:

个性化幼儿教育的实践研究》一书，并获得"2017 年上海市基础教育教学成果一等奖"。

我们将办园思想归结为"乐创"二字，既让幼儿园的每一位教师和幼儿都始终怀有快乐的情绪体验，用兴趣唤醒每一位孩子的创造意识和创造萌芽，在创造教育中充分地感受体验、思索发现、求异求新求变，并逐步形成乐创教育的实践体系。在"乐创"理念的引领下，我们对幼儿园建设做整体构思，力求以教育愿景的实践与实现为依托，形成涵盖校园文化、课程建设、队伍发展、教育研究等方面的办园理念内涵，从而聚焦办园特色与办学成效，力争形成在创造教育领域有一定话语权和影响力的特色园、品牌园。

持续成长，步履不歇……

第二章

"乐创教育"的提出与确立

"乐创教育"的十年实践和探索,以"幼儿发展为本"的理念作为基点,不断增强尊重幼儿发展的改革导向,坚实幼儿立场的研究路径,坚定幼儿园教育品质提升的行动自信。这一理念的内化,也是指引实践变革步步深入的过程,从而实现幼儿"一样童真释放　更有创新萌发"的发展愿景。

　　我们发现,积极情绪是提高个体在创造活动中的意志力,成为创造型人才的必要条件,创造教育中的快乐、轻松等情绪对幼儿创造力的发展具有重要意义。因此,关注幼儿愉悦情绪下的创造过程与创造结果成为幼儿园开展创造教育发展的重要方向。

　　于是,我园于 2009 年正式提出"乐享创造　全面发展"的办园理念,就是本着让每位幼儿健康快乐的发展,让每位教师身心愉悦的工作,让幼儿园成为师生成长的摇篮,助推我园内涵式发展。"乐创"在实践过程中逐渐成为统领幼儿园办学、幼儿培育、教师专业化及未来发展的价值追求,引领我们建构涵盖环境、课程、教学、管理等多方面的"乐创教育"实践体系,使幼儿园成为幼儿"乐创"的幸福乐园。幼儿在"乐创"的体验中,享受创造的愉悦,获取精神的滋养,收获生命的成长。

第一节 "乐创教育"的释义与内涵

关于"乐创教育"的提出与发展,幼儿园有着自己深刻的理解和思考,教育是培养人的活动,而幼儿园希望做行之而有意义的教育。"乐"字源起,是希望所有的幼儿都能够带着愉悦的情绪,体验创造的美好,永远怀着积极向上的心态去开启每一段人生的旅程。

一、"乐·创"的释义

"乐"取义为"乐学"。在我国,"乐学"思想源远流长、绵延不断、一脉相承,并演进为中华民族优秀的传统教育思想之一,需要我们继承和发扬。中国的乐学思想传统与儒家思想中"乐"的境界文化和人生哲学紧密相连。中国第一部教育专著《学记》中所言:"不兴其艺,不能乐学",引申义是不引发兴趣,就不能使学生乐于学习,强调要培养学生学习的兴趣。古代教育家孔子,则在其教学中强调学生的主体地位,倡导乐学,注重培养学生的学习兴趣。《论语·学而》中说:"学而时习之,不亦说乎。"指出了学习是一件快乐的事。在《论语·雍也》中说道:"知之者不如好之者,好之者不如乐之者。"将乐学作为治学的最高境界。这个理论强调快乐地学习在人们学习中至关重要的作用。孔子认为,乐学能取得知识和技艺的最高成就。真心喜欢学习并在学习中感受到快乐,不以学为苦,那么就产生了学习的浓厚兴趣,这种浓厚的兴趣就会催生学习的积极性、自觉性和主动性。积极性催发学习向上,自觉性催发学习悟性、主动性,催发学习能量。有了学习的向上、悟性和能量,就有了学习用之不竭的源泉。从辩证唯物主义来看,外因必须依靠内因才能起作用,有了老师外因的推动,再加上学生学习的积极性、自觉性、主动性等内因的关键作用，一切学习上的、技能上的困难都会迎刃而解。

"创"取义为"创造"。从词源来看，"创造"一词由来已久。在我国古代《汉书·叙传下》中，颜师古注云："创，始造之也"之说，这是历史上最早出现"创造"两字。按《辞源》解释，"造"有作为、建设、始、建筑、制备、虚构、成就、至等含义，其主要含义是构建和成为。"创"与"造"两字相联，具有破坏与构建相统一的新含义。《辞海》中也有类似的解释，即认为创造是指"首创前所未有的事物"。完整地讲，创造是指构建并产生新事物的活动。现代的"创造"被赋予了更多的含义，是一个非常广泛的概念，除了涉及艺术家的创造，还包含设计科学技术、工业生产、社会生活等各方面的创造。刘仲林在《论创造与创造观》中对创造观点作了诠释：从创造成果的角度而言，新奇性和适当性是识别创造（作品）的必要准则；从创造过程的角度而言，创造是对已知要素进行组合和选择的过程；从创造者即实践创造的人的角度而言，创造是只可在实践中体会的"一"，是不可言传的"道"，着眼于创造者内在本质和创造者的整体境界。可见，创造不仅仅是指创造出新的产品，它具有非常广义的包容性，它不仅存在于艺术创造中，更落在生活点滴处。创造的产品重要，创造的人更是有价值的主体，创造性的人是一切创意想法和产品产生的本源。

通过对"乐"和"创"的释义，我们把两个字进行了字面上的组合，创造性地提出了"乐创"用法，"乐"取快乐、积极、向上的含义；"创"取创造、创新、创意的含义；而"乐创"希望幼儿能够带着积极的情绪，乐观向上的心态，在兴趣的推动下尝试创造，并为自己的创造成果感到自豪和骄傲，即体验创造的快乐，享受创造的美好。

二、"乐创教育"的内涵

当乐创和教育相碰撞的时候，又会出现怎样的火花呢？落实到幼儿园教育中，我们有了怎样的思考？

关于教育的定义一般有广义和狭义之分，广义的"教育"是指，凡是增进人们的知识和技能，影响人们的思想品德的活动都是教育。"教育"被看作整个社会系统中的一个子系统,分配且承担着一定的社会功能。狭义的"教育",主要指学校教育,指教育者根据一定的社会或阶级的要求,有目的、有计划、有组织地对受教育者身心施加影响,把他们培养成社会所需要的人的活动。

当代文化学者张修林在《谈教育》一文中说到:教育的目的,就是让人接受各种有用的知识,以期将这些知识吸收、融化,能够将其直接作用于社会,或者把这些知识作为基础,升华出新的知识,即发现和发明。前者像物理变化,是常说的培养实用型人才——技术或技艺的人才;后者则类似于化学反应,这类人才能够很好地掌握第一层次的文化,容易形成自己特有的治学思想、理念和方法,这就是创造型人才。

基于对教育的这一理解,可以看出教育是一种实践活动,也是帮助个人成长和发展的过程。教育要产生社会和个体发展的意义,就需要在培养人的过程中实现创造,当然这种创造包含两个方面:其一是不断创造和创新教育的形式、手段、知识;另外一方面是培养的人具有参与社会实践、创造性的从事社会活动的能力。教育的这一价值和功能,为"乐创教育"提供了基础。

学前教育是个体教育的启蒙阶段,良好的学前教育对幼儿终身全面发展具有不可忽视的作用,基于对我们"乐创"的诠释和学前教育的价值定位,我们提出了"乐创教育"。

"乐创教育"是在"乐创"理念引领下,发挥学前教育的基础作用,顺幼儿童真,启创造潜能,相信儿童是天生的创造者,运用适合幼儿年龄特点的教育方法、手段,有目的、有计划、有组织地对幼儿身心施加影响,让幼儿多经历、多感受、多体验、多表现,满足幼儿的基本需要和个性发展需求,培养有灵气儿童的实践活动。

在进行创造教育过程中,我们关注三方面的实践因素:一是渗透。"乐创教育"不仅仅体现在教学环境中的某一个部分,教学活动中的某一个环节,而是渗透在幼儿一日活动的每一个细节,渗透在教育的所有场景之中,让幼儿能乐创活动每一天。二是经历。很多事物只有经历了、拥有了,或者关注了,大脑才会将它标记成某种特别的事物。这种经历的"印刻",累积成丰富的经验,在面对同样的事物或情境时,创造性思维也随之被激发。因此,我们构建了较为丰富的乐创课程,挖掘班级资源的价值,利用外延社区资源和丰富的社会资源,丰富幼儿多样的经历体验,激发幼儿更多的想象与创造。三是呈现。基于幼儿好奇、好问、好动等特点,幼儿的行为表现外显、真实而直接,幼儿对自身体验的行为赋予个人的意义,幼儿的创造性表现特征也呈现出微小和主动。尊重幼儿的天性,顺幼儿的童真,对"天马行空"的问题给予积极的回应,对幼儿稚嫩的表现给予充分的肯定,赞扬幼儿并为他的成就感到骄傲,增加幼儿的自我认同和肯定,提高创造的积极性。

第二节 "乐创教育"的理论依据

"乐创教育"的提出有其哲学和教育学依据。哲学观点认为,追求自由是人本质的最高体现,而创造力的发展可以让人追求到更高层次的自由。幼儿能力的发展,就是人类的本质内化的过程,而且这种潜在的能力是巨大的。教育学观点认为,通过实施创造教育让幼儿能力得以开发和发展,价值是巨大的。兴趣是快乐的源泉,兴趣是一切活动的动力,所以我们发现幼儿创造力、培养幼儿创造力,就要解放幼儿,让幼儿在快乐中自由学习。

一、哲学依据

从马克思主义哲学观点看,追求自由是人超越动物的本质特征,是人本质的最高体现。自由是人通过对自然、社会和自身必然性的认识以及对它们的改造而达到的自我实现与自我超越。人类正是在追求自由的实践活动中不断发展自身的能力,特别是创造能力。反过来,由于人的能力,特别是创造能力的发展,又可以追求到更高的自由。可以说人类的创造能力发展到何种程度,自由就可以达到何种程度。宏观人类能力的发展,是通过劳动,通过人的能力的"客体化—内化—新的客体化—新的内化"这样一个循环往复的漫长历史过程发展起来的。不幸的是人类发展起来的能力不能借助基因代代相传,而只能通过学习继承下来,即新生代若不从先辈创造发明出来的各种产品中抽取镌刻在其中的"客体化了的人类的能力",内化为自身的东西,就不能作为一个"人"而得到发展。

由此看来,幼儿能力的发展,实质上是内化人类的本质能力的过程。所幸的是,潜藏在幼儿身上能力的发展,实质上是人类的本质能力内化的过程。而且,潜藏在幼儿身上的这种内化能力是巨大的,表现为他们拥有较强的学习能力、适应能力和可塑性。幼儿对人类本质能力的内化程度,很大程度上取决于内化的中介——教育的水平与价值取向。幼儿要掌握并再生产历史上积累起来的人类能力,总是以成人为媒介,通过教育活动来实现的。因此,我们若要使幼儿获得更高的能力,特别是创造能力,就必须实施创造教育。

但是因为幼儿的认知和行为能力尚处于初步的发展阶段,其自我调节和情感控制能力往往处于初级水平,创造本身是需要一定的知识、精力乃至意志投入的,这对于幼儿来说是困难的。所以,这就要求在创造的过程中构建符合幼儿的身心特点的环境,增加让其感受到愉悦的部分。就此来看,"乐创教育"的重要价值是不言而喻的。

二、教育学依据

(一)斯宾塞的快乐教育

在西方,崇尚快乐的教育思想历史悠久、贯穿始终,形成了衣钵相传且影响深远的思想体系和理论派别,并成为西方现代快乐教育实践的思想渊源和理论基础。其中集大成者,首推19世纪英国最著名的教育家斯宾塞,他接过前人特别是英国传统乐趣教育的"接力棒",鲜明提出并构建了与兴趣教育密切相关的快乐教育理论体系,其名言是"教育当使其愉快,而一切教育当使其有趣"。斯宾塞基于其"综合哲学"和教育理论,吸收借鉴前人的有关成果,认为快乐既是人类的应有目的和合法目标,也是教育和教学的一个重要任务;确立了让学生愉快学习、培养"快乐之人"的教育目的和价值目标,把快乐或兴趣作为选择知识、教授课业和评价教育效果的重要标准,力求使求知和教学过程成为愉悦的事情,要求教育教学特别是智育要用快乐原则作为指导和信条,还提出了使儿童快乐学习的一系列方法举措,如"顺应孩子自然的兴趣""快乐的运动""让孩子自己发现知识""获得有目标的快乐""用兴趣让孩子快乐地去求取知识""有效养成好习惯",形成了体系完整、理论与实践密切结合、有着创造性贡献的快乐教育理论。斯宾塞的快乐教育理论为我们实施"乐创教育"提出了诸多启示:第一,兴趣是快乐的源泉,实施教育过程中,选择的活动应该关注幼儿的兴趣;第二,活动场景应是开放且宽松的,这样的场景有助于幼儿能够自由、大胆、不受约束的表现;第三,教师成为快乐的教育工作者,如此不仅教学效果好,还能更多地看到幼儿的优点;第四,和善友好的鼓励是教育的最好办法,教师要尊重和公正对待所有幼儿,注重营造鼓励幼儿的氛围。

(二) 陶行知的创造教育

陶行知先生是一位伟大的人民教育家,是中国近代教育界的先驱。创造教育理论是陶行知先生教育思想的本质,它像一束闪电划破中国传统教育的夜空,开启中国现代创造教育的先河。创造犹如一根金线,贯穿于陶行知教育思想的各个部分,贯穿于他的"生活即教育"、"社会即学校"、"教学做合一"三大教育主张,成为他生活教育理论思想体系核心中的核心。他的创造教育思想精粹具体是:确立了"先行后知"的创造教育观;创造教育的起点在于手和脑并用;弘扬"试验之精神"为创造教育的保障;五大"解放"为儿童提供充分的自由;倡导在"集体创造中学习创造"的观点。陶行知先生在《创造的教育》中认为,有行动才能得到指示,有知识才能创造,有创造才有热烈的兴趣。所以他主张"行动"是中国教育的开始,"创造"是中国教育的完成。他在书中写道,我们发现了儿童有创造力,认识儿童有创造力,就须进一步把儿童的创造力解放出来。

创造教育理论让我们意识到要关注幼儿的"行动",通过教师的引导,将一个个具有行动力的幼儿,发展成为一个个具有创造力的人。"乐创教育"在实施中要以全体幼儿为对象,使每位幼儿的创造能力得到发挥,面向幼儿的个性差异使每个幼儿的个性和潜能得以充分发展。同时，以幼儿全面素质的发展为基础和归宿，强调在促进幼儿身心全面发展的基础上去关注他们综合素质的发展。

第三节　"乐创教育"的价值立场

我园在对儿童观、教育观、创造观客观、科学理解的基础上，形成了幼儿独特价值取向。儿童观即"儿童是天生的创造者"；教育观即"顺幼儿童真，启创造潜能"；创造观即"发现一点点、思考一点点、改变一点点"。幼儿园能够"以幼儿为本"遵循幼儿天性，关注幼儿作为个体本身的内在特质和力量，相信他们是有潜能的个体，认可幼儿纯真的表达和质朴的表现，用积极的语言和态度去支持幼儿萌发的创意，从而能够推动幼儿创造力的发展。

一、"乐创教育"的儿童观

儿童观是指人们对儿童的根本看法和态度。在教育领域中，教育者对儿童看法和态度的不同，会导致他们对教育过程要素认识的不同，并产生不同的教育目标、教育手段和教育行为。可以说，儿童观影响着教育者的教育观和教师观。儿童有着自己独特的天性特征，如"好动、好模仿、好问、好想象、好游戏、好获得、好自然、好肯定"，这些天性特征，指引着教育者践行教育的方向，而儿童观作为人们的一种观念，实质上是知识和经验相互结合的一个产物。随着对教育过程中师生关系的深入研究，以及对现代社会中"主体性"的反思，我园儿童观的内容发生了巨大的变化，我们认为幼儿的心理特征主要表现为以下几点：

（一）充满想象好奇

幼儿身上具有无限生长的可能性，经过适宜的环境的刺激，逐渐表现出令人惊叹和不可思议的心理活动，呈现出自己特有的个性。幼儿年龄小、经验少，对周围世界充满了好奇。受具体形象思维的限制，他们通过动手摆弄、接触而逐渐了解世界。幼儿年龄小，但比成人更好奇、敏感，更愿意接受新事物，更富想象力。两岁以后，由于活动的复杂化、语言的发展和经验的丰富，幼儿的想象得以迅速发展。尤其是三岁以后，是其想象力最为活跃的时期，想象几乎贯穿于幼儿的各种活动中。所以，学校教育的各种活动不能没有想象的参与，想象越丰富，活动就越富有成效，就越能发展幼儿的创造力。

（二）自由创造

吉尔福特认为创造力是普通人都具有的能力，马斯洛更是充满信心地告诫人们："几乎所有的儿童，在受到鼓舞的时候，在没有规划和预先意图的情况下，都能创作一支歌、一首诗、一个舞蹈、一幅画、一种游戏或比赛。"幼儿由于掌握的知识有限，较少受到外在束缚，在生活中便会充满无尽的想象，产生各种各样随心所欲的创造。他们不可能发展、变更、重建一个领域，即不具备所谓的"大创造性"。幼儿的这种创造力，称之为"前创造力"，就是大胆但不成熟的创造，是现实创造力的雏形和预演。经过一番努力，前创造力具有转化为现实创造力的可能。

（三）具有可塑性

幼儿自身不成熟的生理特征、语言、思维以及动作的不成熟，使其不能独立地完成事物，需要在成人的照顾帮助下进行。然而，正因为各方面的不成熟使得幼儿的发展具有可塑性，为他们的发展提供了潜能。但是幼儿的可塑性与一般的事物的可塑性完全不同，后者的改变完全是受外力的作用，而幼儿的发展则是在环境的作用下自我创造的结果。幼儿是发展不成熟的个体，但和成人一样，是具有主动性、创造性的人，在与外界环境的相互作用中，积极构建着对世界的认识，也构建着自己的内心世界。

（四）能动发展

每一个幼儿都是积极的生命体，对新事物的好奇和探究的欲望是幼儿的本能使然,他们的认识结构和知识宝库是其自身在与客观环境交互作用的过程中主动建构的,幼儿是具有主观能动性的人,在各种丰富的实践活动中不断建构属于他自己的精神世界。这种建构过程是生物、社会、主客观等多种因素相互作用的结果,在这个发展的过程中,幼儿始终是积极能动的活动主体,通过多种多样的学习形式来获得发展,如模仿学习、交往学习、游戏学习、探索学习、操作学习、阅读学习等等。

鉴于以上幼儿的特点,我们主张"乐创教育"的儿童观是:儿童天生好奇、好玩、好动,是有着内在学习力、喜欢想象、热爱自由的独立个体,即"儿童是天生的创造者"。

二、"乐创教育"的教育观

教育观是教师在一定的社会历史文化背景下,在日常生活、教育教学实践与专业理论学习中,基于对学生发展特征和教育活动规律的主观性认识而形成的有关教育的个人看法。教师教育观会对其教育方式、教学方式、教学活动设计、教育计划等教育实践产生深刻影响。叶澜教授曾指出:21世纪的新基础教育需要教育观的变化,只依靠现代化的教育设施与高学历的教师队伍是不行的,而是要以幼儿为本,把幼儿放在心中,真正理解幼儿年龄特点和发展特征。

在幼儿园中,教师和幼儿是最主要的群体,教师和幼儿的关系是最重要的内容和存在形式,教育活动的一切内涵都蕴涵在师生关系之中。建立科学、民主和平等的师生关系是当今教育的追求。教师应在尊重幼儿年龄发展特征的基础上,牢固树立尊重幼儿权利主体的观念,关注幼儿年龄段"童真"的本性,关注幼儿本身呈现的自然状态,理解幼儿稚嫩的行为,明确幼儿的创造潜能,充分尊重幼儿的权利,突出幼儿在教学中的主体地位。我们在办学过程中,逐步明晰了"乐创教育"的教育观(见图2-1),体现在以下四个方面:

其一,幼儿行为的"真实"。幼儿的行为是其本真的表现,是其本身意愿的表达。这种真实的、情绪化的、不加掩饰的行为处处可见。在日常生活和游戏中,幼儿可以自然地、轻松地、发自内心地做自己想做的事情,他们的行为没有强烈的目的性,他们的行为更多的是让自己获得愉快的体验和收获,这种纯净

童真

图 2-1 "乐创教育"的教育观示意图

的、不加修饰的表达，有其自身的独特价值。

其二，幼儿想法的"率性"。幼儿的每一个想法都是其天性的表现，而这些想法往往包含着各种各样对世界未知的探索和好奇。所以，很多人主张"儿童是哲学家、儿童是艺术家、儿童是梦想家"。[①] 于哲学家而言，体现的是幼儿愿意追问；于艺术家而言，体现的是幼儿愿意涂鸦；于梦想家而言，体现的是幼儿有一个诗意和充满人性的世界。这些本质都反映出幼儿天生所具备的好动、好问、好想象的天性。为了保护这种天性，我们充分鼓励他们去创造，在思维和行为上不去给予约束，而是极大地激发他们创造的欲望和热情，让他们去体验自身行为所带来的结果，即感受行为的意义。

其三，幼儿创造的"初浅"。幼儿创造呈现出微小迷你、主动尝试的特征。如上文中说到的幼儿创造是其本身意愿的表达、被赋予了个人的意义，所以幼儿的创造是初始化的、浅层次的，呈现微小迷你、主动尝试的特征，很难像成人一样产生具有明显的社会价值，但是他们有强烈的好奇心和求知欲，能够推动他们积极主动地观察和认识整个世界。

其四，幼儿体验的"多样"。幼儿亲历性的体验，呈现出多样化的表现方式。随着幼儿年龄的增长、活动范围的增大、生活体验更加丰富，语言和心理发展逐渐提高，思维更加活跃、流畅，他们对各种活动和事物的体验表现出差异，不仅不同家庭环境会获得不同的成长经验，即使在同一种活动中，不同的孩子也会有不同的体验，同一个幼儿对同一种事物，也会呈现出多样化的体验结果。

鉴于此，我们主张的"乐创教育"的教育观是：在理解儿童"真实、率性、初

① 于伟. 儿童的意蕴与率性教育[N]. 中国教师报，2015-8-12(013).

浅、多样"的基础上,肯定幼儿的创造潜能,即"顺幼儿童真,启创造潜能"。

三、"乐创教育"的创造观

创造观形成的过程,是对创造力不断认识的过程。早期的创造观更多的是创造天赋观,认为创造力是神秘的,是只有少数天才才具备的特殊能力。随着研究的深入,人们主动认识到创造力是每个人都具有的一种自然属性,是每个人都具有的一种潜在能力。马斯洛指出人生来具有创造的欲望,每个人都有一定的创造性,但存在不同层次和水平。由此可见,创造力是由低到高、由浅到深的连续体,低水平的创造力是高水平的创造力的基础。因此,我们在办学过程中,坚持持续性、连贯性和由浅入深的原则,通过一点点的创造力培养,循序渐进地发展幼儿的创造力。

幼儿"一点点"的表现都可能是其创意萌发的表现,创造力萌芽阶段幼儿的发现一点点、思考一点点、改变一点点的变化,应当得到保护和认可,三个"一点点"具体表现为:

发现"一点点"——有一点不同、有一点新。幼儿对于不同的事情表现出好奇,并且开展探索,主动尝试新鲜事物和新颖的活动;

思考"一点点"——有一个灵感、有一个想法。在发现的基础上,幼儿对于问题能够主动产生新想法、对事物能够有发散性思考,如看到一个圆,能够进行经验的迁移,联想到生活中具体的圆形事物。在生活情境中遇到问题能够结合已有经验,创意地解决问题,对于熟悉的场景能够产生不同的想法等;

改变"一点点"——有一个新联系、有一种新组合、有一个新玩(做)法。在探索和思考的基础上,幼儿在自主性的游戏和活动中展示出创造力,开始对同一事物变换方向、拆分组合、创意链接,产生新奇的玩法、组合和链接,一点点展示出创造行为和创造能力。

幼儿的创造力与成人不同,幼儿的创造力更多的是自我实现的过程,是一种迷你创造。幼儿园"乐创教育"更多聚焦于幼儿"一点点"的进步和变化,这些"一点点"的变化正是幼儿创意萌发的表现,教师要善于呵护、珍视幼儿"一点点"的变化,从而推动幼儿创造力的发展。

鉴于此,我们主张的"乐创教育"的创造观是:幼儿的创造是"迷你创造",幼儿发现一点点、思考一点点、改变一点点都是其自身价值的体现,这就是"迷你创造"的三个"一点点"。

第四节 "乐创教育"的架构与主张

基于对"乐创"理念的认识,以及相应教育观、儿童观、创造观的发展,我园尝试在办园过程中落地性、统整性地设计"乐创教育",希望通过教育管理与实践去推动"乐创"理念在教育中的生根发芽,我们对"乐创教育"的整体架构和主张,表现为以下几个方面:

一、"乐创教育"的整体架构

以"乐创"为基点的"乐创教育"实践活动,指引教师进入课程改革的新实践阶段。用教师的话说,"乐创"会发生在幼儿园的每一天、每一处、每一个幼儿身上。由此生发,我们进一步形成幼儿园办园理念,并架构起由课程架构、校园文化、管理机制、资源整合为四大板块的整体架构(见图2-2)。

图2-2 "乐创教育"的整体架构

其中,课程建设是灵魂,因为课程是实践"乐创教育"的载体,是"乐创理念"得以彰显的显性表现。队伍发展是支撑,"人"作为所有教育行为和课程活动的设计者、组织者、实施者,是实现"乐创教育"的基础要素。同时,"乐创教育"的真实运行,除了理念引领,更需要资源投入为所有运转提供保障,才能构建起"有血有肉"的教育体系。在"乐创教育"十年的探索中,我们逐渐形成了"开放合力、和谐共荣、求异实干"的文化氛围,滋养并影响着幼儿园整体环境,使我园始终保持着积极向上的活力。此外,"乐创教育"四板块的运行,也为课程方案、师训体系、培养机制、规章制度、园训园风、形象标识等提供了一个发展框架和实践路径。

二、"乐创教育"的主张

(一) 办园理念:乐享创造,全面发展

在长期的摸索和实践中,我园将"乐享创造 全面发展"作为幼儿园的办学理念。这一理念融合学校的历史、科学的幼儿发展观以及社会发展的要求等多种内外部要素。通过秉持和坚守服务幼儿的天性,塑造幼儿的想象力和动手能力,并将其充分内化为认知结构,形成乐于创造和敢于创造的素养,促进幼儿的全面发展水平。这一理念包含了三个方面的内容:

第一部分是创造属于幼儿。我们在办学的过程中要秉持幼儿立场,尤其是坚守创造教育的"幼儿立场"。办学从幼儿的志趣、特长和爱好出发,顺其自然,自由发展。对幼儿的评价提倡条件评价和情境性评价,按照"崇尚成功,宽容失败"的原则放飞幼儿的梦想,让他们远离浮躁。

第二部分是创造基于幼儿。我们的创造集中于探索幼儿创造心理发展的年龄特征和一般规律。当然,我们也关注教育与社会关系中的创造,但是这不是我们开展创造教育的主旨。我们依托的主体是幼儿本身,通过唤醒幼儿的创造潜能、发展幼儿的创造心理,来达成一种真正的快乐教育。

第三部分是创造为了幼儿。创造教育需要融合,结果在于全面发展。经过多年的实践,我们发展单一的"成物"或直线的知识确实有助于开发幼儿的创造力,但是这一做法不仅仅忽视了儿童的理想信念、道德情操和健全人格的养成,

在一定程度上也造成了幼儿发展的窄化,使得创造教育背离了教育本质。因此,我们在创造教育的过程中强调多方的融入,结果是达成"成物"与"成己"两种兼收并蓄的取向,才能培养出全面发展的人。

(二)课程理念:一样童真释放,更有创新萌发

为了使办园理念能够在课程中渗透落实,幼儿园将课程理念确立为"一样童真释放 更有创新萌发",体现课程建设的三因素,从幼儿的年龄特点、幼儿阶段创造力培育的特征,以及培育的空间和氛围几方面考虑。

这一理念强调的是"乐创课程"所主张的在教育公平背景下,顺应与满足幼儿的天性,尊重幼儿的个体差异,关注学习与发展的自主性,激发幼儿"迷你创造",使幼儿获得全面充分发展的启蒙教育。

(三)校训:温良有礼、敏而求新、乐学合群

温良,取自孔子的《论语·学而》中的"温良恭谦让"之语,意指温和善良,用柔和润玉的方式坚持真善美的引导,此意也是中华民族传统美德价值取向的传承;幼儿天性好动好玩,"敏"字体现的是对求新求异的行为表现;幼儿从家庭进入幼儿园,是情感和学习不断获得发展的过程,所以在与伙伴的相处中,保有快乐的情绪、喜欢学习的精神,是幼儿园教育的期许。

寄希望于使身处幼儿园教育氛围中的每一个人,朝着"做一个柔和谦逊有爱心的文明人,做一个爱想求新能创造的行动人,做一个自主积极能合作的好学人"而努力。

(四)"三风"建设

校风:平等、开放、和谐、创新

教风:求真、求实、求新

学风:自信、自主、大方、友好、好奇、探究

建设三部曲:

开放、合力、和谐、共荣、求异、实干(价值倾向:价值认同);

均衡、高效、团结、进取、合作、出新(价值倾向:团队建设);自主融通个性鲜明自觉创新(价值倾向:文化自信)

（五）幼儿园形象标识

图2-3　园标

注解：如图2-3所示，以"一样童真释放　更有创新萌发"为中心思想发展变化而来，起名为"莘小苗"。主体图形为一颗不断生长萌发的小苗，下面标注的"1956"为幼儿园开园近60年的教育土壤。

园标寓意：

（1）从教育意境而言，表示幼儿、幼儿园、家庭三者教育联系的大课程观；

（2）从童真意境而言，表示幼儿与教师、幼儿与幼儿间的人际和谐关系；

（3）从创造意境而言，表示在发现一点点、思考一点点、改变一点点的过程中，不断获得持续成长的过程。

（六）校园文化经典语录

（1）创造，是为了更美好的生活。

（2）创新，就是"发现一点点，思考一点点，改变一点点"。

（3）以"纳悦"的情怀，接纳与包容每一个个体，让师生时刻享有发展的空间。

（4）凝心聚力，享有精致，和谐共荣。

（5）教育，应保护孩子的天性，引领他们幸福快乐的生活。

第三章

"乐创课程"的构建与运行

《3—6岁儿童学习与发展指南》提出,教育是为了促进幼儿全面健康的发展。当"一日活动皆课程"成为教师的实践取向时,我们越来越意识到,对于幼儿创造力的培养,并不是单个项目或某类活动的结果,是来自于幼儿的能力、思维、心理品质等多方面的综合反映。其中,课程的架构与实践起到了至关重要的作用。

课程是学校为实现培养目标而选择的教育内容及其进程的总和,是学校办园理念、教育理想的具体反映。我们都知道创造力是可以被培养的,幼儿期是个体创造力发展的关键时期,这就对我们如何依托课程来实现这一目标提出了许多的要求,所以我们一直在思考以怎样的方式来清晰呈现课程特色。幼儿园曾经将"思维小游戏"作为抓手来培育幼儿的创造力,但是内容过于窄化,始终难以完整地呈现"创造弥漫于生活"这一设想。继而,我们通过设计各领域及跨领域的大活动,不断完善和丰富课程内容,突破课程实践面貌,积极践行幼儿创造教育。随着"乐创"理念在实践中不断渗透,"乐创教育"探索不断"知行合一",幼儿园"乐创课程"随时随地在发生,正如陶行知先生所说:"处处是创造之地,天天是创造之时,人人是创造之人。"

第一节 "乐创课程"的整体定位

在课程的建设中,需要明确课程的定位,这样才能更好地诠释、落实学校的教育理念。我们立足于对科学的儿童观、教育观、创造观的宏观思考上,凝练出"乐享创造　全面发展"的办学理念,继而延伸出"一样童真释放　更有创新萌发"的"乐创课程"总思想,在注重保教结合的同时,聚焦课程实施中对幼儿创造力的培养,逐步开发幼儿创造教育课程,进行园本化的课程设计,即"乐创课程"。

"乐创课程"是我园的特色课程,是对"乐享创造　全面发展"办园理念在课程行动中的诠释。通过一系列的特色课程活动,培育好奇好问、大胆想象、乐于探索、全面发展的幼儿。这是一种着眼于全人、全程、全面的培养目标定位。

学前阶段创造教育的根本价值在于激发幼儿的创造潜能,初步培育他们的创造性思维和人格,以及良好品质。由于幼儿处于具体形象思维阶段,创造力的培养需要建立在感性经验的基础上。因此,"乐创课程"关注在生活、运动、游戏、学习等不同板块中融合各类创造教育的培育方式,逐渐演绎出自在生活、乐健运动、趣玩游戏、创享学习等课程板块,让幼儿在自主、宽松的真实活动氛围中,获得被鼓励、被认可、被欣赏等积极的情感体验,更好地激发幼儿的创造潜能。

为满足幼儿终身发展所需要的基本经验,"乐创课程"将创造教育基本概念与上海市二期课改理念有机融合。以整合教育的视角,打破传统意义上共同性课程与选择性课程之间的壁垒。以不同的创造力培养模式为思考路径,从创造力培养领域的特殊性和一般性两个方向分析课程类型,建构"4+3"扁平式课程结构体系。

在"乐创课程"(见图 3－1)设计中：以"自在生活、乐健运动、趣玩游戏、创享学习"四类活动板块，赋予幼儿在课程中自主选择和自主建构的权利，满足幼儿的发展所需要的基本经验；以"创意节、科技节、四季活动"三类活动形式，满足幼儿多样化的个性特点；通过"4＋3"(即"四板块、三活动")模式体现对"全面＋创新"的整体性思考，建构课程内容，形成"三乐一体"的课程评价方式，给予幼儿多元的课程经历，让其获得独特的创造体验。

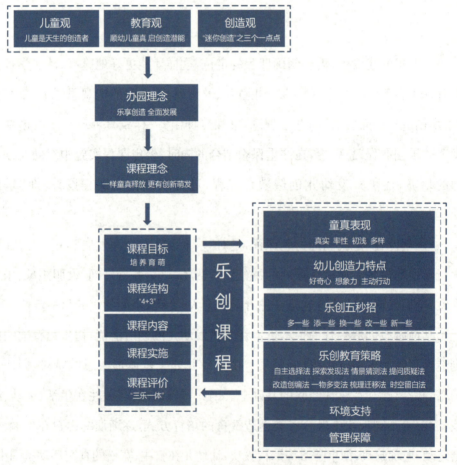

图 3－1　"乐创课程"整体架构

"乐创课程"结合幼儿年龄特点、认知发展规律以及创造力表现水平，从幼儿"真实、率性、初浅、多样"的童真表现和"好奇心、想象力、主动行动"的创造力特点出发，创生出"乐创五妙招"。在乐创教学策略的引导下、创意环境的支持下、创新管理机制的保证下，以自主研发、自由创编为主，开设资源丰富、可供幼儿自主选择、自由参与的园本化和班本化活动，以及满足个别幼儿独特需求的生本化活动,让每一个幼儿在原有水平的基础上获得良好的发展,力求促进幼儿的基本发展、萌发幼儿初步的创造意识和创新行为。

总体而言,"乐创课程"的目标设定体现全面性、基础性,即幼儿各方面的均衡发展和初浅的创意表现。课程内容的设置来源自幼儿熟悉的领域体验与经验。幼儿学习的方式以操作、体验、感受为主,即让幼儿在个体的经验积累和群体的分享梳理中,获得创造乐趣的体验、创造技法的启蒙以及创造潜能的激发。

第二节 "乐创课程"的基本框架

经过多年创造教育的实践积累,幼儿园的"乐创课程"日趋成熟。课程整体上参照上海市二期课改的要求,立足"创意萌发"的特色活动设计,以"一样童真释放,更有创新萌发"为课程理念,以"培、养、育、萌"(即"培"意为探索发现、"养"意为身心健康、"育"意为创造个性、"萌"意为审美情趣)为培养总目标,最终形成综合框架体系。

一、课程理念及内涵

(一) 课程理念:一样童真释放,更有创新萌发

"一样童真释放,更有创新萌发"的课程理念,体现二期课改所倡导的"以幼儿发展为本"的基本理念和对幼儿创造力培养规律的理解,成为幼儿园"乐享创造 全面发展"办园理念的课程承载。

(二) 该课程理念的内涵诠释

"一样童真释放"指的是"乐创课程"为每位幼儿提供释放天性的空间与机会,发现、识别、支持每位幼儿真实的基本需要,尊重和顺应每位幼儿个性化的

学习与发展需求,促进幼儿全面和谐的发展。

"更有创新萌发"指的是增强课程资源的开发与利用,重视幼儿的自主选择和初步创造潜能的激发与启蒙,为幼儿创设开放、丰富、富有情趣和挑战的支持性教育环境,提供丰富、均衡且突出幼儿创造力培育的课程。

二、课程的教学目标

(一)"乐创课程"的总目标

"乐创课程"探寻幼儿的基本发展需要和个性化发展需求,形成了"培探索发现、养身心健康、育创造个性、萌审美情趣"的课程总目标(见图3-2)。

图3-2 "乐创课程"总目标

培探索发现,指的是在探索与体验中培养幼儿乐学合作、善于发现的学习品质和学习能力。

养身心健康,指的是从各个方面提高幼儿身体素质水平,引导积极健康的心理状态,保持愉悦情绪。

育创造个性,指的是在一日生活中,渗透着对幼儿好奇好问、自信自主等创造个性的培育。

萌审美情趣,指的是通过环境呈现与活动设计,丰富幼儿的审美体验,支持并赞赏他们各类多元表现表征的行为。

在"培""养""育""萌"的四大目标中,"养身心健康"是基础,"培探索发现"是对幼儿学习方法和态度的培育,"萌审美情趣"是对幼儿感受与感知美的萌发,"育创造个性"指的是对幼儿个性面貌的养成。这涉及了幼儿身心素养、学习品质、人文底蕴、个性特点四方面的发展。

(二) 课程具体目标

在"培""养""育""萌"的课程总目标下,结合《3—6岁儿童学习与发展指南》《上海市学前教育课程指南》中关于幼儿的年龄发展特征,以及上海市二期课改的相关要求,进一步提出课程教学的具体目标,即幼儿要达到:

1. 轻松自然地表达自己的基本需要,体验自在生活的乐趣;

2. 自信友好地与同伴相处,积极主动地参与集体活动,初步了解并遵守共同生活所必需的规则;

3. 初步形成文明卫生的生活态度和习惯,自觉主动地做力所能及的事,有初步的责任感;

4. 能快乐自主地活动,增强身体素质,增强运动能力,提高行动的安全性;

5. 亲近自然,接触社会,有主动认识和探索的兴趣,初步了解人与环境的依存关系;

6. 初步接触多元文化,能发现和感受生活中的美,萌发审美情趣;

7. 在活动中,能够主动认知、积极交往、乐于合作,保持良好情绪状态,形成健康个性品质;

8. 在玩玩、看看、想想、做做和说说中,大胆想象、好奇探究,尝试运用多种方式个性化地表达和表现生活,感受创造的快乐。

三、课程的结构框架

"乐创课程"基于满足幼儿基本需要和个性化需求来设计课程框架。考虑到幼儿发展需求的共同性、差异性、个性化,以及课程所倡导的自主积极的快乐体验,课程呈现整合性、独特性和自主性的特点。

整个"乐创课程"(见图3-3)分为两大部分,即基础性课程和选择性课程。基础性课程是依据二期课改的要求和幼儿发展的规律所设立的满足所有幼儿基本知识、能力、情感发展的普通课程,它强调的是基本素养的发展。选择性课程是依据幼儿园创造教育的特色,和幼儿发展的个性化需求设计的课程,它聚

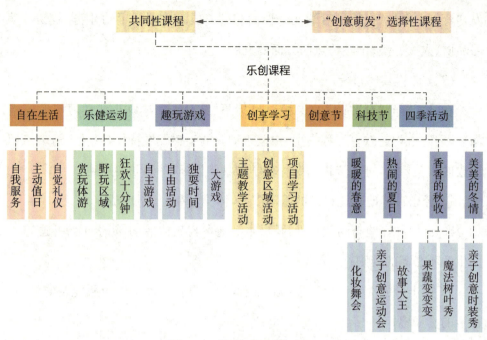

图 3-3 "乐创课程"框架图

焦的是幼儿创造力培养。

课程内容分为两大模块和七项内容,两大模块是四板块三活动,七项内容分别为自在生活、乐健运动、创享学习、趣玩游戏四大板块课程,以及创意节、科技节、四季活动三项特色活动课程。其中"四板块"是基于对幼儿创造力的基本认识,让幼儿更加系统、有逻辑地接触各类经验,为他们提供尽可能多样化的经验联结以及更多元的创意表现形式;"三活动"以创意微课程项目活动的方式来开展,在全园范围内有目的地进行富有创造意义的氛围营造,开发和利用教育资源,模仿自然世界和日常生活等构建实践性活动,让学生在这些活动中获得充分的创造教育,从而全面激发幼儿的创造兴趣与创造潜能,让每一个幼儿在原有水平的基础上获得良好的发展。此七项活动是平行并列、独立共存的关系。

四、课程内容的设计

根据课程理念、目标及课程结构的设置,我们对课程内容进行了设计。在设计的过程中,我们强调各类课程需要有独特的内涵和功能,但是彼此间又相互联系,相互依存。课程内容的选择从幼儿生活和经验出发,遵循幼儿创造力培养的特征,满足幼儿的基本需要和个性化发展需求,聚焦幼儿的可持续发展,从而保障幼儿全面和谐的发展。

(一) 自在生活

自在生活,强调在宽松、安全的氛围中,以幼儿的自身需要、兴趣、审美出发进行各类生活活动,从而获得自在、愉快、健康的生活经验。

自在生活的主要活动形式有自我服务(甜蜜餐点、轻松盥洗、安心午睡等)、主动值日和自觉礼仪,旨在培养幼儿的生活自理、交往礼仪、自我保护、生活规则等方面的能力。通过这些活动,给予幼儿温暖轻松的心理环境,让幼儿自我感知生活中的规则,自主和同伴进行商量、合作,形成健康的生活习惯和交往行为,在共同生活中能够安全、健康、快乐地成长。

1. 自我服务:在温馨、轻松的氛围中,幼儿能进行各类基本的生活自理活动,包括根据各自的喜好安排布置就餐、午睡等生活环境,自主选择活动的时间、同伴等。

2. 主动值日:经过师生的共同商议,让幼儿形成为幼儿园、班级、同伴提供各种服务的意识,并能积极依据约定主动行动,关注他人。

3. 自觉礼仪:在幼儿一日生活的各环节中,营造文明礼仪的氛围,引导幼儿能自觉将文明礼仪运用于他人的交往中,如主动打招呼、游戏时会谦让、与人交往落落大方等。

(二) 乐健运动

乐健运动,指的是在兼具挑战与趣味的运动场景中,让幼儿尽情而充分地运动,体验到愉悦、自主、活力,萌发坚持、勇敢、创造、合作等良好品质。

乐健运动的主要活动载体包括赏玩体游、野玩区域和狂欢十分钟,内容有体操、器械运动、体育游戏、自然因素锻炼等。这些活动可以增强幼儿身体素质、发展动作协调能力和促进环境适应能力,为幼儿健康的体质、愉快的情绪奠定基础。

1. 赏玩体游:以集体类的运动游戏为主要形式,师生共同商量游戏内容与规则,引导幼儿体会体育游戏中的合作与成功的乐趣。

2. 野玩区域：鼓励幼儿自主摆放器械、创造玩法，引导幼儿因地、因时制宜地利用自然物、自然条件进行运动。

3. 狂欢十分钟：在欢快动感的音乐背景下，混班、混龄进行自由律动活动，过程中打破队形、方位、主题内容的固化，幼儿跟随音乐自由创编、随性表现，体验个人创造的"成就"，感受集体共同狂欢的乐趣。

(三) 趣玩游戏

趣玩游戏，意指通过丰富趣味的环境创设、多元开放的材料提供、宽松包容的氛围营造，使幼儿在各类游戏中的意愿得到充分满足，并萌发有创意的游戏行为，收获游戏带来的愉悦体验。

趣玩游戏的主要活动形式有自主游戏、自由活动、独耍时间和大游戏。通过游戏活动的开展，发展幼儿的想象力、创造力和交往合作能力，促进幼儿情感、个性健康地发展。

1. 自主游戏：幼儿在一定的游戏环境中根据自己的兴趣和需要，自由选择、自主开展、自发交流的积极主动的活动过程。

2. 自由活动：在一日活动中的环节衔接和其他零星时间，幼儿可以自行安排进行各种活动，如闲暇休憩、自主阅读、照护自然角、随手取阅图书、和伙伴聊天、玩自带玩具等。

3. 独耍时间：给予幼儿隐私的时间和空间，支持幼儿独自玩耍，做自己高兴做的事情，尊重与满足其独处需要。

4. 大游戏：每周固定某一时间，打破班级界限，营造全体幼儿共同游戏的氛围，幼儿可以在整个幼儿园自由选择游戏内容、同伴、区域。

(四) 创享学习

创享学习，指的是在各类学习活动中，引发幼儿对各类事物和对象的好奇好问、发现探究、感受体验，从而丰富幼儿的认知经验，培养和萌发幼儿的创造能力。

创享学习的主要活动形式有主题教学活动、创意区域活动和项目学习活动。在这些活动中开展阅读、听赏、讨论、制作、表演、实地参观、收集信息等子活动，关注幼儿的个体差异，激发幼儿主动探索、积极参与的兴趣，享受学习的过程,为后续学习打下基础。

1. 主题教学活动:在上海市二期课改教材中的相关内容的基础上,教师设计相关的教学主题,支持幼儿围绕主题进行感知体验、探究发现、合作共享、多元表达的一系列活动。

2. 创意区域活动:在不同领域的区角环境中提供丰富多元、层次多样的操作材料,让幼儿自主选择、充分感知与探索,按照自己的方式对材料进行组合、变形、创作的主动学习过程。

3. 项目学习活动:鼓励幼儿探究和解决真实的问题,融合不同学习领域,引导幼儿主动思考、积极探索、合作发现,从中收获认知经验、情感体验和学习品质的综合性学习活动。

(五) 创意节

创意节的内在价值在于"让幼儿成为节日的主人"。通过为期两周的主题区域活动,给予幼儿自主选择的机会和空间,让其自由选择活动室、自由结伴、自行安排时间,幼儿在宽松的环境中、在同伴和教师的支持中,产生各种创意行为和产品,塑造创新意识和创造行为。

(六) 科技节

科技节的核心理念是"走近科技 改变生活"。通过开展以"科学技术"为主要内容的系列活动,如"头脑 OM"、"万人大挑战"、"创意绘画"、"利废制作"等,让幼儿在想想、做做、玩玩、说说中,获得多元表达与表现的经验,初步培养自主探究、好奇发现的科学兴趣和能力。

(七) 四季活动

四季活动的重要愿景是"为四季添上想象的翅膀"。结合四季的季节特征,设计创意实践活动。幼儿通过独立参加和亲子共同参与,在接触季节性的材料(如花草、果蔬等)的过程中,依托其他丰富的低结构材料,开展各种想象、组合变形、操作尝试等活动,形成独特性的作品或表演。

第三节 "乐创课程"的实施

"乐创课程"的组织与实施的过程,既是教师践行创造教育理念的过程,也是教师创造性开展工作的过程。我们在课程的实施过程中设立了一些基本原则,让教师在这些原则范畴内自主地设计课程,达成培养幼儿创造力的基本目标。那么,教师到底该坚持什么样的原则,在课程的实施过程中将课程实施的效用最大化呢? 我们的主要的做法包括以下几个方面:

一、"4+3"课程模块的实施策略

乐创课程的"4+3"课程模块指"四板块"和"三活动"课程,以下分别详细介绍。

(一)"四板块"课程的组织实施

在一日活动的各个环节,合理有效地组织幼儿参与自在生活、乐健运动、趣玩游戏和创享学习四类活动,这是保障幼儿获得基本经验,满足他们学习与发展需要的主要活动板块。"四板块"活动主要关注以下四项实践要点(见图 3-4)。

1. 规范实施,保障基础经验的全面均衡获得

为了保证所有幼儿获得全面的、基础性的创造经验,教师在活动的设计过程中力求板块活动在时间、数量和参与上保持均衡。

具体来看,在每周活动安排中,我们关注各大板块活动领域的课程平衡。如在运动类的核心动作上,注重走、跑、跳、投、钻、攀、爬等不同动作能力的发展;在游戏的内容设计上,坚持角色游戏、表演游戏、沙水游戏、建构游戏等多种

图3-4 "乐创课程""四板块"的实施

游戏类型的并存；在知识学习的不同领域，兼有语言、艺术、科学、健康、社会等方面内容的合理匹配。通过这些活动，幼儿创造力发展所需要的基本知识、技能和情感都会得到全面的培养，从而奠定创造力发展的基础结构。

2. 尊重差异，满足不同群体的个性发展需求

基于不同的发展需求针对性地选择课程素材，保证不同的兴趣爱好、学习风格、能力水平都能够得到充分的鼓励与发展，从而达成在创造力培养中的个性化发展。

例如，我们设立了"莘小宝社团"的活动课程。这一课程打破了常规的课程设置，不是按照知识结构来组织课程，而是按照活动大类来创设课程内容，在强调舞台创造的活动中开设了舞蹈沙龙、表演小主持人沙龙、古筝沙龙等，在强调手工创造的活动中开设了黏土社团、国画沙龙、线描画社团等，在强调思维创新的活动中开设了国际象棋沙龙、思维社团等。这些活动的开展，为幼儿在各种活动中发现自己的兴趣，发展个性能力，培养创造的个别化品质提供了课程框架和选择机会。

3. 创造迁移，扩大课程资源的自主开发利用

课程活动的实施中，所激发的创造兴趣需要不断的点燃和鼓励，这就要求不能简单地将创造活动局限于现有的知识和物体上，还需要不断地迁移，在这一过程巩固和激发幼儿的创造思维。这就要求教师的教育教学活动中，不能局限于某一项活动中，还需要做好课程资源的开发。

例如,在中班主题活动《在秋天里》的实施过程中,教师将集体教学活动《稻子和麦子》的场景从教室转移到水稻田边,引导幼儿发现稻子和麦子的不同,鼓励幼儿大胆地展示自己的发现。在接下来的《金色麦田》集体教学活动实施过程中,基于幼儿到麦田看看、玩玩、亲身收割麦田的已有经验,鼓励幼儿尝试运用不同材料表现麦田的形态美。幼儿使用海绵、派刷等材料创造出块状、条状、片状的麦田,并用锡纸、丝带、绒球、亮粉、麦穗等材料描绘出雨中、阳光下、月光下、小蛇在玩耍等等不同场景下的麦田。这一课程教学,通过不同场景、物品的转换,实现创造力教育的迁移,从而进一步深入幼儿的创造力认知和行为能力。

4. 鼓励创生,形成自主发起课程的共建氛围

充分赋予幼儿、教师、家长多主体共同建构课程的权利。在实施共同性课程的基础上,支持教师和幼儿主动发起课程,形成师生共同建构课程的形态,教师有条件的话可以邀请家长、社会人士共同参与课程建构。

(二)"三活动"课程的组织实施

"三活动"课程内容(见图3-5)由创意节、科技节、四季活动组成,通过分阶段、定期与不定期相结合开发并设计的微课程项目,关注和满足不同幼儿的个性化需求。幼儿在获得基本经验的前提下,使其拥有更宽广的想象空间,体验更多的自主选择、自由结伴、多元表达与表现,从而促进创造力的发展。

图3-5 "乐创课程""三活动"的实施

1. 基于原有经历和经验基础上的主题选择

"三活动"课程多采取专题性的大活动来开展,主题的选择主要依据幼儿近期的生活经历、热点话题以及周边环境变化,目的在于使幼儿原有的经历、经验

在回顾、重组的过程中,得到更好地融合发展。

例如,在四季活动"香香的秋收——果蔬变变变"的实践体验中,选择贴近幼儿生活的果蔬主题,在该活动中既能支持幼儿多元感受秋日果蔬丰收,又能让幼儿在剥一剥、切一切、摆一摆、插一插的过程中感受果蔬组合与造型变化,体验创造的乐趣。

2. 基于调研与观察基础上的需求解读

依据幼儿发展评估、家长问卷等资讯,分析幼儿个性化发展需求,选择贴近幼儿兴趣、能力、生活经验的活动内容,并以开放、可供自主选择的活动样式予以实施。

例如,在四季活动"香香的秋收——魔法树叶秀"的实践体验中,各个园区教研组针对幼儿和家长需求的解读,确定活动具体内容,设立了"我和落叶有个约会"的主题活动,内有"活动地毯舞会""我最喜欢的一片落叶""落叶粘贴亲子制作""落叶变变展览会"等活动来进行具体实施。

3. 基于表现性创造为主的活动方式呈现

关注幼儿表现性创造的特征,提供充分的表现空间和材料,尽可能满足幼儿操作、探索、表现机会,满足幼儿进行独特性创造的需要。

例如,在某一届创意节——"创意美食——在玩味中奇想"中,我们为幼儿提供动手制作美食的机会,创设了享用区、创作区、制作提示区、萌宝休息区等多种空间满足幼儿独特的创作需要。让幼儿在与食材的亲密接触过程中,了解一些食物的制作方法,并通过大胆想象、动手操作把常见的食材通过简单的变形或组合变成美味的艺术品。

4. 基于自主性氛围营造的活动规则确立

"三活动"课程以自主选择为原则,在整个活动过程中,幼儿是创造的主体,教师只是创造教育的辅助者和引导者,通过幼儿的自主、自动、自立的创造活动,让幼儿学会自我管理和大胆表达。

例如,在某一届的创意节——"预见自己——不一般的游戏意味"中,我们创设了支持幼儿自主选择的游戏材料、计划墙、隔离栏等辅助材料,鼓励幼儿自主设定每个活动室在游戏过程中的人员分工、场地规划和游戏规则,支持幼儿分工合作、自我管理和大胆表达。

5. 基于差异化引导的多样活动组织

"三活动"课程打破班级、年龄、地域界限,根据幼儿的兴趣、学习风格、能力发展的不同层次,采取不同的教育支持策略。让每一位幼儿从班级小环境走向园所大环境,从个体走向群体,促进幼儿在积极互动中建立良好的关系与情感体验,形成自我建构、促进良好社会性发展。

例如,在某一届的创意节——"创意科学——在探秘中畅想"中,我们鼓励幼儿选择各不相同的活动主题与活动室,和不同班级、不同年龄的同伴进行互动与交流。在"水的秘密"活动室中,让幼儿建立合作小组,采用非标准化方式探索水的特征,我们发现不同的合作小组在讨论中形成了不同的探究方式:有的小组创造性地使用各种管道与机关,探索让水流动起来的方法;有的小组尝试用水枪射击吊起来的厨房用具、塑料袋等,使之发出各种声音;有的小组通过合作,探寻让沉下去的材料浮起来,浮在水面的材料沉下去的各种方法,兴趣各不相同的幼儿都能在不同活动中得到尽可能的满足与支持。

6. 基于迷你创造特征的幼儿互动评价

无论何种活动,面对结果需要给予科学的评价,并依托评价反馈和改进实践。如何在幼儿的创造活动中给予适当的评价,是我们一直思考的问题。为了避免成人评价可能引发的问题,我们强调迷你创造中的幼儿互评,通过同伴的眼光来看待他人的表现,发挥小伙伴共同体的作用。

例如,在科技节"我的梦想家园"中,幼儿与家长共同运用废旧报纸构建了自己心目中的梦想家园。教师将所有作品呈现展览,引发幼儿间的互动与评价。幼儿纷纷说道"他的房子还装了电力可以转动""他用报纸做了一个圆圆的地球""卷起来的一根根报纸组合成了一间小木屋,真是太有耐心啦!"幼儿在想想、做做、看看、说说、评评中互相学习,能够发现他人对报纸一点点的思考和改变,并说出自己对事物的独特看法。

二、群体指向的课程实施策略

回应"乐创教育"的新思考,当持续关注课程实施"是否注重幼儿自主品质的培育""是否重视幼儿个性化的需要"等问题时,也就意味着我们选择了一种关注个体需要的课程模式。当我们不断聚焦"课程实施是否给予了幼儿创造的空间与可能"时,也就意味着我们选择了一种多元的、"打破边界"的课程样式。由此,形成了园本、班本、生本的多个课程项目,这些课程都是根据特定化的群体需要和特征,开设的结构化课程。

(一) 以"全园"为单位的"乐创课程"项目实施

以全园幼儿为活动组织的目标人群,通过打破班级、环境界限,营造全园幼儿共同融入、同时参与的活动大氛围,提供社会化教育场景。在这样的课程活动中,同伴不再局限于同班幼儿,教师也不仅关注自己班级的幼儿。幼儿有充分自主选择的权利,教师跟随、观察、辨别每一位幼儿,为其尽可能多样的交往契机、经验联结与表现可能。

上文所提到的三大节:创意节、科技节、四季活动都属于全园课程。在这些课程的实施过程中,全园所有的教室和专用活动室都会成为创意空间,教师们围绕"科技""艺术""美食"等主题,为全园幼儿创设丰富多样的教育情境和教育内容。幼儿在创意节期间,可以自由选择活动室、自由结伴、自行安排时间、操作内容和呈现方式。通过与不同人、事、物的互动建立全新的人人或人物联结,因此获得创造力的发展。

当然,除了上文提到的这些活动外,我们还有诸如"狂欢十分钟"的活动。这一活动利用每天律动操节的时间,打破年级与班级的界限,让全体师生在自由表现音乐韵律的基础上,创编动作、给动作命名、演示动作、变换动作。活动中,幼儿发挥想象、即兴创作,享受自我表现的乐趣,逐步形成个人的审美风格,获得美感体验。

(二) 以"班级"为单位的"乐创课程"项目实施

以同一班级的幼儿为活动组织的目标人群,教师基于本班幼儿的兴趣与需要,有针对性地收集素材,组织活动。这一活动的目的在于聚焦本班幼儿的个性需要与共性经验,开展具有班本化特色的创造力培养活动。在这种以班级为单位的课程实践中,初步确立了"共同性课程的班本化实施"和"创生性班本课程的设计"两大实施路径。

1. 共同性课程的班本化实施

共同性课程的班本化,是在上海市主题综合课程的基础上开展的班本化课程的设计与实施。虽然课程的来源均是"园本课程",但是每个班级在主题的选择、活动的实施中教师都会结合自己班级的实际情况进行筛选和调整,形成具有群体特色的"班本化课程"。在已有的共同性课程中,结合幼儿的学习兴趣和教师的预设,对园本课程进行选择、调整、扩充、组合,从而形成了综合主题课程下的"班本化课程"。除了主题活动的班本化课程建设之外,还有关注个别化学习环节的"主题博物馆",这也是我们班本化课程的尝试。

2. 创生性班本课程的设计

创生性课程包括教师发起的班本课程和幼儿发起的班本课程两大类。(1)教师发起的班本课程。幼儿园创设出了"班级自主日"的新型课程项目,鼓励教师们结合自己的兴趣与特长,选择班级特色项目,比如擅长语言活动的老师,能够设计"语言自主日",从环境创设、活动设计等多个角度进行"专项活动"的安排,引发幼儿多想、多说、多表达。(2)幼儿发起的班本课程。在传统的教学模式中,无论在集体活动还是个别化学习中,活动的发起者都是教师,活动目标都是教师预设的,活动材料是教师提供的,活动内容是教师安排的。而在幼儿发起的班本课程中,活动过程更为开放、幼儿选择更为自主。因此,幼儿是活动的主要发起者,这类班本课程的很多活动都是来源于幼儿自发表达的需求。

3. 班本化课程的六种实践样式

在为期两年的实践研究中,根据班本化课程幼儿主动引发与自主选择权的程度的不同,老师们探索出班本化课程实施的六种样式(见图 3 - 6)。

聚焦式、深入式和整合式是共同性课程的班本化实践样式。从"共同性课程"出发的"班本化课程实践"建构,能够体现教师对主题经验的把握,对各类活动灵活的组织和运用,在成熟的"园本"方案中进行选取和优化,对教师而言是相对容易入手的"班本化课程实践"的方式。

支持式、共建式和开放式是创生性的班本课程样式,是在共同性课程之外,为了支撑幼儿的个性化发展,经师生共同努力所开发的课程样式。

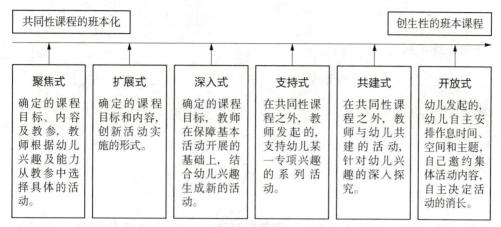

图3-6　基于个性化教育的班本化课程样式连续体

（1）聚焦式

① 样式概念

聚焦式是共同性课程班本化实践的一种样式。它是在实施共同性课程时，对所选择的主题课程有明确的课程目标、内容的情况下，聚焦于幼儿兴趣及能力等方面的特点，从园本教参中选择适合班级幼儿的具体活动，从而使活动更贴近幼儿的发展需求的课程样式。

② 样式实施流程（见图3-7）

图3-7　聚焦式班本化课程实施流程

本样式的实施流程是教师在分析主题核心经验以及班级幼儿经验的基础上，确立适合本班级课程的班本化筛选原则。然后，筛选园本教参中的活动内容，从而形成更有针对性的新主题网络。最后实施课程活动，动态调整活动安排。

共同性课程班本化的筛选的依据主要有下几个方面：主题课程是否与班级幼儿生活相关；主题课程是否有助于幼儿发展；主题课程是否有助于幼儿主动探究；主题课程是否整合多个领域；幼儿是否具有开展主题活动的经验和技能准备；是否具备开展主题课程的资源状况，包括教师资源、家长资源、社区资源等。

（2）扩展式

① 样式概念

扩展式是共同性课程班本化实践的一种样式。它是在实施共同性课程时，对所选择的主题课程有明确的课程目标、内容的情况下，根据幼儿的兴趣、能力以及周边课程资源的选择，扩大活动的空间，扩展活动的形式，以期更为丰富地开展主题活动，满足幼儿的活动需求的课程样式。

② 样式实施流程（见图3-8）

图3-8　扩展式班本化课程实施流程

本样式的实施需要教师根据原有该主题的开展情况，梳理已有主题实施的主要活动形式，且在调研分析幼儿兴趣、能力等方面差异的基础上，关注周边资源、空间等方面的情况，分析课程实施的可能性，继而推进多样化的课程实施形态，给予幼儿更多的课程体验。

（3）深入式

① 样式概念

深入式是共同性课程班本化实践的一种样式。它是在实施共同性课程时，对所选择的主题课程有明确的课程目标、内容的情况下，结合幼儿的兴趣或能力等方面的差异，选择某一内容，形成子主题，深入推进子主题的开展，从而使幼儿获得深度学习的经验，满足幼儿发展需求的课程样式。

② 样式实施流程（见图3-9）

图3-9　深入式班本化课程实施流程

本样式在共同性课程实施中观察幼儿兴趣点或能力特点，结合主题核心经验,确立深入开展的子主题,通过预设与生成子主题相关的系列活动,深度挖掘子主题推进的信息,从而促进幼儿更好地获得主题经验。

(4) 支持式

① 样式概念

在共同性课程之外,由教师发起的,在尊重和支持幼儿兴趣的基础上,发挥资源与能力的优势,促进幼儿发展的课程样式。

② 样式实施流程(见图 3-10)

图 3-10 支持式班本化课程实施流程

教师在观察判断、记录解读的基础上,对幼儿感兴趣的项目活动进行构思,设计主题活动框架、目标、内容等,进而观察反馈、调整推进课程实施的样式。

(5) 共建式

① 样式概念

在共同性课程之外,由师生共同发起,不断满足幼儿在主题推进过程中的选择性而采取的课程形式,目的在于使主题的建设更贴近幼儿的需要,促进幼儿发展的课程样式。

② 样式实施流程(见图 3-11)

图 3-11 共建式班本化课程实施流程

共建式的课程实施过程强调师生共同建构课程,如上图,从师生共同创设场景-幼探索感知——幼计划表征-师观察倾听——幼探索创造-师鼓励支持支持——幼分享交流-师回顾提升到幼儿尝试思维导图-教师构建课程架构,最后才是课程方案的形成。

(6) 开放式

① 样式概念

幼儿发起的,幼儿自主安排作息时间、空间和主题,自己邀约集体活动内容,自主决定活动的消长。

② 样式实施流程(见图3-12)

幼儿产生 → 商量判断 → 确定命题 → 协同开展 → 循环改进

图3-12 开放式班本化课程实施流程

开放式班本化课程实施过程是以幼儿发起为起点,教师共同参与商量判断,确定命题后,协同幼儿开展,这个过程是不断地循环改进的过程。

(三) 以"个体"为单位的乐创课程项目实施

以幼儿个体为活动组织的目标对象,尊重幼儿在学习方式、能力、情感及发展水平等方面的个体差异,组织个性化课程活动,实施"精准化"的因材施教。

1. 定制"天使关爱课程"

针对幼儿群体中那些智力超常和发展迟缓个体的特殊需要,量身打造个性化关爱课程,建立资源教室、创新管理机制、开发个性化幼儿的关爱课程、设计干预策略、优化教育方法等,以满足这类群体的特殊发展需要。

2. 定制《幼儿成长手册》

要让每位幼儿获得全面、充分的发展,需要努力识别他们的个性化特征,这就有赖于教师日常的观察、了解和评估,我们为每位幼儿准备了《幼儿成长手册》和《家园互动手册》,定期就课程发展指标对幼儿的阶段发展作简要评估,伴以纪实性信息的收集,如实记录个体成长经历。并根据这些记录,对课程不断进行完善和总结,提升课程的针对性和有效性。

(四) 三种课程样式的差异比较

不同课程样式面向的目标群体不同,决定了课程样式的价值追求与实施方式的差异(见图 3-13)。当活动对象的范围趋向于群体,活动中的社会交往将变得尤为突出,社交范围的拓宽能让个体有更多、更充分的创造契机和创造灵感。他们在观察和模仿、操作探索、发现体验中,不断获得新信息和新链接。幼儿创造力的发展,需要社交大场景以获得更多信息资源。同时,越是大规模群体的共同参与,越会营造出热烈、欢庆、层次丰富的活动氛围,更加利于幼儿参与兴趣的激发与保持。而打破传统班级界限,使活动形式更具有一定仪式感,也会加深幼儿经历的印刻性,由这段创造经历收获的乐趣与成就感对幼儿今后的创造行动将产生积极的影响。

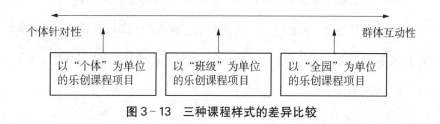

图 3-13 三种课程样式的差异比较

当活动对象的范围趋向于个体时,个体的需求、兴趣、优弱势就会愈加得到放大与聚焦,教育方式与教育内容的针对性将得到更为精准的设计与实施。

由关注全体到逐渐关注个体的过程,是教育的个体针对性不断加深,社会性学习的成分不断减少的过程。我们认为,针对性与互动性都是幼儿学习发展过程中需要关注的要素,这构成了我们思考教育价值的两级,并形成一系列的变化连续体。我们需要结合幼儿实际需要,进行甄选与组合,并在这一连续体上找到活动价值的适宜位置。

三、课程的有效管理策略

要保证创造教育课程的实施效果,不仅要关注课程的实践过程,还需要强化课程的管理过程,包括在实施和更新课程过程中是否有效对接目标、课程内容如何优化、时间如何合理分配等等。

（一）聚焦教育目标的有效

教育目标是根据日常教学的目的和任务,在充分了解幼儿身心发展状况和教学内容的基础上,为某一教学活动所设定的拟最终达成的结果,它是每一次教学活动的出发点和归宿。因此,教育目标是教学目的和任务在教学活动中的具体化,教学活动设计中的重要组成部分,是教师发挥主导作用的依据,成为教学评价的依据。教育目标的分解设定是教师创造性实施课程的指引,目标的有效性主要来源于以下三个方面:

1. 目标设定的科学性

我们在设定具体课程的目标时,会从整体的课程理念出发,制定课程的具体实施目标,并分解成幼儿各年龄段的具体目标,同时明确课程中各个主题的目标,这种分层式、精细化的课程目标,使得教师能清晰把握每次课程的任务。我们为了加强目标意识,根据上海市课程指南的精神,编制了《幼儿园各年龄段幼儿发展水平评价指标(参考)》,并将创造教育的评价指标融入其中,使教师能整合的进行课程实施。

2. 目标表述的针对性

为了让课程目标更加具有针对性,一方面,我们的教师对目标中知识与技能、情感与态度、表达与表现的情况进行针对、具体的表述;另一方面,在园本"乐创课程",教师需要明确每个创造课程所指向的创造力发展目标,并进行明确而细致的表述。当然,我们不仅仅要求教师知道和明确每个创造教育课程和活动要达成什么样的目标,还需要区分出创造教育活动与传统的教育教学活动之间的目标差异,从而更加深刻地认识和践行创造教育。

3. 目标达成的挑战性

前苏联教育学家维果斯基提出了"最近发展区"的概念,强调教育的作用就是在儿童的最近发展区内提供经验,即活动必须要能够挑战儿童的能力,让他们充分发挥自己的潜能。所以,在教育目标的设定过程中,一定要给予适当的挑战,这样才能激发起学生的创造潜力。所以,我们要求:教学活动目标需体现幼儿的经验,给予幼儿空间,在充分了解幼儿已有经验及可能出现的经验的基础上,对幼儿富有创造力的发展有所挑战和促进。在此过程中,达成目标的个性化实施,确立不同幼儿挑战点,从而支持创造能力的培养。

(二) 聚焦课程内容的优化

课程内容不是一成不变的,它需要在幼儿身心发展的变化、社会环境的变化等各个要素的作用下进行持续的更新和完善。我们幼儿园在实施创造教育的过程中,通过以下几个手段,不断确保课程内容的优化。

1. 建立课程资源的共享机制,优化园本教参使用

从 2010 版的课程方案起,我们就建立了园本教参资源库,动员全体教师共同收集、整理、创编,最终形成了囊括主题活动设计、活动配套课件、环境创设等内容的课程资源库。"乐创课程"资源库为教师节省了大量的案头工作时间,让他们能充分地观察幼儿、分析方案、反思过程、整理经验。在运用与操作资源库的基础上,我们编制了《"乐创课程"园本教参》,并根据幼儿的生活和学习经验创造性地使用,从而保障幼儿园的保教质量。

《"乐创课程"园本教参》在幼儿认知水平和兴趣特点相结合的基础上,不断审视活动目标是否具体适宜、表述方式是否贴切、活动过程是否有效等。目前,我们已经集结了各年龄段总计达 1 085 个"园本教参课例",并通过收集、使用、修订来实现不断的优化与更新。

(1) 收集。通过对教师经验的汇总、聚集与留存,形成了囊括主题活动设计、活动配套课件、主题下个别化学习内容设计、环境创设等内容的课程资源,形成《"乐创课程"园本教参》。

(2) 使用。将收集的园本教参中的具体内容进行使用、实践,并在实践基础上不断加以细化与调整。我们组成了多个集体备课组,每个集体备课教研组会确立一个共同关注的主题,各班具体落实展开并交流使用状况,进一步丰富、完善了课程资源的具体内容。教师在使用"园本教参"时,需要根据本班幼儿实际发展水平进行适当的调整、选择和创新。

(3) 修订。将集体备课中的教研组反馈信息进行定期汇总,同时将这一汇总的信息提交高一级的教研组织,再次进行修订和完善,再交给园级领导进行汇总和补充,优化并最终形成课程内容。

2. 建立课程资源的信息平台,完善课程方案的修订

教师根据领域内容对"乐创"课程内容进行梳理,建成互动式、移动式的"创新活动"APP平台,在即时修改、数据统计的功能支持下,便捷地积累创造教育素材,为课程管理与评价提供依据。同时,管理人员将"乐创课程"APP中教师提交的反馈定期汇总、及时补充与更新,从而不断完善课程方案。

(1) 模块安排。乐创课程资源库分为探索发现、艺术创作、语言拓展和主题活动四个板块8个类别168个活动设计,并配有相关素材(音频、视频、图片中的一种或多种)。通过可操作、可量化的课程信息化呈现,打造可定义、可管理、可持续优化的特色课程信息化体系。借助此平台,整合、完善、丰富特色课程的资源,使教师的教育资源有迹可循,提高教师专业发展的效率。

图 3-14　乐创课程资源库

(2) 权限管理。开放使用权限,教师可以清晰、直观地进行课程选择,教案文本部分包括设计、准备、流程及评价。通过批注教案,教师可以随时记录对课程修改的想法或建议、教案实施的思考等;通过批注查看,教师可查看多次不同批注的历史记录。教师可以根据梳理好的课程观察点对幼儿进行观察并进行记录。

3. 开展多样的课程调研,客观分析日常课程实施状况

课程管理中主要实施四种形式的调研,即常态调研、专项调研、活动调研和文本调研,通过这四种调研来评价课程效果及其不足,为课程更新和改革提供依据和支持。

图 3-15 乐创课程界面

（1）求寻常的常态调研。我们十分关注常态下课程的实施,加强对课程的调研与监控:①学期初调研,进行全园开学督导,全面了解开学初期各项保教工作的情况,确保教学规范性;②不定期会同保教主任、督导主任对课程的各个板块进行调研,如《运动辅助材料有效性调研》《个别化或自主游戏分享环节教师专业能力调研》等,在解读调研报告的基础上,针对存在的薄弱环节提出调整策略,实施跟进式整改,以期更关注课程实施的现状;③每月调研,保教主任与教研组长结合学期保教目标,有计划、有侧重地对日常课程的实施情况进行观测;④每天调研,课程管理层轮流进行日常督查,了解课程环境、课程实施情况,对于任何细小问题即查即改,防范于未然。

（2）聚问题的专项调研。除了一些共识性的、普遍性的问题外,在幼儿园的创造教育过程中还会出现一些突发的、特殊的问题,这些问题的存在需要临时组建团队,对问题进行聚焦分析与研究,这就需要开展专项调研,以提出更加具有针对性、可行性的解决方案。

例如,我们在开展运动型创造教育的过程中发现某一年级的幼儿上肢力量明显薄弱,为掌握产生这一问题的原因,通过开展保教团队开学初跟踪半日活动、一对一访谈等形式开展专题性调研,寻找产生这一问题背后的原因,以及解决问题的方法等。专项调研的开展对于解决不可预测性、临时出现的问题具有重要的价值和意义。

（3）重展现的活动调研。课程实施成效与教师的课程意识、专业能力等有直接关系。在两年一度的"创亮生命"学术节中,教师集中地进行专业学习,掌握学科最前沿的专业知识，了解幼儿创造教育的研究成果，增强教书育人的实践能力，拥有立德树人的教育情怀，引导教师崇尚热爱学术、倾心教学、潜心打磨自己风格与特色，从而推动幼儿园课程理念的深入渗透与创新。

例如，在2019年第十三届"乐创·润泽"学术节中，借用"海洋"形象，将莘幼誉为一片汪洋，每一位教师犹如独一无二的珍珠，闪耀、遨游在莘幼的润泽大海中。此次学术节包括润思、润心、润智三大板块，涵盖创新活动设计与实施、教师个人特色风采展示、各个工作室专题分享，以及"源道"学术论坛等板块。

图3-16　闵行区莘庄幼儿园第十三届"创亮生命"学术节现场

某老师在学术节开幕式上，设计了有趣的音乐游戏——"有趣的阿卡贝拉"，保教主任、大教研组长聆听了她的活动并及时互动研讨加以鼓励与建议。在个人风采展示中，她选择自己擅长的乐器"拇指琴"，展现自己对儿童歌曲的全新演绎，同时在观摩其他教师的绘画、讲故事、表演、舞蹈、演讲等专业技能展示过程中对大家的创造能力发出由衷感叹。随后她又跟随不同外出培训的教师集中了解诸如瑞吉欧教学、STAM教育、高瞻创造性艺术、安吉游戏等全球前沿的教学理念与实践做法，还参与了不同领域工作室的专题分享，深入了解各个领域幼儿园创新活动设计的新成果。通过努力，她最终在闭幕式上，收获了沉甸甸的"瑰丽不凡"奖与"乐创璀璨之星"称号，感叹道："莘庄幼儿园正如一篇汪洋大海包裹着我，我在其中感受到了专业的学术氛围以及自我成长的支持与自由，我每天怀着与美好不期而遇的心情，不断前行……"

（4）重细节的文本调研。文本资料是课程实施过程的书面化凝结，体现的是教师的个人思考与智慧。每学期初，我们都会组织全体教师对上学期的文本撰写情况进行集中质量分析与培训，并对本学期的要求统一部署。针对不同资料，建立由不同人群负责的分头把关制度，并在学期过程中及时发现、及时纠正。学期末，集结主要责任人召开质量分析会，汇总各类文本资料情况并对所呈现的质量问题进行深入剖析，商议解决对策，形成下学期的调整举措，建立"'查——研——改'一体化"完整的管理思路，优化课程管理的细节，利用"量体裁衣"的文本资料更好地助力教师的专业成长。

4. 多头并进的课程研讨，专注课程实施中的问题解决

我们结合多渠道、多形式的课程调研结果，建立多层次的课程研讨平台，做到具体的问题分头解决、核心的问题反复研讨。我们确立了五种研讨制度，分别是议事制、研讨制、例会制、商议制、分享制。

（1）顶层设计议事制。这是幼儿园课程研讨的核心组织，着眼于对当前课程实施全面情况把握的基础上，进行课程架构的设计、课程新举措的设想、课程核心问题的决策。

（2）课程中心研讨制。对各项课程举措的推进进行讨论诊断，聚焦当前课程实施中出现的共性问题，寻找课程实施效果与目标之间的落差与距离，并提出整体性的解决方案与部署，成为课程决策的"核心智囊"。

（3）教研例会制。定期召集全体教研组长，就课程实施的各项事宜进行商议，包括对某教研组中相关问题的解决、幼儿园新的课程举措的具体落实、课程专项活动中各教研组之间的配合协作、教研进程的沟通与把握等。

（4）教研组商议制。负责对本年龄段课程的具体推进、年级组共性问题、教研的核心议题进行分析讨论，商议并形成解决意见。

（5）教研信息分享制。定期举行教研成果分享会、教研实践互通会，使得

组际、园际的教研成果有互相启发、切磋交流的机会。

（三）课程的时间设计与安排

幼儿园根据不同的年龄特点、季节特征设计和安排适宜的一日活动作息时间表。时间表中力求保证 2 小时的户外活动（1 小时的运动时间，能分段进行）；不少于 1 小时的自主游戏和自由活动时间；小、中、大班集体活动每天一节，小、中、大集体学习活动时间分别为 15 分钟、20 分钟、25 分钟。同时，一日活动安排遵循动静交替，室内与室外，全班、小组与个别活动相结合的原则。

为了赋予师生在课程实施过程中更多的自主建构的机会，在幼儿作息时间的管理上，重视课程时间的灵活安排，确立了六个注意点：

1. 把握幼儿年龄特点的课程时间差异

根据年龄特点为幼儿安排活动时间和休息时间。如表 3-1 至表 3-3 所示，具体体现为小班作息和中大班作息的长短差异，活动时间长短、内容交替频率的差异等，如小年龄幼儿自主性游戏与生活活动多，各类活动持续时间短，动静和室内外交替较多。

2. 凸显季节特点的多种课程时间安排

根据季节特点安排课程活动时间。由于春夏季和秋冬季在气候、温度等方面存在的差异，我们适当对户外运动、教学活动、游戏活动等版块的时段进行相应调整，使其更契合季节特征下幼儿活动的开展，保障幼儿的健康成长，如表 3-4 所示。

3. 具有灵活调配的课程时间安排

幼儿园的整个课程设计兼具固定时间和非固定时间的双重安排，并给予班级一定的弹性教学时间，给幼儿活动和教师指导留有空间，便于灵活调节。在每天的固定课程时间之外，根据班级师生情况可以自主地安排课程和作息时间，包括一日活动中的所有作息安排，通过对游戏活动、学习活动等版块进行相应调整，以满足幼儿自主选择活动内容、自主安排活动时间等的需要。

4. 突出学生的自主学习时间

充分的自主学习，为幼儿提供了自我表征、自主探索和分享交流的机会。实践证明，充分的自主学习时间有利于幼儿提高个人的思考能力和动手能力，

表 3-1　小班作息表示例

> 小班幼儿的生活活动与游戏相融合,所占时间在一日活动中更为宽松和弹性。

小班

时间	内容安排
7:45—8:15	来园活动
8:15—9:10	游戏活动 生活活动(点心)
9:10—10:00	运动 生活活动
10:00—10:20	学习活动(集体/分组)
10:20—10:40	自由活动 生活活动
10:40—15:00	餐前活动 生活活动(午餐、午睡、午点)自由活动 散步
15:00—15:30	个别化学习
15:30—16:00	运动 生活活动
16:00—	离园

表 3-2　中班作息表示例

> 中班游戏相融合,所占时间在一日活动中更为宽松和弹性。

中班

时间	内容安排
7:45—8:00	来园活动
8:00—8:45	运动
8:45—9:20	生活活动(点心)自由活动
9:20—9:45	学习活动(集体/分组)
9:45—10:45	生活活动 游戏活动/个别化学习
10:45—14:45	餐前活动 生活活动(午餐、午睡、午点)自由活动 散步
14:45—15:15	运动 生活活动
15:15—16:10	个别化学习/游戏活动
16:10—	离园

表 3-3　大班作息表示例

> 大班下学期课间十分钟时间,鼓励幼儿自主安排生活活动与自由活动。

大班

时间	内容安排
7:45—8:00	来园活动
8:00—8:45	运动
8:45—9:10	生活活动(点心)自由活动
9:10—9:40	学习活动(集体/分组)
9:40—9:50	课间十分钟
9:50—10:45	游戏活动/个别化学习
9:40—10:45	
10:45—14:45	餐前活动 生活活动(午餐、午睡、午点)自由活动
10:45—14:30	散步
14:30—14:45	模拟小课堂
14:45—15:15	运动 生活活动
15:15—16:15	个别化学习/游戏活动
16:15—	离园

根据季节与天气不同调整课程作息安排，在春夏季，将运动活动提早在8:00—8:45进行。

表3-4 按季节特点的时间安排示例

时间	活动	时间	活动
8:00—8:45	运动	8:10—9:00	游戏活动/个别化学习
8:45—9:20	生活活动（点心）自由活动	9:00—9:20	生活活动（点心）自由活动
9:20—9:45	学习活动（集体/分组）	9:20—9:45	学习活动（集体/分组）
9:45—10:45	生活活动、游戏活动/个别化学习	9:45—10:30	运动
		10:30—10:45	生活活动、自由活动

从而提高创造力水平。根据这一特点,我们设立了儿童一日游戏课程,保障幼儿自主游戏时间的同时,也关注与其他活动相互交融推动的价值。同时,我园"乐创课程"中的趣味游戏尊重并支持课程中自由活动、独耍时间、大游戏等多样的游戏形式,满足幼儿丰富多样的游戏需求。在大游戏中,班级与班级、年级与年级间的幼儿可以自由穿梭在校园的每个角落,找不同的朋友、做感兴趣的事。在独自玩耍时间,我们尊重每个幼儿自己和自己玩的心理需求,提供丰富的环境刺激他们体验并感受独耍的乐趣。

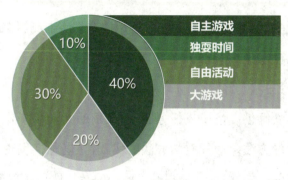

图 3-17　趣玩游戏

四、课程的教学与学习方法

(一) 教师创造教育的八大教学方法

幼儿的创造力该如何培养呢? 教师又如何教出一个有创造力的儿童呢? 除了构建一套可以有效培养创造力的课程框架体系外,同时还需要教师运用科学、合理的教学方法,指导学生有效地开展创造活动,实现创造教育的目标。我们在实施创造教育的过程中,概括出教师开展创造教育的的八大方法,以下进行详细描述。

1. 自主选择法

这种方法是强调教师提供材料和空间,让幼儿自主寻找玩伴以及表现方式的方法。例如,在美术个别化学习活动中,教师根据幼儿的年龄特点,除了提供颜料、水彩笔、纸等常规美工材料外,还提供适合幼儿使用的辅助材料及其绘画工具,让幼儿自主选择创造。在一次制作金色麦浪的课程中,有的幼儿用黏土

图3-18 使用裱花袋绘画的幼儿　　　　图3-19 创意绘画麦田的孩子们

制作、有的幼儿在纸上画麦田、有的孩子运用裱花袋装上颜料来绘画等等,展示出了丰富多彩的创意作品。

2. 探索发现法

这种方法是教师创设情境或任务驱动,鼓励幼儿动手操作,并从中获得探究性知识和能力的方法。这种教学方法的实践,让老师们发现自主探索,不仅提高了幼儿做事的目的性,而且还提升了他们的参与性和发现创造的能力。以我园的"狂欢十分钟"活动为例,在领操员的情境创设下,幼儿在音乐背景中设计自己的狂欢动作。在这个过程中,幼儿能反复尝试动作、记忆动作、熟悉动作,尝试着、探索着符合音乐节奏的肢体表现,尽情地舞蹈,为的是在领操台上完美地展示自己。除此之外,我们还将幼儿做的计划表制成展板(见图3-21),一是肯定幼儿自己做得计划;二是鼓励更多的幼儿为自己做计划;三是有利于幼儿间的经验迁移。

图3-20 幼儿设计的狂欢动作　　　　图3-21 狂欢动作计划展板

情境的创设和任务的导引,再加上互动分享,让幼儿与活动产生了良好的积极效应,同时也推动着幼儿的探索和发现。

3. 情境猜测法

这种方法是指教师创设一定的活动情境,通过假设性提问、情境想象,引导幼儿猜测、大胆发表自己独特想法的方法。这种方法要求教师在开展创造力教育之前创造一个情景,在这个情景中引导幼儿围绕某一个问题开展猜测和想象。例如,在创造性艺术活动《小星星》中,教师为幼儿营造了一个梦幻星空的活动场景,教师运用符合场景的提问来激发幼儿的想象和猜测。教师问道:"在这样的星空下,小星星的歌可以用什么好听的声音来唱呢?"幼儿的回答有:星星在睡觉轻轻地唱、星星和动物朋友一起玩加入动物的声音唱、星星梦到了怪兽很害怕地唱、星星一边运动一边气喘吁吁地唱……教师通过提问、引导、鼓励的方式启发幼儿独特想法的表达和自我展现,助力着创造的无限可能。

图3-22 梦幻星空的活动场景

图3-23 幼儿用气喘吁吁的声音唱歌

4. 提问质疑法

这种方法是教师通过开放性提问、引导幼儿使用发散思维,发表自己的观点,鼓励幼儿提出疑问,保护幼儿的好奇心,激发幼儿的求知欲的方法。例如,在"彩虹鱼"的语言活动中,教师以彩虹鱼身上的闪光鳞为素材,设计了拓宽幼儿思维、鼓励大胆想象的偏语言领域的集体教学活动。利用绘本故事内容中闪光鳞会变成美人鱼闪亮的裙子、章鱼先生五颜六色的颜料、妈妈的生日礼物等几个画面,让幼儿猜测鱼鳞的变化。在活动开展的过程中,教师运用一系列的提问、质疑来启发幼儿的大胆猜测,如鱼鳞还会变成蛋糕上的什么呢? 生日的时候,还可以准备什么? 这些能用鱼鳞变变变吗? 通过这些提问,教师给予幼儿思考的空间和导向,启发幼儿乐意创想,积极思考,最终丰富鱼鳞变换的可能性,让幼儿体验奇思妙想带来的快乐。

图 3-24 教师的问题情境 1   图 3-25 教师的问题情境 2

5. 改造创编法

这种方法是教师提供材料,让幼儿通过组合、变换等方式进行创意制作,或者对作品进行改编和创编的方法。例如,在建构游戏中有一种材料,叫万能工匠,是一种深受幼儿喜爱的建构材料。幼儿每天先做计划,运用架空、连接等建构技能建构自己心目中的商务大楼。这个作品是幼儿历经 1 个月完成的庞然大物。在这个过程中,幼儿停滞过,但是最终坚持下来,完成了使自己满意的商务大楼。在陪伴幼儿建构的过程中,教师更多的是提供了这一建构的主体材料,更多的是观察和倾听幼儿说的有关这个作品的事儿。当幼儿欣喜时,教师一同欣喜;当幼儿困惑时,教师适时鼓励和支持。教师看着这个作品从三层楼到更高楼层,从窄变宽,从没有屋顶到有伞状的楼顶,还建构着玻璃胶围成的玻璃。幼儿通过组合、辅助材料的添加、和爸爸一起讨论、倾听和接纳同伴的经验(分享讨论环节)后再改建,就这样一系列的创建和改造,终于完成了令人惊叹的商务大楼。

图 3-26 建构商务大楼的计划书

图 3-27 接近完工的商务大楼

6. 一物多变法

这是鼓励幼儿对熟悉的材料进行一物多玩、一物多用、一物多变的方法。在"乐创课程"的乐健运动版块,教师为幼儿提供了很多运动器械,鼓励幼儿变着法,想象和创造各种不同的玩法。例如,当教师为幼儿提供海绵棒时,幼儿会出现单人玩耍,如变形感受弹力地玩、骑着玩、跨跳等;也会出现多人组合的不同形式玩法,如运海绵棒,可谓玩法多样,趣味十足(如下表 3-4 所示)。

表 3-4　海绵棒的创造玩法

单人	多人
摆在地上跳着玩	摆在地上组队跳跃
举起棒子敲打玩	手持海绵棒竞技敲打
向远处投掷	一人在地面挥动棒子, 一人跳跃过棒
将海绵棒弯曲后弹射	两人举棒运西瓜
组合海绵棒跨跳	组合跳竹竿舞

运动前,教师组织幼儿对运动材料进行认知熟悉,为幼儿建立了海绵棒的物质属性的感知和了解,使得后期幼儿在与海绵棒的互动中发现探究出多种多样的玩法。可见,常常鼓励幼儿变换着玩,有助于幼儿求异思维的发展。

图 3-28　弯曲后弹射的幼儿　　　　　　图 3-29　骑着海绵棒跳的幼儿

图 3-30　跨栏跳过海绵棒的幼儿　　　　图 3-31　运海绵棒的孩子们

7. 梳理迁移法

这种方法是教师将幼儿在各种活动中的创意行为进行梳理、提升,肯定、鼓励幼儿在实践中的迁移运用,把个体经验变成集体经验的方法。在创造性艺术活动中,教师非常关注幼儿对经验的迁移运用,常常运用思维导图帮助幼儿梳理和积累已有的经验,为幼儿积淀更多的经验,以备在其他活动中自由地提取

图 3-32　运用思维导图总结梳理　　　　图 3-33　迁移运用中的幼儿

或再次运用。例如,在《人声合唱初体验》的集体教学活动中,教师运用思维导图帮助记录幼儿在创造声音的过程中已经使用的方法和声音样式以及节奏型等,并将其运用于其他的声音类的活动中。

8. 时空留白法

这是教师给幼儿留有自主活动的时间和空间,满足幼儿创造的需求,表达自己的想法进行探索的方法。我们鼓励幼儿对自己的活动进行计划,让幼儿对活动有参与和设计的主动权。例如,在一次教师组织幼儿开展自主游戏中,班中的一位幼儿出现了困惑,找不到有相同计划的同伴,一个人独自在活动室走来走去,东张西望。老师问:"找不到想玩的同伴吗?"她点点头。老师说:"没关系的,老师陪着你,直到你找到玩的地方。"她迟疑地走了过去。不一会儿,她推了一辆小货车过来了,车上是一些服装,是孩子们挑剩下的,平时也很少有孩子使用。老师看她有了选择和决定,对她微笑着点点头,以示肯定。接着,她把小货车推到墙边,那里有一个放记录纸的架子。她把服装用衣架挂在架子上,有的折叠整齐放在货车上,还用记录纸写了各种数字。捣鼓一通之后,她站在货车前说:"老师,你猜这是什么店?"老师故意摇摇头,期待地看着她:"你告诉我吧!"她骄傲地说:"是服装店,我要把这些好看的衣服卖给大家。瞧,这里还有为顾客准备的小点心呢。"

给孩子空间完成自己想做的事,尽可能地让他们充分表达自我,满足他们的创造与探究。

图 3-34　衣服店开张啦

图 3-35　衣服店里的小卖部

（二）幼儿创造发展的五大学习方法

顺幼儿天性的前提是要了解幼儿的天性，只有清楚幼儿有什么样的天性，我们才能更好地支持与启发幼儿的创造力发展。儿童的天性有好动、好模仿、好问、好奇、好想象、好游戏、好获得、好自然、好肯定等等，根据儿童的这些天性，我们创建了五大幼儿创造技法，在一点点的迷你创造观念的相辅相成下，我们概括为"多一点、添一点、换一点、改一点和新一点"的学习方法。

1. 多一点

这种方法强调幼儿在一物多玩、一问多答、一物多变等活动中，有更多的想法和玩法。以幼儿使用绳子开始不同的玩法创造为例，不同的幼儿有不同的创意：有的幼儿在地上随意的摆放形状，然后在绳子上面行走；有的拉直绳子，左右行进跳；有的用不同的动作向前跳跃，如双脚交叉向前跳跃、单脚向前跳跃、单人跳绳；有的和不同的伙伴一起跳，有两人组合跳跃、轮流跳跃等。幼儿借助绳子这一物体，想象了多种玩法，幼儿运用多一点的创造技法，为绳子这一器械

图3-36　踩着绳子走一走

图3-37　绳子两边跳一跳

图3-38　单人跳绳

图3-39　双人摇绳子

增添了许多游戏趣味。多一点，让幼儿多维度、多角度地思考和发现。

2. 添一点

在简单的图形上添画一些图案、色彩，在基本的动作、歌词、节奏加一些自己编的内容，在单一的材料上添一点其他材料，就能创造出自己的作品。

例如，幼儿在变形想象中，将车子运用添一点的创造技法，在车子上添加梯子，变成了"消防车"。又如，幼儿在房子的基础上增加了轮子，使得房子多了一个跑的功能，也有的给房子添上耳朵，变成可爱的房子娃娃，还有的在房子上添画很多气球，让房子飞起来……

幼儿运用添一点的创造技法，让房子变得各不相同，创意十足。

3. 换一点

引导幼儿学会转换创造的手段的视角，如绘画的事物换一个方向、动态、背景，韵律动作、编讲故事图片换一下前后顺序，就能有新的成果。

图 3-40　添上耳朵的房子娃娃

图 3-41　添上气球的会飞小屋

例如，猜猜乐是幼儿喜欢玩的一款游戏，在这款游戏中我们就引导幼儿使用换一点的方法发展创造力。幼儿为了猜出答案，会尝试从不同的角度提问，运用换一点的创造技法来帮助自己快速地猜出答案。在一次猜人的游戏中，幼儿会根据不同维度进行提问，如性别、衣服、队伍、大小等。在这个过程中，幼儿通过倾听同伴的提问梳理和决定自己的下一个问题，换着角度地提出问题，最

图3-42 幼儿接受猜
人名挑战

图3-43 幼儿通过提问来猜是谁

终猜出到底是谁,获得游戏胜利的愉悦感。

4. 改一点

这种方法强调在原有作品和事物的基础上进行改造,变化出不同的作品。

例如,在集体教学活动《跑跑镇》的语言活动中,幼儿积累了两种物体创意变形的方法,在原有的事物上改动一点点,就会变出新的事物。如图片所示,幼儿运用人和鱼的两张图片想象变出美人鱼的形象,在这个过程中,幼儿运用的就是改一点。幼儿对人和鱼原有的材料进行了破坏变形,对人,幼儿选取了上半部分;而鱼,幼儿则选取了它的鱼尾巴,然后将两者结合,创造出了新的产物——美人鱼。改一点帮助幼儿实现更多创造可能。

图3-44 激发幼儿想象的图片

图3-45 玩创意变形游戏的孩子

5. 新一点

这种方法引导幼儿在各种活动中，不受范例影响进行奇思妙想和创新表现，从而产生新的创意和新的作品。

图 3-46　跟着老师做操的孩子们

图 3-47　用 iPad 创编动作的孩子们

例如，在日常的做操环节，我们引导幼儿如何动作转换、肢体如何调整形成新的动作的。在《跟我做操》的集体活动中，幼儿运用老师的动作，又加上自创的动作，形成了自己的做操动作，这就是新一点。我们认为，在音乐活动等涉及肢体类活动都可以让幼儿尝试新一点的学习技巧，学生通过模仿、创新、对比等形成新的创意。

第四节　"乐创课程"的评价体系

幼儿园课程评价是幼儿园课程设计、开发和实施中的重要环节，也是园长、管理层、教师以及家长、幼儿了解课程推进成效和存在问题的重要手段，它贯穿于"乐创课程"开展的全过程。幼儿园形成旨在激励不同评价者乐实证、乐分析、乐优化的"五维"评价管理体系,从而不断推进乐创课程的有效实施。评价关注两种评价方法,即量化和质性的评价方法,以期满足不同的评估需要;评估内容指向三个模块,即幼儿发展性评估、教师专业性评估以及课程实施评估;评估的类型主要有四类,即专项的评估、综合表现性评估、个性发展评估、幼儿学习素养综合评估;评估主体落实五位一体,即管理层、教师、家长、幼儿和第三方的评估。

图 3-48 创造教育的"五维"评价体系

一、"五维"评价体系的结构要素

(一)"五维"评价管理系统基本内涵

1. 价值取向

"五维"评价框架追求乐实证、乐分析、乐优化的价值取向,它强调在评价证据是可获取性,用于评价的素材建立在数据、档案袋等基础之上;评价是一种分析和研究的过程,评价不是对素材的直线型打分,而是揭示背后的原因和逻辑;评价的结果不是结束,而是一种持续优化的开始。

2. 评价方法

包括量化评价与质性评价两种方法,量化评价是指根据课程评价目标,通过编制问题、量表等对幼儿进行测试,并按照一定的标准对测试结果加以量化分析的一种评价方法;质性评价以非数字的形式呈现评价的内容与结果,例如对评价对象的观察、访谈、自我反思等都是质性评价的方式。

3. 评价模块

从评价对象来区分评价模块,主要分为幼儿发展评价、教师评价以及课程实施评价三个方面组成。这三大模块相互影响、对评价结果过程与结果起到相辅相成的作用。

4. 评价内容

通过专项评估、综合表现性评估、个体发展评估、幼儿学习素养综合评估四项内容,通过观察测量被评对象具体的外化的行为指标并进行价值判断。

5. 评估主体

评价的主体涉及与教育教学有关的多个利益相关者群体,一般包括管理层、教师、家长、幼儿、第三方中介等,这五大群体提供的信息都能够佐证价值,互为关联和影响。

(二)"五维"评价体系的运行

我们从内容、对象、形式以及方法等方面对创造教育课程的评价进行了系统梳理,形成详细的工作安排,便于日常操作。

1. 幼儿发展评价的运行

每学期针对幼儿创造性思维、创造性表达、五大领域综合性内容等方面,由园长室、业务室、督导室、课程部、教师、家长等评价实施者,在每学期运用抽样评估、全体评估、个体评估、家园参与等形式,通过《闵行区莘庄幼儿园保教质量评价指标(幼儿发展部分)》、"托兰斯创造性思维测验工具"、"PCDP幼儿发展评估"《幼儿发展月评估》《幼儿成长档案》、"项目性评估"等方式开展。

2. 教师评价的运行

该评价是面向教师教育教学行为开展的评价,主要评价教师的日常课程实施、师德行为、保教工作等内容,借助自评、组评、园评、家长评等手段,开展月考核、专项督察、期末质量监控等多种形式的考核评价,评价工具包括《教育教学案头工作评估指标》、《教职工师德行为评估指标》、《教师成长手册》、《班主任一日活动常规工作评估指标》等。

3. 课程实施评价

围绕课程的实施评价，主要由全园教师业务室、课程室、园长室等具体实施。主要表现为每学期运用保教团队课程质量评价、课程辨析会、课程分享会等形式对课程的质量和改进的路径开展评价与分析。工具包括《闵行区莘庄幼儿园保教质量评价表（课程部分）》《课程评价标准》、"课程质量分析会"、《课程质量监控一览表》等。

二、"五维"评价秉持的基本原则

（一）广泛性原则

首先，评价参与的对象来源广泛，凡是与幼儿教育有关的利益群体均参与到评价中来；其次，评价的数据来源广泛，我们不仅仅收集课程教学中的评价素材，同时还包括教师的反思素材、幼儿的家庭活动素材等，凡是与幼儿有关的素材均纳入评价范畴；第三，评价的结果不仅仅指向学生创造性知识发展，同时还包括技能、态度等多种维度的评价。

（二）全面性原则

评价视角既重视评价的结果，更重视评价的过程，将评价活动与日常的各类活动密切结合。"乐创课程"评价面向全体幼儿，既重视对全体幼儿全面发展水平的评价，也需尊重幼儿的个体差异，针对不同幼儿的创造特点，注重个体的全面发展的评价。一方面，对全体幼儿有指向结果的统一性评价能帮助管理者、教师、家长实施进一步了解学校创造能力培养基本目标的达成情况；另一方面，由于遗传、环境与教育等多方面的因素影响，每个幼儿的个性特征和发展水平存在差异，指向过程的常态性评价能在日常活动中不错过迷你创造的闪光点，使得每一位幼儿都受到全面、积极的评价。

（三）可操作性原则

评价的实施者群体是多样化，可以是教师、管理者，也可以是家长和幼儿，因此评价的工具和方法必须简单明了，易于操作。此外，评价的结果是用来改进教育教学过程的，因此评价的工具需要及时、准确、有效地指向问题、发现问题,并能帮助评价者发现问题背后的原因,这样的评价才具有实践意义。

(四)整体性原则

虽然评价的主体和内容是多元的,但是评价的目标是固定的,即促进幼儿的创造力的发展,这就要求所有的评价内容和工具之间均要有统一的指向和内在一体化逻辑,否则就会导致评价的目标割裂、效果割裂。这就要求在设计评价工具和开展评价之前要对评价的目标、效果进行预设,在评价实施的过程中纠正偏差,要把握主次,区分轻重,抓住主要的矛盾及决定课程评价质量的主导因素。

(五)客观性原则

针对评价结果评价要根据本园课程的特点和规律,做到客观、公正和真实,对课程评价应持有科学态度,这样才能达到课程评价的目的。课程评价的目的在于给幼儿的创造和教师的引导以客观的价值判断,如果缺乏客观性,课程重点推进中可能将产生方向性错误。评价中测量的标准与方法,到评价者所持有的态度,尤其是评价结果,不主观臆测,需符合客观实际,多运用数据实证的方式,用数据说话,使其对"乐创课程"的研究更精确、更科学。

三、"五维"评价的操作机制

(一)评价中的问题查找:系列工具的常态化机制

幼儿发展评价与课程评价两大板块分别形成了一系列关注常态化课程质效的评价方式与工具,前者有幼儿创新思维与综合能力评价,后者则有关注课程规范实施的开学督查、针对课程不同板块要求的专项督导、日常不定时的常规教学工作巡查等等。这些工具的常态化使用,并非为了评判好坏,而是为了查找问题,从而让教师树立健康、积极的评价观念,在课程实施中形成自觉的问题意识。

例如,我园实施的"教育纪实",这一活动关注教师常态下的课程实施,尝试通过纪实的视角,为课程管理与改进提供完全忠于原样的视频依据和证据,让教师更为清醒地看到课程实施的状态。在反复回味、对比的过程中,让教师更好地解读幼儿、反思教育行为、客观分析课程的实施效果。教师通过将教育现场运用电子设备录制下来的形式,在活动后进行观察、捕捉并思考教育现场的相关问题,录制视频中还原并呈现了不一样的视角,帮助教师自己查找教学现场的问题,从而树立评价常态化、实用化的积极参与评价的意识。

(二) 评价中的价值生成:实证数据的常态化收集机制

常态化评价以促进幼儿发展为目标,重视师幼的主体地位,注重调动幼儿学习兴趣和培养探索能力。彰显评价的常态化在幼儿园活动中的价值,最为重要的是建立起教师基于证据的课程评价观念,立足实据,捕捉细微,关注儿童常态化表现,有意识地循证性研究,实证地为课程的改进和完善而思考、行动。

例如,我们在课程教学中引入了"学习故事"的环节,通过让幼儿自己讲述或制作自己学习过程的一个小故事,帮助教师树立"幼儿是有能力的学习者"的儿童观,同时在幼儿讲故事的过程中,教师可以留意观察幼儿,分析学习品质,挖掘幼儿优势与闪光点,形成连续性、跟进性的课程思考。再如,我们通过定期召开分享会,在剖析自身与他人案例、故事的过程中,让教师关注课程实施中的幼儿个体,以及他们个性化的日常表现。这两种关注过程性的评价手段的运用,形成一种常态化的证据收集机制,当然这种收集一种是来自幼儿,一种是来自教学共同体;一种是对自己教学过程的材料收集,一种是对他人课程教学材料的收集,这两种机制帮助教师形成一种持续观察、分析和思考的习惯,从而不断提高教学能力。

(三) 评价中的多元主体:教师、幼儿、家长共同参与机制

不同的评价主体将使我们收获不同的分析视角,如教师是从教学策略与效果角度阐释对幼儿的影响,管理者是从课程整体架构的合理性角度分析对幼儿的适宜程度,幼儿则立足于活动的有趣性,而家长会更多引入当前社会文化的观点和期望。不同视角的融合能让我们更加全面地了解课程的实施,体验评价的多元。鉴于此,我们进行了一些有益的尝试与探索。如结合创造教育幼儿发展指标以及班级月计划,教师每月确定一个重点版块对班级幼儿进行评估,并通过家园联系册与家长、幼儿进行共同评价,形成个性化评价模式。如利用"教育纪实"中的 DV,请不同的人群观看,从而收获对同一教育实践的不同观点与分析。又如,在游戏的分享环节使用"画语解读"的方式,给予幼儿回顾游戏、自主进行自我评价的机会。再如,利用"小思徽章"电子成长档案平台,让教师、家长、幼儿都可以对各类课程活动以及幼儿的表现进行记录。

第四章

"乐创课程"下保教活动的实践与创新

一些观点认为,创造应该是一种发明和质的变化的进步,这种观点所指向的创造是对人类社会有价值的产品,忽视了"创造是由无数个人做出的过程性改变"这一意义。通过前面的理论研究,我们发现创造不仅仅是属于"高创性人格特征"的人才具备的能力,实际上只要给予充分的教育和指导,每个个体的创造潜能都可以被激发。"乐创课程"下保教活动的实践与创新,支持幼儿个人意义上的迷你创造,鼓励活动实施中幼儿与教师共同创生。

第一节　保教活动的实践定位

学前阶段是个体一生中创造意向最活跃的阶段,幼儿的好奇心强,没有被"世俗"的规则所束缚,他们总是充满兴趣地探索着这个世界,小小的脑袋里装满了奇妙的想法,有着天马行空的想象。研究表明,人在 4 岁的时候,两分钟内问的问题是最多的。创造对于幼儿来说,并不意味着创造出"有社会价值的产品",这里我们借鉴了"迷你创造"这一观点,即幼儿的创造对于人类和社会来说可能是渺小和微不足道的,但是对于幼儿个体来说,从来没有出现过的行为或者利用已有经验创造性的解决问题等,都是个体成长、成熟的表现。我们提出:"迷你创造"对幼儿而言,指向的不是创造能力和创新产品,而是创造潜能激发,是对孩子创造性的激活。

一、迷你创造视角下"乐创教育"实践

基于以上认识,我们罗列出教师践行"乐创课程"的实践理解,即"乐创"是支持幼儿个人意义的迷你创造。迷你创造离不开幼儿的经验组合,其中丰富的生活、活动经验和自由表达的愿望才是重要的,幼儿园的教育实践活动就是为幼儿提供丰富的迷你创造经验。

因此,我们强调,幼儿的保教活动一切以"乐创教育"为核心。除了给予充分的生理照顾外,幼儿教师的保教活动要坚持迷你创造的首要立场。我们要求教师在日常的教育教学中,要认真聆听幼儿的想法,理解幼儿的想象,用自己的教育智慧和耐心鼓励幼儿大胆创造和表达,进而支持幼儿个人意义的"迷你创造"。幼儿任何想法和行为都是在已有经验的基础上进行的丰富和

"再创造"，不同经验的组合为幼儿的迷你创造提供了更多可能，幼儿活动中，教师需要根据这一点创设丰富、有趣、多变物理环境，打造幼儿喜爱的场所，便于幼儿活动与探索；创设宽松、平等、安全的心理环境，营造和谐、温馨的教育氛围，给幼儿自由表达的空间，实现经验的再造。除了各种环境的再造外，幼儿园与教师建构了系统化的创造教育课程，将儿童日常的、零碎的、尚未激发的创造灵感置于结构化的教育教学环境中，通过不同教育情境、教育手段、教育策略的帮助，使迷你创造从无序走向有序，从零散走向整体。

所以，幼儿保教活动的实践一切为了迷你创造而设，通过这一核心的教育活动，实现幼儿愉快、健康地生长，并发展成为具备乐于创造、敢于创新的全面发展的人。

二、个性化需求视角下的创生活动

幼儿园始终将幼儿发展的多元性和独特性作为办园过程中的一个基本共识。在"乐创教育"的实施过程中，我们始终在实践中践行这一共识，在关注儿童发展需要的基础上，建立多样化的教育方案、平台和形式，为每一个孩子提供符合自身特点的创造教育活动，在保证创造教育基本素养养成的基础上，给予不同的创造表现，塑造个性化的创造品格。

如我们改变早操的形式，利用突出的"领操台"、多角度的方位展示、动感的音乐节奏，把晨间常规的操节活动，变成了充满自由、动感、令人愉悦的"狂欢十分钟"，让幼儿在尽情的感受音乐、创编动作的过程中，满足幼儿畅享运动的乐趣。再如教育环境的创设上，创设"王子公主馆"，通过性别差异的环境创设、材料投放，以及符合"男女生社会交往能力发展"的游戏设计内容，满足不同性别差异需求的环境，推动不同性别和同性的社会交往，以此满足不同性别幼儿交往的需要。我们还以幼儿兴趣为出发点，开展了"莘小宝"和"小社团"的活动。"莘小宝"活动中每个年龄段的教师整合本班孩子的兴趣特点，创设创意泥工、沪语歌谣、故事大王、乐享运动、快乐儿歌、创意美术等活动；"小社团"创设舞蹈班、国际象棋班、国画班、跆拳道班、表演班等数十个兴趣社团,邀请更专业的教师给予更个性化和专业的指导,打破班级限制,请幼儿自主选择自己喜欢的活动,满足幼儿不同兴趣的需要。个性化展示上,我们创设了"莘幼小达人"舞台,幼儿自发地上台表演唱歌、乐器演奏、舞蹈、诗朗诵、故事表演等形式。这些个性化的办园实践展现了每个幼儿的闪光点,给了幼儿释放童真和展现自我个性风采的机会,让幼儿更加健康、快乐、勇敢、自信舞台。

"乐创教育"的实践定位,始终把尊重幼儿需要、支持幼儿兴趣、促进幼儿发展放在首位,从幼儿的角度出发,以幼儿为本。遵循幼儿内心的需要,让幼儿"乐"在心,"创"随行。

第二节 "乐创课程"下的保教活动实践特征

幼儿园一日保教活动是幼儿园教育中各种类型、具有教育价值的活动总和。幼儿园中各种类型的保教活动共同组成了幼儿园课程,作为将幼儿教育的理念转化为幼儿教育实践的中介,幼儿园课程通过具体的、各种类型的保教活动的设计和实施实现这种转化。

在"乐创教育"中,我们将三个"一点点"作为保教活动的实践特征,希望将"乐享创造 全面发展"的教育理念通过对"一点点"的关注与落实能在保教活动中得以彰显。这样的彰显,不仅存在于幼儿令人惊叹的"创意"中,更存在于教师尊重包容的言行举止、过程中启迪心智的目标定位、环境中"触类旁通"的设计呈现……于是,产生了"主题博物馆""狂欢十分钟""甜蜜点心""公主王子馆""魅力阳刚校园行""创意节"……数十项保教实践活动项目,让幼儿的每一天生活都沉浸在"乐创"之中。

一、在"乐创"活动中生成目标

幼儿园保教活动的目标,是幼儿园活动预期结果的标准和期盼,是活动展开的导向,决定着活动的性质。幼儿园保教活动的目标达成依赖于"乐创教育"活动的开展。

从内容上说,"乐创教育"中的活动目标更指向创造品质、动机等。学前创造教育的活动目标与以往的活动目标相比,在侧重点上有显著不同。以往的活动目标主要是让幼儿掌握某一知识或技能,亦即活动以知识技能的获得为目的;而学前创造教育的活动关注培养幼儿创造性的认知特征、创造性的情感特征、创造性的人格特征以及创造性的动作技能。这些涉及的内容可能有:①幼儿初步形成创造动机、创造兴趣和好奇心等诱因系统与创造意识、创造精神等意识倾向系统;②为幼儿形成高自控性、高自主性、高兴奋性、高探索性、高独创性、高灵活性等创造性人格特征和协调发展的自我意识、良好的人际适应能力、对挫折的耐受能力等健康的心理特征奠定坚实的基础;③幼儿表现出初步的创造性思维特征即思维的求异性、兼容性、发散性、跨越性、突发性、连动性、敏锐性、灵活性、流畅性、精密性、批判性等和各种思维的平衡性。

从价值取向上说,幼儿园教育活动目标存在不同的价值取向,较为常见的目标取向有行为目标、生成性目标、表现性目标等。结合创造性活动的基本定位,"乐创教育"中的保教活动目标都应以生成性目标、表现性目标为基本取向,一方面,"乐创教育"的活动目标都应强调在儿童、教师和教育情景的交互作用过程中产生活动目标,目的在于促进幼儿经验积累,而非外在的某种既定知识或技能;另一方面,"乐创教育"的活动目标应强调的是表现性与个性化,指向培养幼儿的创造性,在于鼓励和唤起幼儿运用已有的技能,拓展并探索自己的观点、意象和情感,而非预先规定好的既定目标。

即使在目标指向性较高的集体教学活动中,仍然要以低结构性的、过程性的、表现性的目标为主。

案例 1

创造性艺术活动目标中的"感·动·过"

在实践创造性艺术的集体教学活动过程中，我们在创造性艺术活动目标的制定上存在着矛盾和疑惑，比如"创造性艺术集体教学活动要不要目标？""目标应该怎么制定更能体现创造性艺术活动的价值取向？""目标制定可以有哪些依据可循？"带着这些疑问我们开始了指向创造性艺术的集体教学活动目标的思考。

1. 一次冲击带来的最初思考：成人发起的创造性艺术活动，要不要目标？

冲击：创造性艺术课程理念下的集体教学活动没有目标。

创造性艺术活动更关注幼儿主动尝试、探索、学习的过程对其长远的影响，而不是一次活动产生了怎样即时的结果。我们在初步了解高瞻理念下的集体教学活动是什么样的后，对于应该怎么实施创造性艺术集体教学活动，教师们炸开了锅，对此形成三大流派进行了激烈的争议。

坚守派认为：没有目标，怎么设计教案？怎么递进环节？怎么评价幼儿？怎么体现成效？外国的无目标教学活动方式并不能凸现集体教学活动的价值和有效性。

开放派认为：没有目标的集体教学活动这样很好呀，老师好轻松、小孩好自由，创造性艺术不就是在这样宽松的氛围下产生火花的嘛。

中立派认为：我们要把幼儿关键性发展的经验融于目标的理解中，我们的创造性艺术集体教学活动，既要有效，又要凸现对创造性艺术能力的支持，这才是最好的状态。

似乎，坚守派擅长以终为始地思考：要什么？怎么要？知识与技能、情感与态度的两条目标对我们而言更为得心应手。而开放派试图探寻怎样允许孩子用不一样的学习方式去探索、表现、创造。对于创造性艺术课程而言，幼儿自主选择、做决定意味着更多创造的可能性……

僵持不下中，坚守派和开放派找来了各自的活动实施教案作比对：

开放派	坚守派
高瞻创造性艺术活动《雕像音乐》——《高瞻课程起步30天课程计划》	偏音乐领域活动《母鸭带小鸭》——小班《学本领》主题教学活动
活动名称：雕像音乐 活动目标：幼儿用肢体动作来表达和表现他们的观察、思维、想象和情感。 活动材料： 1. 关于某个雕像的照片、绘画或图片(如果条件允许，可选择附近公园里的雕像，这样幼儿会更熟悉并可以亲自去看看)。 2. 没有歌词的音乐。	活动名称：母鸭带小鸭 活动目标： 1. 乐意用"鸭走""鸭叫""鸭子游水"等模仿动作来表现歌曲《母鸭带小鸭》的内容。 2. 感受歌曲欢快的节奏，体验参与音乐游戏的快乐。 活动准备：小鸭头饰人手一份、池塘场景、小鸭各种游泳姿态的照片、《母鸭带小鸭》音乐磁带。
活动过程： 第一步： 齐唱歌曲"我们要摇啊、摇啊、摇啊"，直到每个幼儿都参与到活动中来，然后再唱一段，结束时所有人都坐在地板上。 第二步： 问一问幼儿，他们有没有见过雕像的照片，并展示给幼儿。 告诉幼儿，他们可以用力绷紧身上的肌肉并保持住，这样自己就能成为一座雕像。 请幼儿全体起立，并跟老师一起做个雕像的造型。 接着，可以问问幼儿，他们是否能够用某种方式改变雕像的姿势，如抬起一条腿，朝另一个方向移动手臂等。 告诉幼儿，将播放一些雕像音乐(没	活动过程： 一、学习歌曲——掌握歌曲旋律，为进一步活动准备 1. 歌曲欣赏：《母鸭带小鸭》 • 鸭妈妈想为大家唱一首好听的歌。 • 你听到了什么？ 2. 将自己最喜欢的一段来唱一唱，集体演唱。 二、表现歌曲——尝试用"小鸭子嘎嘎叫""小鸭子走路""鸭子游水"等模仿动作来表现歌曲 (一)鸭子叫声 1. 你们会用什么动作来表示鸭子在嘎嘎嘎嘎嘎嘎嘎的叫呢？ 2. 让我们一起试试用好看的动作来唱歌。 (二)鸭子走路 1. 小鸭子是怎么走路的，谁来试试学鸭子走路？ 2. 这个动作表示鸭子在走路，还有别的动作吗？

开放派	坚守派
有歌词的音乐），当音乐开始时，幼儿可以按照自己的想法活动或跳舞；当音乐结束时，他们就必须变成一座雕像。 教师可以随时播放并暂停音乐，并跟着幼儿一起舞动或成为雕像。 第三步： 告诉幼儿，下一次音乐结束后，他们要变成一座雕像，然后就可以进入下一项活动了。	3. 我们一起用自己特别的动作来表示小鸭子摇摇摆摆的走路吧。（播放音乐） （三）鸭子游水 1. 小鸭子会怎样游泳呢？ ● 引导幼儿边听歌曲边拍做游泳的动作。 2. 个别幼儿表演，师生共同分享经验。 小结：小鸭子不仅会唱歌，还会用小手摆一摆、小手一合一开的方法变成小鸭子走路、游泳，真有意思。 三、活动延伸——感受歌曲欢快的情绪，体验参与音乐游戏的快乐 数人结伴边唱歌边律动，将全体分成若干队，跟着排头，边唱边做小鸭子。

　　我们在对比交流中发现，活动目标不明确会对幼儿产生极大的挑战性，并导致幼儿需要更长时间找到自己想要什么，教师需要在大量的个别观察之后才能做出判断和提供支持的策略。于是我们开始思考在预设目标到判断活动有效性之间，是否会局限幼儿创造性艺术能力发展的多种可能性这一问题。

　　思考：我们不会照搬"开放"，我们也不止步"坚守"，追求有意义的集体教学活动，试图对原本传统意义上的艺术活动目标与框架"松松绑"，促使幼儿创造性艺术表现能力的发展。

　　2. 一段实践带来的深度思考：制定怎样的目标才能体现创造性艺术在集体教学活动中的价值？

　　实践：给目标和框架"松绑"后的创造性艺术集体教学活动，让我们看到了每个孩子都是小小艺术家！

　　带着对三派争执以后的思考，我们尝试设计适宜的创造性集体教学活动。在原本"母鸭带小鸭"活动中，学鸭子叫的动作——学鸭子走路的动作——学鸭子游泳的动作这一结构设计是唯一的一种学习路径。因此，我们调整自己的活动目标与实践过程如下：

创造性艺术律动领域活动《嘎嘎嘎》(小班)

活动目标:感受歌曲《母鸭带小鸭》的有趣,乐意尝试用身体动作表现小鸭子明显特征的经验。

活动准备:

1. 经验准备:有观察小鸭形态的经验;有变换不同声音唱歌的经验。

2. 材料准备:《嘎嘎嘎》伴奏音乐。

活动过程:

一、欣赏感受儿歌——感受歌曲《母鸭带小鸭》的有趣

1. (教师清唱儿歌《母鸭带小鸭》)你听到什么?

2. 听了这首歌有什么感觉?

二、自主表现小鸭——乐意尝试用身体动作表现小鸭子明显特征的经验

教师的决定:听了这首歌,你想做什么动作呢?让我们一起跟着音乐来玩一玩。

幼儿的选择:

1. 跟着音乐摇摇摆摆(和幼儿一起摇摆,给予幼儿重拍、节奏等支持)。

2. 嘎嘎嘎的唱,然后走路(和幼儿一起唱歌,肯定幼儿对歌词的改编或者完整演绎)。

3. 幼儿没有变成小鸭子一起玩(询问幼儿的计划)。

三、分享动作经验——交流幼儿的动作经验

1. 交流幼儿的动作,让幼儿来说说自己怎么玩的。

● 谁愿意来说说今天你是怎么做小鸭的?

● 你们和他的一样吗? 还有什么动作吗?

2. 每个小鸭子的动作都特别。

当我们放开学习路径,鼓励幼儿自主制定基于"用动作表现小鸭子"这一问题的计划时,幼儿各不相同的学习风格和经验发展水平更完整与丰满地呈现在我们面前。幼儿表现小鸭喝水不做动作学唱歌曲、小鸭子游来了抓住小鸭游戏⋯⋯这些各不相同的学习创新形式和玩法都是以"小鸭子"为主的、"用动作表现小鸭子"的学习过程。

选择提供哪些元素进行艺术创作,教师根据幼儿兴趣、经验和发展需求有一定的目的性,目标并不能丢,这也是项目本土化的一个过程。但我们要关注幼儿学习过程,关注幼儿在活动中可能获得怎样的经验,如何允许幼儿用各自不同的经验水平与学习路径去理解艺术元素? 通过追求有意义的集体教学活动,而不是简单地对即时活动有效性的追求,让我们的脚步慢下来,去和幼儿共同享受创造的过程。呼唤将"以终为始"的目标定义成过程中观察支持幼儿经验与能力发展的自觉意识。

思考：无论目标如何制定，只要教师心中知道这节课基于什么素材，应给予孩子什么空间去进行艺术创作，慢下来和孩子一同感受艺术，享受创造的过程，不把目光聚焦在技能的达成上，我们相信这样主动学习的空间一定能支持孩子的创造性艺术能力的发展。

3. 一年思考带来的问题突破：基于幼儿如何学而制定目标有哪些可行的依据？

思考：以"幼儿如何学而制定目标"为导向的"感动过"目标设计依据。

当我们对比了前后两次"嘎嘎嘎"的活动方案与教学现场，深感目标制定的重要，再次回顾最后的目标设定，我们觉得，可以用"感动过"来概括。

例：小班创造性艺术音乐活动目标

  情绪愉悦地参加动物舞会 | 乐意尝试用身体动作表现小动物明显特征的经验。

感　　　　动　　　　过

（1）感：创造性艺术集体教学活动目标关注情感连接

关注幼儿环境与幼儿的情感连接，关注经验与幼儿的情感连接，关注师幼互动、幼幼互动生发的情感连接，是设定目标时首先要关注的事情。人们的艺术创作离不开自身情感的诉求与表达。在活动中幼儿对贴近自己情感的内容和元素更有创造性艺术发展的空间，因此目标的制定应当关注情感连接。

小班音乐活动"嘎嘎嘎"中，教师敏锐地发现班级中宝贝们最近喜爱扮演各种各样的小动物。如在特色园本微课程的"狂欢十分钟"中，幼儿常用肢体表现鳄鱼、狮子、兔子等喜欢的动物形象。在自由活动中，也喜欢用动作装扮成小动物和同伴一起游戏。因此教师结合幼儿的兴趣、经验以及年龄特点，设计了这一节音乐领域的创造性艺术活动。试图通过对"嘎嘎嘎"三个课时的集体教学活动，让幼儿在唱唱跳跳中多样表现动物的各种动作经验。不难发现，教师将幼儿喜欢模仿小动物动作的情感与"嘎嘎嘎"集体教学活动连接起来，支持幼儿情绪愉悦地参加动物舞会，产生了积极的效果。

（2）动：创造性艺术集体教学活动目标体现主动计划

主动计划是幼儿自主选择、创意表现的前提，也是高瞻创造性艺术活动的一大亮点。在目标中体现主动计划，意味着幼儿知道自己想做什么，怎么做。这就需要教师思考幼儿根据活动内容主动安排自己创造性艺术活动的可能性。

活动"嘎嘎嘎"中，教师引发幼儿计划：你想要变成什么小动物呢？会用什么好看的、特别的动作来参加音乐会呢？这两个问题的提出让幼儿在学习之前有了思考与选择。有的幼儿双臂张开一张一合做起了鳄鱼；有的幼儿边跳小兔，边把歌词进行了改编；有的幼儿和同伴变成了两只小蜗牛要爬树……这一个创造艺术的过程体现了幼儿主动计划带来的丰富创意的表现。

（3）过：创造性艺术集体教学活动目标重视过程体验

重幼儿情感、重亲身体验，接纳幼儿在活动中的自主想法，助推我们更加重视幼儿的学习过程，而不是结果取向。在过程中讲究材料、操作、选择，幼儿的语言和思维与成人的鹰架等。这些是明确主动性学习所包含的五种要素，从反向思维来说，我们也可以得知；从美术活动的特质来说，欣赏之外，与材料操作频繁的互动，也是主要内容。我们尝试以体现过程的目标制定来强调幼儿行为结果的多元性，支持幼儿在过程中体验。"嘎嘎嘎"的目标展现了学习过程，让小班幼儿在自主选择表现方式的过程中有了自己的思考。

二、尊重幼儿选择的活动内容

我们认为，幼儿是主动的学习者，"乐创教育"背景下的活动内容，应该更多关注幼儿的自主选择。也就是说，我们需要在选择和组织活动内容时，更多考虑到幼儿在学习活动中所获得的经验，而非教师预设或知识传递。在选择的过程中，我们将更多关注对幼儿已有经验的了解，关注幼儿与环境之间的有意义的交互作用；强调幼儿作用，强调幼儿自身的发展，强调教育活动的过程。因此，活动内容必然具有选择性、多元性和可变性等。

（一）选择性

选择性的含义是在面对众多活动内容，尤其是在活动主题选择中，要为幼儿而选，同时也要让幼儿可选。即向幼儿呈现的学习内容，一方面要密切联系幼儿的生理和心理特点，设计符合幼儿发展规律的活动；另一方面活动内容要广泛，让每一个幼儿都能找到自己感兴趣的活动，尤其是要激发他们对创新的兴趣。

（二）多元性

要向幼儿提供多样化的知识、经验和素材，并能使他们进行开放性的感知与探索，不会受到各种限制。这种组织在于满足所有幼儿的发展需求，同时也是激发所有幼儿的发展潜力，这种方式更有利于幼儿创造性的表现。

（三）整合性

向幼儿提供各领域的学习对象，注意它们之间的横向联系，使它们之间相互渗透、有机结合，方便幼儿融会贯通。创造行为的重要基础是产生概念链接，当幼儿在不断迁移着原有的经验和表现的时候，新的动作和体验不断得以生成，多经历、多体验形成了更多的概念联结，催生出幼儿更不同的创造体验。

（四）可变性

由于幼儿之间的个性差异和水平差异都比较明显，所以，要求课程内容的组织要能够灵活地、创造性地适应这些差异。可变性包含有两层含义，一方面是指面对不同的幼儿进行有差异性的变化，另一方面是指面对发展变化的幼儿进行有生成性的变化。课程内容组织方式的灵活性与创造性的统一将有利于幼儿思维的灵活性与创造性的发展。

案例 ②

公主馆王子馆——让选择满足儿童心意的创造空间

1. "公主馆"与"王子馆"由来：来自不同性别幼儿社会交往方式的观察分析

《3~6岁儿童学习与发展指南》指出：儿童社会领域的学习与发展是儿童人格健全发展的基础；幼儿性别角色发展是儿童社会性发展的重要内容，其观念形成和行为发展是儿童人格健康发展的重要体现。

我们对幼儿园小、中、大班350名幼儿在分室活动中的情况进行全覆盖的观察分析，发现不同性别幼儿主要表现出以下社会交往的差异。（观察记录工具见附录）

表4-1　不同性别幼儿社会性交往特点

性别	1	2	3	4	5	6
男童	偏好同性别幼儿玩耍	交往群体规模较大	喜欢和年龄比自己大的同伴交往	占据较多活动空间	攻击性较强	更多使用非语言的、消极的方式与同伴交往
女童	偏好同性别幼儿玩耍	交往的群体规模比男童小	倾向于与自己年龄相仿或比自己年幼的同伴交往	喜爱安静、安全、有秩序、干净的小场馆活动	友好和善	善于用语言与同伴友好的交往

从上述观察分析，可以发现幼儿在：（1）交往对象的性别选择上倾向同性交往；（2）交往成员的数量和交往的类型不同；（3）社会性交往中的行为方式和风格不同；（4）男女幼儿使用语言及其作用不相同。

2. "公主馆"、"王子馆"的建设路径：围绕不同性别幼儿社会交往能力发展的需求

（1）"公主馆"、"王子馆"教育场景建设价值取向

通过提供社会性发展空间、主题类及低结构操作材料，可以让幼

儿在不同的场景中释放不同性别的天性。通过设立游戏化的场景，鼓励幼儿大胆自主地交往，获得多层次的认知经验。"公主馆"和"王子馆"就是基于这样的目的建立的，通过环境创设、材料投放以及符合"男女生社会性交往能力发展"的游戏设计内容，推动不同性别幼儿与同性和异性的社会交往方式。"公主馆"和"王子馆"是为教师和幼儿提供主动学习、探索、发展个性化教育的空间平台，是发挥多种教育功能的活动区，这种"活动室"与外界游乐场所区分，具有更深层次的教育价值。

（2）围绕性别差异的"公主馆、王子馆"具体建设措施

① 尊重并顺应男女生社会性交往差异和行为表现

首先，访谈幼儿，了解期待。通过访谈幼儿，了解幼儿对于"公主馆、王子馆"设想，并进行创建。

表4-2　"公主馆、王子馆"内容创建访谈表

访谈内容	女生	男生
1. 你喜欢公主馆或王子馆吗？为什么？	1. 我喜欢公主馆，里面太漂亮了。 2. 在公主馆可以照顾芭比娃娃。 3. 公主馆里很多东西都是教室里没有的，特别好玩。 4. 别人在玩枪的时候，我可以去王子馆保护旁边的动物，给他们搭家。 5. 我特别喜欢公主馆里的皇冠，都好漂亮。 ……	1. 喜欢王子馆，因为里面有很多枪。 2. 我是男生，我可以在里面随便玩。 3. 我喜欢公主馆，里面玩具比较多。 4. 两个馆我都喜欢，我可以在王子馆搭房子，也可以去公主馆玩别的。 ……
2. 如果让你们来设计，你想在里面玩什么？	1. 能买一些美甲的贴纸吗？很漂亮的。 2. 可以多一些比芭比娃娃要大一点的宝宝，可以照顾他们。 3. 我们也可以带宝宝去喝下午茶，要不开家下午茶店吧，公主馆那么漂亮，开家下午茶店肯定很好玩。 4. 在王子馆里开一辆地铁，我们可以乘坐地铁。	1. 我想玩警察抓小偷的游戏，我们开个警察局吧。 2. 公主馆里面的床可以开个训练基地，能跳。 3. 我想开个太空馆，当宇航员去太空看一看。 4. 开家照相馆吧，我拍照拍很好。 5. 我要当解放军，开坦克，消灭敌人。 6. 我想当建筑师，要搭各种房子来卖。

访谈内容	女生	男生
	5. 上次我们全班小朋友都去当小模特了,我很喜欢,可以开个培训班吗? 6. 我想学妈妈化妆。 7. 我想开家照相馆,给大家拍美美的照片。 8. 能开家婚纱店吗?新娘子太好看了。 9. 我们可以玩生日派对的游戏。 10. 王子馆里有垫子,我们可以去里面玩野餐。 ……	7. 能不能开个赛车馆,很好玩的。 8. 我要打拳击,妈妈说可以锻炼身体。 9. 可以玩奥特曼打怪兽吗? 10. 把我们教室里的消防局也搬过去吧。 11. 能不能开家跆拳道馆?我正在学呢。 12. 我想在里面玩篮球、足球、保龄球也不错。 ……

其次,教师观察,支持交往。教师通过观察记录表的方式对进入场馆的幼儿进行观察,观察方式有:目标持续观察、定点观察、随机观,主要记录方式有表格、文字、媒体记录。

教师在观察记录幼儿交往行为基础上,进行回应启发和共享交流。通过观察男女生幼儿的社会性交往情况,教师进行环境调整、材料更新、启发思考、鼓励支持、生生互评、家园互动、讨论发现等形式提高幼儿的互动交往能力。教师通过拍摄视频、照片的方式对男女生幼儿的交往行为进行记录,最后与幼儿进行交流分享、经验回顾、作品分享等,以此有效地帮幼儿梳理男生与男生、女生与女生、男生与女生的社会交往方式,在分享中理解并尊重不同性别幼儿的社会交往特点。

②尊重幼儿不同性别的社会性发展需求

环境创设,分别建立。根据幼儿访谈结果,教师梳理了"公主馆、王子馆"的主题内容,见下表:

表4-3 "公主馆、王子馆"主题内容表

场景1	主题内容	女生幼儿社会性交往特点
公主馆	美妆店	女生幼儿偏好同性别幼儿玩耍。 女生幼儿交往的群体规模也比男生小。

场景1	主题内容	女生幼儿社会性交往特点
	母婴店	女生幼儿则倾向于找与自己年龄相仿或比自己年幼同伴交往。 相比较,女生幼儿在交往时友好和善。
	下午茶	相比较,女生幼儿喜爱安静、安全、有秩序、干净的小场馆活动。 相比较,女生幼儿在交往时友好和善。
	模特班	女生幼儿喜爱安静、安全、有秩序、干净的小场馆活动。 女生幼儿主要善于用语言与同伴友好的交往。
	照相馆	女生幼儿主要善于用语言与同伴友好的交往。
	婚纱店	女生幼儿喜爱安静、安全、有秩序、干净的小场馆活动。
	生日派对	女生幼儿在交往时友好和善。
场景2	主题内容	男生幼儿社会性交往特点
王子馆	拳击馆、跆拳道	男生幼儿偏好同性别幼儿玩耍。 男生幼儿占据较多活动空间。 男生幼儿在交往过程中相比较攻击性较强。
	警察局、训练基地	交往群体规模较大。 男生幼儿在交往过程中相比较攻击性较强。
	绿地集团	男生幼儿占据较多活动空间。
	解放军	男生幼儿在交往过程中相比较攻击性较强。 男生幼儿偏好同性别幼儿玩耍。
	太空馆	男生幼儿占据较多活动空间。
	篮球馆	男生幼儿占据较多活动空间。 交往群体规模较大。 男生幼儿偏好同性别幼儿玩耍。
	赛车、地铁	男生幼儿占据较多活动空间。 交往群体规模较大。
	消防局	男生幼儿占据较多活动空间。 交往群体规模较大。 男生幼儿偏好同性别幼儿玩耍。

环境调整:结合场景实际面积大小、幼儿想开设的内容以及不同区域对顺应男女生社会交往的作用,将内容进行删选,对"公主馆"和"王子馆"的环境进行了调整。"公主馆":照相馆、甜品店、母婴店、美妆店、萌小模、留白区。"王子馆":赛车体验馆、拳击馆、太

空体验馆、枪战游戏区、警察局、留白区。

表4-4 "王子公主馆"场景设计图

公主馆场景设计图	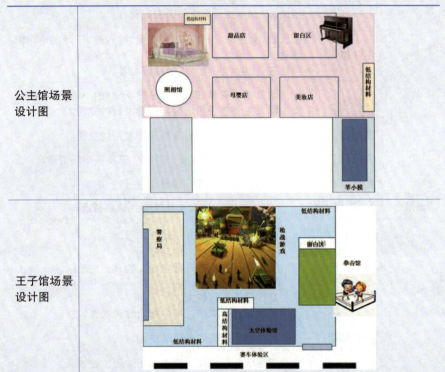
王子馆场景设计图	

③ 在引发游戏行为中，促进不同性别幼儿有效的社会交往

"幼儿的社会性主要是在日常生活和游戏中通过观察和模仿潜移默化地发展起来的"，所以幼儿想开设的内容基本都是以游戏为主，与前期初次场景创设的个别化学习内容有很大的区别。究其原因可能是我们所投放的材料内容无法满足幼儿的交往需求，幼儿在交往的过程中不能产生更丰富的情节，我们所提供的材料制作方法单一、玩法较少，很难引发幼儿不断地创造新情节，产生更多的交往。所以，教师需要结合男女生不同的社会交往需求进行场景预设，调整活动的组织方式，从个别化学习的方式改成游戏活动的方式。为幼儿提供他们需要的内容和更开放的空间，促进男女生幼儿的社会交往能力的培养。

三、建构创意化的活动组织形式

活动组织形式所要解决的问题,就是"教师以什么样的形式将幼儿组织起来"、"教师通过什么样的形式与幼儿发生联系"、"活动按照什么样的程序展开"、"活动时间该如何分配和安排"等一系列问题。活动组织形式对于活动质量和效果产生重要影响,在其他方面相同的情况下,活动组织形式的不同会带来极为不同的活动效果。

"乐创教育"强调的是"发现一点点、思考一点点、改变一点点"的实践特征,这一特征要求相应的组织形式予以支持。在"乐创教育"实践中,我们尝试更多开放、自由、尊重、支持的活动组织形式,构建气氛民主、便于交流的开放性活动与课堂,改变教师对活动的垄断地位。在这样的活动中,可以使每位幼儿置身其中,在与教师、幼儿交往中做到充分感受、经验共享、表达自我。

因此,回答有关活动组织形式的相关问题中,我们要尤其关注以下的问题:

(一) 以释放幼儿的创造天性为出发点

深刻了解并把握活动的本质与幼儿创意表现之间的内在联系。尊重幼儿、解放幼儿,让幼儿成为学习或活动的主人,让幼儿的自主性和创造性得到充分发展。通过活动组织样式的构建,鼓励幼儿通过自主活动和主动学习进行思考和认知,赞赏幼儿任何具有个人创造意义的表现。

(二) 真正有利于幼儿主体性的建构

创造行为和创造表现都是建立在幼儿对对象产生充分感知、认识,并形成丰富的经验链接的基础上。我们的活动组织正是要成为促使这种学习过程发生的桥梁。通过幼儿对客体的主动探索、主动变革和主动建构,形成相应的心理结构。而这样的学习过程的真正发生必须是自身处于十分主动的状态,即幼儿能有控制感、能动地进行活动才能实现真正的学习。因此,主动、积极、全面参与是活动强调的重点,是影响活动效果的关键因素。

案例 ③

狂欢十分钟——让肢体会说话的律动

1. "狂欢十分钟"的构想缘起

早操律动活动是幼儿园一日生活的重要组成部分，是保证幼儿体能发展、动作发展的基本活动。它的有效开展能为幼儿带来全新的肢体动作体验，从而充满活力地迎接新的一天。目前常见的早操律动主要以教师主导、幼儿跟学为主，教师在前面领操，幼儿列队在教师的正后方，随着音乐进行的身体动作和艺术表现。在教师主导的早操律动活动中，幼儿模仿、跟随教师的动作而舞蹈，我们看到的是幼儿动作的整齐划一，没有看到源自幼儿的自主创编和表现，幼儿的创造与表现难以得到发挥。

依据《3—6岁儿童学习与发展指南》及《上海市幼儿园保教质量评价指南（幼儿发展评价）》，结合我园"乐创"课程的目标，我们构建了"狂欢十分钟"微课程，这一课程的目标如表4-5所示。

表4-5 "狂欢十分钟"微课程目标

1. 对艺术活动富有表现兴趣。	小班	经常模仿有趣的动作。
	中班	经常唱唱跳跳，喜欢参加律动活动。
	大班	律动活动中既能独立表现，也能与同伴合作表现。
2. 具有初步的艺术表现与创造能力	小班	能随着节奏感强烈或熟悉的音乐做肢体动作。
	中班	能用拍手、踩脚等动作或敲击物品的方式来表现简单节拍和基本节奏。
	大班	能用律动或简单的舞蹈动作表达情绪或表现自然界的情景。

2. "狂欢十分钟"的场景规划及具体实施

（1）物的要素

场地是狂欢活动的互动媒介。"狂欢十分钟"的场地是自由开放的，来自不同班级的幼儿打破班级界限，可以自主选择操场的任何一个位置站立。四位教师分别站在位于幼儿方阵四个方向的领操台上，分别做着不同的动作。幼儿跟着某位老师进行律动后90度转向，面向另一位教师做律动动作，以此类推。

这不同于以往的早操律动，这样改变的目的在于优化师幼互动，丰富幼儿活动的对象。活动对象可以是自己班级的好朋友，也可以是其他班级的好朋友；可以是自己班级的老师，也可以是其他班级的老师。更重要的是，在不断的方位移动中，每位幼儿都有可能站到首排，从而成为被关注的焦点和对象，使幼儿被关注的需要得到充分满足。

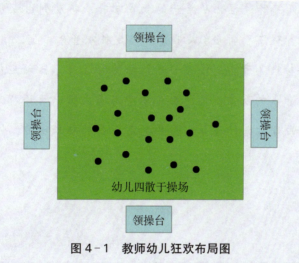

图4-1 教师幼儿狂欢布局图

"狂欢十分钟"每天两次，分别在上、下午运动操律动时间进行，总计十分钟。随着活动在全园的开展和逐渐常规化，幼儿自主的创意表现与肢体表达意愿愈发强烈，我们积极鼓励幼儿站上既代表仪式感，又能调动幼儿创造积极性的领操台，给他们提供更多主动创造的机会。

为了让幼儿充分体验狂欢音乐的节奏和旋律，激发幼儿狂欢的欲望和表现张力，我们在操场四周投放了便于幼儿拿取、操作以及互动性强的材料，例如拉花、呼啦圈等，辅助材料有利于调动幼儿狂欢时的情绪、对音乐节奏的掌握以及系列动作的创编，从而有效提升肢体动作的艺术表现力。

（2）事的要素

① 音乐的选择

音乐是狂欢的灵魂，是幼儿激发释放自我、创造狂欢动作的媒介。选择适合幼儿年龄特征的音乐，并且进行音效的改编，不仅有利于激发幼儿感官的感知能力，也可以有效地提高幼儿肢体动作创编的质量以及效果。

在狂欢推进的过程中，音乐选择依据科学性、亲幼性、适宜性等原则进行，而选择过程也从单一的教师选择，扩展到由教师筛选→幼儿反馈→教师观察判断→幼儿推荐→确定狂欢音乐。教师根据幼儿创造力培养目标搜集音乐，作为一日活动的背景音乐给幼儿播放，观察幼儿对不同音乐的反应，询问幼儿喜爱与否，组织讨论"我最想要的狂欢音乐"曲目后最终确认，而且不定期更换狂欢曲目，使狂欢曲库日益丰富。

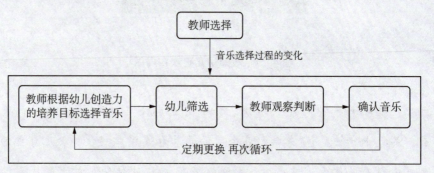

图4-2 音乐选择流程

② 实施过程的创新

狂欢作为一门课程，在幼儿发展的过程中需要建立认知经验的联结。与以往律动活动或创造性肢体表现活动不同，"狂欢十分钟"不仅是在音乐背景下舞动身体，而且在不断给幼儿提供更广阔的创作空间。

因此，狂欢前期，在班级里提供幼儿对音乐多次感知的机会，提高幼儿对音乐的熟悉程度，为音乐与动作的关系做好铺垫。有助于幼儿形成音乐与动作的联合反应定势，有助于增进幼儿自主把握音乐和动作的积极性，从而萌发动作想象，积极参与狂欢课程。如此，可以引发与激励幼儿的主动创造，在动作的创编上有更多带有自己特色的肢体动作呈现。在充分感知音乐的基础上，让幼儿尝试自主创编，与其他幼儿大胆交流自己创编的动作。

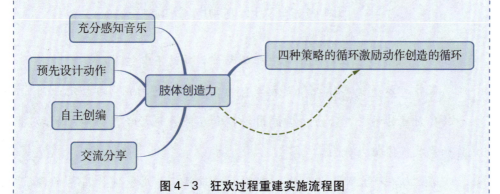

图4-3　狂欢过程重建实施流程图

（3）人的要素

狂欢下的互动形式比较多元，有幼儿之间的互动、幼儿与自己动作的互动以及幼儿与教师的互动等，力求幼儿能伴随音乐创编肢体动作和积极表现。

① 设计动作，让幼儿预热肢体动作促动作创编的多元性

利用自由活动及其他碎片时间，我们邀请孩子在狂欢前设计自己想跳的动作。给予幼儿充分的时间思考计划，就为他头脑中储备了更多肢体动作的可能，无形中将"狂欢十分钟"短短的创作时段提前拓展。因为有了事先的计划，幼儿在狂欢活动中表现的胸有成竹。而这些计划在经过整理汇总之后，形成《"狂欢十分钟"动作宝典》等自制书，可以分享给更多的幼儿，激发创编热情。

图4-4 "狂欢十分钟"动作设计书

② 创设情境，让幼儿想象联结促动作创编的丰富性

教师可以通过集体教学活动、自由活动等多种形式，与幼儿一同讨论经历过的场景与经历，尝试用动作和姿势再现场景，为幼儿的动作想象提供依据与线索。

在"狂欢十分钟"活动中，教师可以用语言、儿歌进行简单的情境提示，帮助幼儿再现已有动作经验。如教师喊"蜜蜂来了"，幼儿听见后就会做出各种跑、转、跳、抱头的动作。如果是相关儿歌更复杂的情境描述时，幼儿会表现出创作的丰富性。

③ 交流分享，让幼儿评价欣赏促创意表现的积极性

每次狂欢后，我们会组织幼儿共同欣赏活动视频，相互说说自己喜欢的狂欢动作。有时会截屏夸张、张扬的动作让幼儿来点评动作的表现力；有时组织幼儿互评激发他们的创作灵感，推选出当天的"狂欢小明星"，以此来促进幼儿表达表现的主动性和肢体创编的积极性，从而提升在狂欢现场的表现力和创造力。

经过讨论和评选出的动作，会被领舞者选用，供全园幼儿学习和模仿，并且制成，则会在门厅大屏幕"精彩一瞬"滚动播放，让幼儿、教师、家长等所有进出幼儿园的人都能看见和欣赏。

图4-5 幼儿动作互评榜　　　图4-6 门厅大屏幕"精彩一瞬"

3. "狂欢十分钟"的实施路径

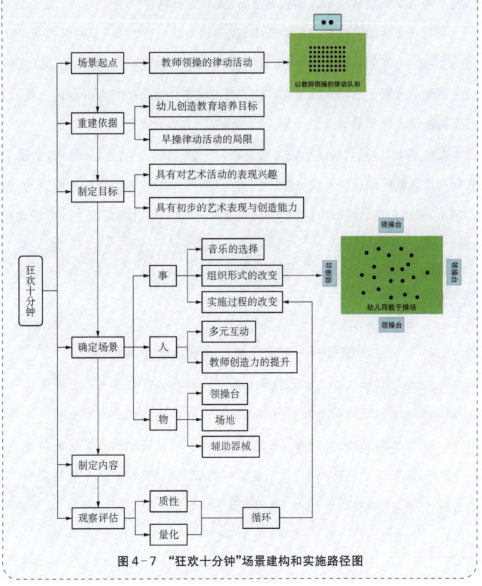

图4-7 "狂欢十分钟"场景建构和实施路径图

四、共同创生的活动实施方法

活动实施是根据活动目标,具体落实活动内容的过程。虽然活动实施需要遵照预先的活动实施计划、实施课程的各项要求和准则,但我们仍然认为实施过程是最具创造性的过程,教师需要从社区、幼儿园、班级等条件出发,结合幼儿的实际情况,灵活、合理地开展各种活动。

活动实施的有效性与活动设计、师幼互动、教师专业能力等要素有直接关系。有专家认为,幼儿园教育活动的实施大致可分为"忠实取向""相互适应取向""创生取向"和"得过且过取向"[①]。不同的实施取向则因对活动实施过程本质的不同认识而对活动实施面貌有全面、根本的影响。

在对众多活动实施取向的辨析中,我们认为,"乐创教育"下的保教活动实施,更多是一种"创生性取向"角度,即将保教活动实施的过程看作是活动实施自身创造的过程。活动实施是在具体教育情境中创生新的教育经验的过程,而已有的活动设计只是为这个经验创生过程提供的平台而已。

在此基础上,我们逐渐达成实践共识:"乐创教育"中的幼儿园保教活动是教师和幼儿共同创造的经验,这些经验都是教师和幼儿在实际中体验到的,活动创生的过程是教师和幼儿共同成长的过程,教师和幼儿都是创生教育活动共同体中具有活力的成员。

案例 4

主动值日——激发儿童自我满足的生活场景

在传统值日生中,教师预设比较多,幼儿的参与度也不是很高,有的幼儿到了大班时自理能力和为他人服务的意识还是比较欠缺,如搬凳子只搬自己的。因此,我们从值日生这个点进行切入,一起探讨了关于"值日生那点儿事",观察幼儿主动值日,激发幼儿自我满足的生活场景。针对这一现象,我们设计了"今日我当家"的活动。这一

① 朱家雄.幼儿园教育活动设计与实施[M].北京:高等教育出版社,2008:313.

活动的内容与流程如下：

1. 讨论职责，激发担任"值日生"的兴趣

在班本化活动开展的初期，教师首先利用生活活动的时间和幼儿一起讨论"有哪些事情是能够为叮当班做的"、"叮当班还需要哪些工作？"在这些问题的探讨之中，幼儿们逐渐了解到"值日生"工作的内容可以很丰富，有：餐点小叮当、洗手小叮当、桌椅小叮当等。

2. 创设版面，鼓励"自主"选择的意愿

在对值日生工作进行了梳理以后，教师创设了"今天我当家"的生活版面，结合中一班班级环境的主题以及生活化材料，设计了"移动小飞机"的趣味形式，让幼儿进行工作的选择，并且在版面设计的时候关注了"单数"和"双数"的数概念的渗透，每天早上来园，幼儿都能够根据自己的需要进行工作内容的自主选择，充分体现开放性和自主性。

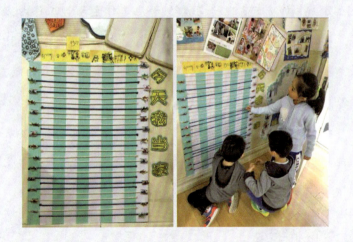

3. 灵活机动，结合需要调整实施策略

（1）同伴邀约制，弥补人数不足

因为是自主选择，在工作的分工中，难免会出现有的工作内容人数不足的现象，在即时的讨论中，幼儿自己探寻出了"主动寻找同伴"进行辅助帮忙的策略，整个班级小叮当们的主人翁意识越来越强烈。

（2）工作合并制，避免职责等待

在原本讨论出来的分工中，存在"植物小叮当"、"衣服鞋子小叮当"等有明显时间限制的岗位，伴随着班本化课程的实施，幼儿逐步发现这些工作内容可以进行合并，而且可以增加"清洁小叮当"来一起维护班级环境的整洁。结合幼儿的创意，我们一起进行了职责的合并和增加，让值日生的体验时间更为充分。

工作内容讨论合并

（3）亮点分享制，完善服务内容

初次接触值日生工作，为了让幼儿能够快速进入状态，我们采取了"亮点分享"的方式，就是在看到幼儿工作主动和工作内容丰富的情况下，及时进行服务内容的分享，让每一个幼儿都能够关注到同伴的亮点，能够内化成自己的经验，能够在活动中进行更好的服务。

（4）互动评价制，成就更好自己

针对幼儿运用符号、图画记录能力发展的要求，以及发展幼儿的自评和他评的能力，教师和幼儿一起设计了一个"我是好当家"的记录表。对自己和同伴担任值日生的表现进行评价。

"我是好当家"记录表

经过研讨实践，"今日我当家"活动仍不断地在调整和完善。教师在实施过程中也很惊喜地发现幼儿能够很好地进行自我服务和自我满足，班级小主人的意识和能力越来越强，活动也在真正意义上起到了尊重、促进幼儿的个性化发展的作用。我们期待伴随这个活动的继续深入，幼儿会有更精彩的表现。

五、开放包容的活动环境

环境对幼儿发展的作用是毋庸置疑的，创新能力的发展尤为如此。著名创造学家韦伯格甚至说："实质上是环境真正创造了创造力。"在心理学家勒温的"心理动力场理论"、斯腾伯格的"创造力投资理论"等诸多心理学理论中，都明确显示了环境对创造力发展的支持作用。

那么，在"乐创教育"背景下我们需要怎样的环境？或者说，具体的教育环境可能变化万千，但我们将基于哪些共识来看待环境呢？在办园的过程中，我们做到了以下几点：

（一）注重环境的潜移默化作用

幼儿园环境分为硬环境和软环境。所谓硬环境，即物质环境，指幼儿园的各种功能性场所；软环境，即精神环境，指幼儿园中的各种人物和事件，幼儿产生互动的人际关系及心理氛围，包括各种保育和教育活动以及与之相关的内容。幼儿园环境中的诸要素对幼儿的成长和发展具有重要的意义。在幼儿园中，如果幼儿得到良好、科学的培养和训练，那么他们在身体、情感、学习和创造等方面都会有良好的发展。在"乐创教育"的过程中，我们不仅注重对各种校园环境，包括教室、玩具、教具、游戏场地等各种场所的硬件建设，给予幼儿创造和想象的空间，同时在课程、师资、校训、儿歌等各种软件环境的营造上，同样注重激发幼儿创造兴趣和行为习惯，在潜移默化中影响幼儿的创造力发展。

（二）支持充分感受后的工具表达

活动环境中需要提供丰富的可利用资源，支持幼儿充分的感受与表达。丰富，既指向数量，又包含种类。不仅需要与创造性活动直接相关的材料，还需要大量常见的、其他领域的、可供迁移使用的材料。要让幼儿能充分感知不同材料的特性，也能支持他们借助材料自如表达自己的想法。

（三）打破"围墙"阻隔后的开放时空

营造开放的时空，实现幼儿的自主选择。所有的活动材料和区域都是开放的，幼儿园所有的场所都能因地制宜地成为幼儿进行创造性活动的空间。幼儿能够自由地选择进出不同的活动区域，涉足不同的创造活动内容。

打破班级围墙，扩大互动空间，将整个幼儿园打造成一个创想天地，支持幼儿随处进行创意活动。这既是提供广阔的活动空间，也是造就一个无障碍互动的空间，允许幼儿与其他班级、其他同伴、其他教师进行沟通交流，在这过程中激发与拓展自己的创意，描述和表达自己的创作观点。

案例 5

创意节——打造一个开放自主的儿童节日

1. 创意节的初衷：放手打造一个属于幼儿的创造性艺术节

艺术对于人类社会有着重要的价值，因为"艺术体验能让我们向内确立自己关于美术、意义与价值的认识，而艺术欣赏能让我们向外探寻我们与他人以及他人的审美观之间的区别与联系"。艺术活动是幼儿喜闻乐见的活动形式，创造性是艺术活动的基本属性，不论何时解读艺术作品，还是进行艺术创作，都离不开创造。利用艺术活动促进幼儿创造力的发展是完全必要的。

早期，我们看到高瞻课程艺术活动指导中提出的"为幼儿的深度探索提供空间"、"我们的目标是创造性，而不是一致性"等口号时，意识到提供一个支持、信任、倾听和尊重的环境，对幼儿的创造能力及艺术素养的提高会有积极的作用。于是，我们立足我园艺术教育与教育实践的现状，试图整合艺术教育与创造教育的幼儿活动。在设计这一活动时，我们的目标是以创意为核心培养幼儿的艺术天赋，尊重幼儿艺术个性，激发幼儿的创造力和想象力，提高主观能动性，这不但易于激发幼儿的参与兴趣，也利于提高幼儿的综合能力，让幼儿在创意艺术活动中能够更好地完善自身能力，且在很大程度上能推动幼儿长远发展。所以，创办属于我园幼儿"创意节"的大胆设想就此萌发，活动初衷在于"让幼儿的创造和艺术无缝融合"，给予幼儿充分探索、大胆表现、自由自主的空间和机会。为了活动初衷的有效达成，我们对创意节中的环境呈现、幼儿形象、关系理解等都有深入的思考。

我们认为，"创意节"中幼儿可以自由结伴、自行安排时间、自主选择活动室、操作内容和呈现方式；不同年龄的幼儿在成人创设的各类"全开放"的空间中，积极与自我、材料、同伴、教师互动，自由表达经历、情绪、感受，形成具有个人特色的作品，从而获得情感与审美的满足，以及不同领域经验的提升。这将成为成人发起的幼儿创造性艺术活动的一种新尝试。

2. 实践中的质疑与解惑：坚守创造性艺术活动中的教育立场

怀揣着"创意节"的"理想蓝图"，诸多实践的疑惑同时也纷至沓来：该如何创设与呈现丰富多样的环境和材料？ 教师身处"全开放"的环境需要教什么，又该如何教？ 在这热闹的大活动中，幼儿会得到什么？ 教师又该怎样看待与评价呢？ 幼儿离开活动室了，教师还能知道他们的活动情况吗？ 如何知道？ ……我们试着剖析这些问题，并在不断实践中寻求解决方法。

（1）材料投放：关注单一与多元间的协调

材料是开展创意艺术活动的主要载体，幼儿的思维是开阔和跳跃的，他们喜欢用不同的工具和材料进行艺术创作，材料的多样化能有效激发幼儿的操作欲望，这也是材料投放的效用所在。 在活动中，我们会注重材料单一和多样化之间的平衡，既会给幼儿提供丰富的材料，也会支持幼儿对某种或某类艺术材料、媒介进行深度地持续探索行为，借此获得各方面的发展。

那么，多样化材料有序投放的依据是什么呢？

① 主题。每届"创意节"都会基于幼儿的生活经验、兴趣需要以及不同的艺术表现形式，确立一个关乎"美"的核心主题。根据创造性艺术的种类与表现形式的不同，我们将"创意节"的主题定位在绘画与塑形、音乐与律动舞蹈、戏剧表演等不同领域。而且依据幼儿的生活经验，我们还特别关注到食物材料、生活类材料等。最终创设了"缤纷玩色——世界在我身边"、"创意萌动——在音乐中畅想"、"走进表演——在传承中创新"、"创意美食——在玩味中奇想"等主题。围绕主题，教师充分开发利用园内外资源，挖掘并提供与主题内容相关联的材料，让幼儿与某类创造性艺术活动材料充分接触。

② 活动内容。围绕"创意节"主题，我们会设置多个活动项目，每个项目都将重点围绕一种艺术素材或是一种艺术表现手法进行环境创设和主要材料的投放，给幼儿创造充分感受美、体验美、创造美的机会。在这一过程中，除了考虑幼儿的兴趣需要、操作水平、已有经验外，我们还特别关注对班级日常艺术材料的拓展补充，对生活素材的运用与融合等。

③ 辅助材料投放。每个活动除了主要探索材料之外，也会依据活动主题表现的需要、与主要探索材料的关联等投放辅助性材料，做到材料与幼儿发展的实际水平匹配，使幼儿在轻松自主的心理氛围中形式多样地表达表现自己的内心感受。所有材料都开放式陈列，方便幼儿自如取用。主要材料放在幼儿附近便于取放的位置，辅助材料则视情况投放在操作区边缘，或是周边橱柜中。

（2）空间创设：关注人际与审美的环境

创造性艺术活动是始于幼儿兴趣的活动，教师不可强求幼儿该做什么和怎么做。活动中，教师不仅扮演"材料的提供者"、"环境的创设者"等角色，在引导幼儿从新角度多方面探索材料、操作以及完成创作等方面也承担着重要的"支持者"、"引导者"等角色。

①全园艺术情境与氛围营造，获取浸入式的艺术体验。在创意节的运行机制中，以教师为代表的成人所设计的情境起着重要的作用，围绕着"创意节"的主题而设置的环境会让幼儿的活动范围不拘泥于教室、操场、活动室，便于获得连续而完整地沉浸式情境体验，能够在连贯性的活动中全面把握事物之间的联系，从而积极动手、动脑进行艺术创作，在创造的过程中获得美好的体验。

②尊重个人观点的心理空间，平衡教师预设与幼儿选择。"创意节"主题内容确定后，教师会依据前期调查和教研，事先准备好各项温馨提示牌以及操作指示图来保障幼儿的基本操作；积极发挥各类艺术材料与环境创设过程中的情景性、层次性、趣味性；以个别解析、小组讨论、共同商议等形式确保幼儿的经验提升。通过在这样开放情境中，幼儿利用好奇心进行自主探究，不断强化动手操作中的坚持、与人合作中的融洽，在和谐自主的氛围中开展创造艺术活动。

（3）活动评价：关注过程及多元价值

①关注情感表达，胜于幼儿技能习得。对于教师而言，"创意节"的实施效果关键在于幼儿创造能力的发展和情感表现，而不是外在的显性作品成果。

②关注过程价值，促进幼儿社会性发展。首先，在与不同年龄和不同发展水平的同伴交往中，认知冲突的几率增加。在处理冲突中幼儿不断体会到不同的做法和想法的价值，学会了谦让和耐心等良好的品质。其次，以混龄形式开展"创意节"的一大好处就是形成丰富的"差异性资源"，即各年龄段的幼儿由于年龄、经验等的不同对事物的认识会有差异，对艺术和美的认识也会不同，这种差异可以促进幼

儿互相学习、互相进步。为此，创意节特增设了"大带小""小带大"环节，鼓励幼儿走出班级，与更多的哥哥姐姐弟弟妹妹一起进行艺术的表达交流。第三，依据幼儿年龄特点，"创意节"还创造性地研发了"带萌宠"活动。通过幼儿装饰萌宠"鸡蛋宝宝"，携带萌宠参加活动，扩大幼儿人际交往圈，进而引导幼儿习得人际交往的艺术。

③关注构建平台，鼓励同伴评价与对话。活动秉承"表达是艺术的形式，艺术需要表达渠道"的理念，依据我园幼儿的实际特点，构建了包括多维对话形式和作品展示的平台。每年的"创意节"都会展示所有幼儿的作品，这些作品可以是美术作品，也可以是舞蹈律动、表演、音乐唱奏等，不同年龄幼儿，幼儿与作品之间有着积极"对话"，使作品展示成为幼儿释放和表现创造潜能的平台。

④关注整合参与信息，及时了解幼儿需求。我园特意建立了线上线下并举的"追踪跟进"机制，全天候跟踪幼儿的活动过程，从而更好地确保了获得质量。线上机制是积极利用家园互动微平台进行大数据的记录分析：当幼儿进入某个专项活动室时，负责教师会利用电子设备扫描幼儿的手环二维码，从而记录幼儿的活动参与情况。如此，在园所有幼儿的活动情况、活动范围、兴趣取向以及各类活动室幼儿的年龄特点、性别等均会在数据后台显示，从而帮助教师更好地了解幼儿的整体参与情况。线下机制主要是通过每日活动微点评、教师每日教研、家园联系手册等形式确保教师对每天幼儿的参与情况以及艺术过程进行反思，及时改进提升，从而更好地促进幼儿情绪情感和能力的发展。

六、活动主体权利"向幼儿倾斜"

"儿童是课程的主体，一方面是指儿童的历史生活、现实生活和可能生活是课程的依据，另一方面是指儿童在课程实施中发挥着能动性，他们创造着课程。"①

我们习惯于讨论如何尊重幼儿,让幼儿成为课程建设的主体之一,把课程自主建构的权利还给幼儿。其实,教师和幼儿的主体性在课程、活动中都需要彰显。只是在两者中,幼儿的主体性是核心,教师是指引者。因为两者主体性的发挥都是为了提升幼儿学习和发展的主体性。

幼儿是课程活动的主体,既是因为来自幼儿的经验、需求、兴趣等是活动设计的依据,又因为幼儿是天生的创作家,常常会有让成人们惊讶不已的发明创造,他们的探索精神与创造能力如果能在课程实施中得以彰显,那我们的课程与活动必会因此充满生命的活力。

如果幼儿园活动能够真正面向幼儿生活、面向幼儿真实的发展需要和过程,就需要培养教师共识和主动选择意识。这意味着教师要走出书本、教材的世界,把目光投向幼儿的一日生活,投向幼儿在活动中的多种发展表现,并主动把自己关注到的内容和幼儿园、班级的课程建立直接的关联。其中,尤其要形成这样的共识:

(一) 创造的动力:幼儿的能动意识

在"乐创教育"的各类活动中,我们相信,每位幼儿都是"有想法有创意的"。他们有主动探索环境中各种材料和元素的意愿,有自己的兴趣偏好与创意想法,能有意图、有目的地选用合适的材料和表现方式表达自己内心的想法。他们每个人都喜欢创作,每个人的表达方式都独一无二。他们能根据自己的意愿选择喜爱的内容与形式,能深入且专注地探索。愿意向他人表达自己的设想,并通过自己的方式表现出来。我们希望,"乐创教育"培养的幼儿自信大方、乐于探究、敢于表现、愿意交流、有自主意愿。

(二) 创造中的关系:对话与支持

在各类"乐创活动"中,不仅仅引发了幼儿创造创想,更蕴含着多重对话关系。幼儿与自己的关系。幼儿在创作中不断与自己对话,了解自己真实的意愿与想法、情绪与感受,并用各种方式表达出来。

① 郭元祥. 课程观的转向[J]. 课程教材教法,2001,(6):11—16.

幼儿与他人的关系。这其中既有老师又有同伴。我们要创设各种渠道让幼儿与他人、与外界沟通交流。而作为"支持者"的教师能够尊重幼儿的选择、关注创造过程胜于结果、允许幼儿所有的"天马行空"……

第五章

"乐创队伍"的培育与成长

"乐创教育"的实践需要通过"人"来落实。其中,教师是教育理念得以落地的主要承载者,是创造教育实施的关键主体。美国心理学家斯滕伯格认为:"对教师来说,发展儿童创造力的最有效的方法是做出创造性的榜样。"培养一批具有创新能力的师资队伍,是培养幼儿创造力的关键。在"乐创教育"背景下,我园在明确教师队伍的素养要求和生长培育路径的基础上,打造了一支"乐创教师"队伍,来实践"乐创教育"理念。

　　当然,幼儿园的人员队伍不仅限于此,除"乐创教师"之外,还包括"乐创"的管理人员与后勤人员等。我们用"乐创队伍"来指代"乐创教育"下人员队伍的总称,整体队伍的和谐健康发展才能保证"乐创教育"的真正实现。

第一节 "乐创教师"的队伍培育

一、幼儿园教师队伍发展普遍现状的分析

教师队伍培养往往关注于"两头",政策取向也十分关注对新入职教师和骨干教师的培养。这多是出于从培养效益方面的考虑。一方面,在人口的流入与增加致使学前儿童入学压力倍增的背景下,非专教师、新教师大量涌入,扩充了大量的教育资源,同时也造成教师队伍专业水平的下降,加大对新教师群体的培养力度成为幼儿园乃至大部分学校的基本选择;另一方面,由于课程改革的推进,政府重视学前教育投入,加大人才培养,尤其关注了骨干教师的发展与突破,比如双名工程、优青教师培养、国培计划等等。虽然这样的教师发展方式起到了一定的作用,但是这两部分的教师并不是一所学校教师队伍的全部。一个学校的整体教育质量是建立在群体教师均衡和充分发展的基础上,因此关注"中间层"教师的发展状态应该成为幼儿园自身队伍建设的重要部分。

二、基于"群体成熟度"的教师发展理念

优质的幼儿园,必定要有一支优秀的教师团队。优秀团队形成的特征,就是教师群体的专业成熟。一般意义上,"成熟度"是衡量一个人生命发展状况的标准,它同样可以用来衡量教师职业发展水平。在队伍建设的历程中,幼儿园逐渐形成"教师群体成熟度"的发展概念。以群体成熟度作为队伍发展的着眼点,目的在于让每个教师获得均等发展的机遇和空间,在"分享与共享"的管理策略运行下,教师群体通过对信息与经验的共享,减少了关键经验的"垄断",个

体智慧便可以上升为群体智慧，从而达成教师群体的成熟发展。同时，强调群体成熟，可以"反哺"教师个体的成长，帮助教师解决"专业短板"，提高个人专业发展水平。具体而言，我们提出教师的群体成熟度，始于以下几个方面的认识：

（一）基于对教师群体发展定位的认识

衡量教师群体成熟度的关键指标有两个：一是教师群体的素质。一所幼儿园只培养并依靠几个骨干教师，以及只关注教师个体发展而忽视教师团队建设，都是难以持续发展的。二是参照群体的需求满意度。教师群体成熟度的高低，不仅与教师自身的努力有关，而且与教师对参照群体需求的了解和教育影响有关。给予教师发展的空间和机会要公平，关键经验要减少垄断的机率，鼓舞的是团队学习。教师的发展机会公平了，才能造就高水平老师。

（二）基于对教育公平的深刻认识

每每谈及教育公平问题，我们可能都会习惯性认为这是一个国家层面思考的宏观教育问题。然而，在仔细辨别教育公平的内涵之后，却发现这其实是与每所学校、每位教育工作者都休戚相关的。因为，如果对幼儿要实施公平教育的话，那么教师首先要享有发展的公平。

一般意义上的教育公平问题，存在三个层次，即（1）确保人人都享有平等的受教育的权利和义务；（2）提供相对平等的受教育的机会和条件；（3）教育成功机会和教育效果的相对均等，即每个学生接受同等水平的教育后能达到一个最基本的标准，包括学生的学业成绩上的实质性公平及教育质量公平、目标层面上的平等。"确保人人都有受教育的机会"是前提和基础，"提供相对平等的受教育机会和条件"是进一步的要求，"教育成功机会"和"教育效果相对均等"是结果。

作为具体实践的教师群体，在处理教育公平的过程中，需要面对两个方面的问题：其一教师践行教育公平所需要的基本素质，其二教师在发展中同样面临着公平发展的问题。从前者来看，教师能否践行教育公平，是与其教育理念、教育能力、教育知识等密切相关的，要达成每个教师都能践行教育公平，就需要给予所有的老师充分的发展机会；从后者来看，教育是有标准的，教师的教育教学水平同样有标准，这个标准就是每个教师的专业水平都能满足幼儿的发展需要。既然每一个幼儿都能获得充分发展是教育公平的要求，那么在面对每一个幼儿的时候，就要求每一位教师都能够具备满足这一标准的专业能力，这就要求全体教师在教师专业发展的过程中都能够获得发展的机会。

（三）基于对教师发展取向的辨析

在教师专业发展中存在着不同的价值观点，我们采用一种兼顾均衡与个性的发展取向，希望无论是教师个体抑或是教师群体，都能够在夯实专业基础的前提下，呈现出富有个性化的发展路径。

这也可以概括为一种"无边界"的培养方式。主要体现在：团队建设上，打造团队的整合性，体现的不仅仅是专业，更重要的是班组文化；个体教师的建设上，体现在"完人"打造的基础上，做最好的自己、做不断完善的自己。我们对教师的培养，是百花齐放、不拘一格的。

三、教师专业研修学习方式的挑战

随着我国进入创新型社会发展的关键阶段，国家亟须、时代呼唤大批创新型人才，而创新型人才的培养需要从基础教育阶段抓起，所以新时期需要培养大量具有创造力的卓越教师。在 2014 年 8 月教育部颁布的《关于实施卓越教师培养计划的意见》中，明确要求推进"研究型教学改革"，着力提升教师培养过程中的学习能力、实践能力和创新能力。在这样一个大背景下，结合我园"乐创教育"的发展，对"乐创教师"的培育也日趋迫切。莘幼首先将教师专业发展目标转向"创造型教师"的培养，重点在教育理念与品质、与传统教师培养的差异、需要的培养环境和培育路径、代表性的创造性教师的成长故事等方面加大教师的培养。

基于以上理解，我们对"乐创教师"的培养框架进行整体性布局，针对共性与个性化发展问题尝试通过"乐创教师"多维立体培育体系进行实现。力图使"橄榄球型"的教师团队能够获得新一轮的突破，给予每一个教师适宜的发展机遇与空间，激励教师个体的日趋成熟，继而进一步促进幼儿园"乐创教育"实践水平的提升和内涵的发展。

第二节 "乐创教师"的素养构成

在借鉴"幼儿园教师专业指标"、未来教师的核心素养、创造型教师的特质等内容的基础上,我们梳理完成《"乐创教师"创造性素养的分析框架》,并按照这一框架指标对我园教师进行培养,旨在打造一支优秀的乐创教师队伍。

在分析框架中,从"乐创教师"的内涵入手,从基本认识、表现性指标、实践路径、能力体现、教师形象五大方面进行梳理,以期能对"乐创"下的队伍建设规划能形成指向性与开放性秉持的发展思考与图景。值得关注的是,素养构成是一种与幼儿园工作实践紧密结合的理论框架。因此,"'乐创教师'创造性素养框架"是一种开放式的结构,鼓励在过程中进行灵活、兼容性的思考和改动。

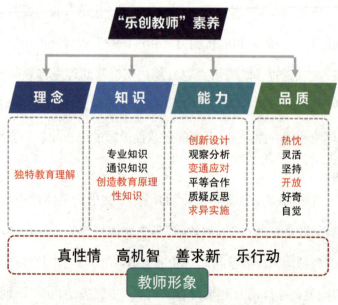

图5-1 "乐创教师"的素养框架

《幼儿园教师专业标准》从理念、知识、能力三方面来划分幼儿园教师应具备的素质。事实上，除了这三个要素外，创造教师还需要具备一定的创造力品质，因此，我们从理念、知识、能力、品质四个角度来诠释"乐创教师"的素养板块。其中，在理念板块，我们尤其关注教师独特的教育理解；知识板块中强调对"创造教育原理性知识"的掌握；在能力板块强调创意设计、变通应对、求异实施的能力体现；在品质板块强调热忱、开放的品质特征。

一、教育理念是"乐创教师"素养的动力

教师在实施教学行为，看待教育现象、教育发展趋势等方面所具备的个人价值取向和哲学认知。从创造教育来看，从事创造力培养的教师，不仅应该具备教育领域基础性的理念，同时还应该具备创造型教师的独特理念，包括观念系统、价值偏好等，其中，"对创造力的认识""对未来教育方向的理解""对现有教育理念的诠释与把握""对幼儿发展为本的理解"等都成为理念的重要反映内容。具有这些理念的教师会将创造教育作为个人职业的核心使命，主动承担起培养学生创造力的任务，并不断发展个人的创造教育知识、能力等。

（一）每一位幼儿都是天生的创造者

这是从事创造教育教师应该具备的最基本的教育理念，它是对创造教育中的儿童观的理解，回答的是"创造教育中的幼儿是什么形象？"的问题。"每一位幼儿都是天生的创造者"应该是每一位"乐创教育者"所具备的儿童观。因为只有相信每一个幼儿都天性好奇，爱探索、爱提问，爱幻想的教师才能真心地从事创造教育，也才能真正地做好创造教育。这就要求"乐创教师"摒弃成人创造教育的理念，而从幼儿开展创造教育的独特性来理解幼儿、理解"乐创教育"，相信每一个孩子在实施创造的过程中，就是他们认识世界、探索世界的一种方式。每一个孩子都会有这样去创造的愿望和需要，这些也成为创造力的最初始的状态。值得一提的是，这种创造力可能是以一种潜在的、内隐的方式进行，需要我们成人去发现、保护、支持。

（二）以幼儿发展为本位

"以幼儿发展为本"是"二期课改"的核心理念。在现代儿童观中，提到儿童是人，具有人的尊严和一切基本权利；儿童期不只是为成人期做准备，他具有独

立存在的意义；儿童有其内在的、生动的精神生活，成人应注意理解和珍视这种精神生活，理解和参与他们的活动；儿童的精神世界和文化生活可以给成人启示，成人可以向儿童学习，等等。

因此，教师应该确立好自己的地位，把握好自己与幼儿的关系，把自己看作幼儿良好的合作者与协作者，用爱去感染幼儿，让幼儿感到教师是他们中的成员而不是约束限制他们的成人。教师应该时刻调整自己的情绪，始终用和蔼可亲的态度去对待幼儿，为他们创设自主的活动环境，细心观察幼儿的行为表现，尽量照顾到每一个幼儿，要多与幼儿交谈，一起玩，鼓励幼儿表达自己的意见和想法，建立宽松、平等的师幼关系。

以幼儿发展为本，对幼儿怀着理解、尊重、宽容的情感，是做好创造教育的前提和保障。以幼儿发展为本的儿童观念将引发教师更多包容的教育行为，也能从创造力人格培育的角度给予幼儿更多滋养。

（三）对未来教育方向的理解

"未来的教育要给孩子的是一个'指南针'，让他们在未来的不确定性中找到自己的道路，学校需要帮助学生学会为未来而思考。"因此，一个成功的教育体系的核心应该要实现从"筛选人"转向"发展人"这一目标。未来的教育不仅是知识的传递，更是师生之间合作开展有意义的探究活动的过程。因此，国内国外诸多教育观点均将"学习能力获得"、"自我发展"等关键词为未来教育做解。而对这一教育方向的理解程度将直接决定着教师的教学面貌和对幼儿发展的判断标准。

我们认为的教师对未来教育的理解与把握，是研究幼儿本身，发现幼儿特质，理解幼儿的世界，因人而异地培育每个幼儿发展需要的学习品质，以让他们具备适应未来社会所需的能力品质。

二、知识结构是"乐创教师"素养的基础

我们认为，"乐创教师"的知识结构应包括专业性知识、通识性知识、创造教育原理性知识。其中，尤其对创造教育原理性知识的把握、创造力内涵的科学认识是培养幼儿创造力的前提[①]。教育理念作为一个动力，会激发教师从事创

---

① 段海军，白红红，胡卫平. 幼儿创造力干预项目的国际发展动态与启示[J]. 学前教育研究，2015(10)：3—14.

造教育的动机,但是从事创造教育的基础是具备一定的知识结构。

创造教育原理性知识,包括创造力的理解、创造性思维的原理与方法、创造的基本要素、创新人才素质结构、创造教育的方法和手段、创造教育的模式和教学策略等。尤其在幼儿创造教育领域,我们需要清晰了解幼儿的创造性思维的流畅性、独特性、变通性的特质内涵,创造性人格特征中"常好奇、爱想象、乐主动、敢挑战、善求异、愿合作、能坚持、多灵活"的具体表现。

通识性知识,是教育领域中涉及的自然科学和人文社会知识。它是"乐创教师"的知识储备基础,它反映的是"乐创教师"的人文精神积淀。人文精神是教育的灵魂。教育,不只是知识教育,更重要的是精神教育。只有具备丰厚人文精神的老师,才能培养出心清目远、富于责任、心灵充实、情感丰富而健康的幼儿。只有富有人文精神的幼儿才会为创造力具备源源不断的动力。因为创造力既需要不同知识经验间的联结,也需要稳定、契合的人文品质得以激发。

专业性知识,包括幼儿发展知识和教育教学知识。前者包括掌握不同年龄幼儿身心发展特点、规律和促进幼儿全面发展的策略和方法,了解幼儿在发展水平、速度上可能存在的个体差异与表现,了解幼儿发展中容易出现的问题与适宜对策等。后者包括教育教学的知识,包括教学管理、教学评价、教学设计、教学研究等方面的知识,它是教师顺利开展教学活动的支撑,保证教师教学活动的正常化、科学化。

"乐创教师"应具备合理的知识结构,要兼具"精深"与"广博"并重,它是教师创造性的基础。一方面,教师要学会借用多种不同的知识、方法和技术,加深对"乐创教育"的理解,以及更加有效和深度的实施乐创教育;另一方面,"乐创教育"还需要教师不断扩大知识的边界和交叉学习、运用等,不断扩展"乐创教育"的范围和活动类型,丰富"乐创教育"活动。

三、能力表现是"乐创教师"素养的支撑

如果说知识构成是"乐创教师"的发展所需要的"肌肉"的话,那么教学能力便是"骨架"。没有骨架的作用,肌肉就无法支撑起来。教师的知识要充分得到运用,就必须借助能力的作用。

我们认为,乐创教师首先应该具备的能力包括创新设计、变通应对、求异实施三个方面。创新设计,指的是能够及时捕捉幼儿的兴趣需要、周边资源特点、家庭需求,发现素材,巧妙地挖掘其中的创新要点,设计促进幼儿创新思维发展与人格养成的能力。变通应对,指的是面对教育现场中突发事件和幼儿表现,有即时的、针对的灵敏反应的能力,这一能力是教师教育艺术性和创造性的体现,它考验的是教师关注现实情境的理解和解释、对教育最本质的判断、以及自身解决问题的灵活变通性。求异实施,教育影响需要通过教育行动实践来承载,一位有思考力、影响力的教师需要通过将理念转化成行动,才能使幼儿发展获利。结合教师的日常教育实践,我们把创造性的教育实践具体分为:创造性环境的创设与利用、创造性教育活动实践、一日活动的组织、游戏活动支持与引导等。

除了以上三方面,我们还关注教师教育实践中的其他三项基础性能力:观察分析能力、质疑反思能力、平等合作能力。观察分析能力,包括敏锐的观察力和分析力,具备这一能力的教师能辨别与分析幼儿的创造性表现水平,能见微知著,有预见性地想象和推断幼儿的发展趋势和未来成就,并为进一步的教育策略跟进提供依据。质疑反思能力,表现为教师一方面对周围的教育现象始终保持普遍性的质疑态度,打破"司空见惯",能思辨性地从根源上思考教育做法的目的、价值、意义;另一方面,教师能对自身的教育行为进行反思,从"设计——实施——成效"的路径不断反思自身存在的问题,并以尝试各种方式进行调整解决。平等合作能力,指的是在创造教育过程中,教师与他人协商、协调,共同完成统一目标任务的能力,这其中既包括教师与同伴、家长之间的合作,更包括与幼儿之间的合作。教师要将幼儿视为课程实施的主体之一,成为相互沟通与交流的双方,尤其在创造教育中,教师更应具备这样的意识和能力,才能看到幼儿的创造表现,理解"每个幼儿都是天生的创造者"的内涵。

四、个性品质是"乐创教师"素养的底蕴

关于创造教师的创造品质构成,存在不同的理论观点。例如美国学者托兰斯认为,创造性教师有"创造性地宽容学生"、"率直的共同感受"、"探求各种事

物的真情"等九大方面特征。我国学者刘天娥通过调查发展,创造性教师具有较高的动机水平、正确的人生价值取向、强烈的自我主体意识、先进的教育理念、开放性的知识结构及发展性的能力结构、扎实的教育教学基本功和独特的教育教学艺术。

结合"乐创教师"的整体框架,我们从热忱、坚持、灵活、开放、好奇、自觉六个方面来定义"乐创教师"的品质特征。其中,热忱、开放,是"乐创教师"独特的特质表现。热忱,是指教师对教育事业的热情、热诚和热衷的状态,能孜孜不倦、乐在其中地研究教育问题,在自己原有的基础上实现突破的核心动力。开放是指教师善于接受新事物,喜欢尝试新方法,同时在对待知识、看待教育等基本观点中能保有开放的视角和包容的态度。

同时,我们也关注坚持、灵活、好奇、自觉等优质教师应具备的普遍品质。坚持指的是教师在进行活动设计和实施、班级工作组织以及其他的专业问题思考都能持之以恒,不放弃、不回避,能坚持将事情完成。灵活是指教师有敏锐的观察力与联想力,能及时捕捉事物的细微变化以及与不同事物间的关联,从而引发创造教育的契机。好奇是指教师不墨守成规、不安于现状,有打破成规的勇气、不断审视自我的动力,能在原有的基础上推动自身发展创造的自主性。自觉指的是教师能自觉地把专业活动作为反思对象,明确自身专业的发展状态、所具有的特色与发展趋势,审视自身的专业理论水平与专业实践能力,自主地进行教育意义的追寻和责任的担当。

五、基于"乐创教师"素养框架下的教师形象

教师创造性素养框架为如何分解认识"乐创教师"内涵,以及如何理解相应的能力表现提供了依据。在这些分解认识的基础上,我们逐渐形成了对"乐创教师"形象化的具体认识,并概括为"真性情、高机智、善求新、能行动"。

真性情,具有正向积极的职业理想与追求,秉有以幼儿为本的教育理念以及开放发展的专业态度,在与幼儿、家长、同伴的互动中能真实呈现自己在这些观念与价值中的专业状态与判断。

高机智,能及时捕捉幼儿兴趣需要、社会热点、可用资源等信息,别出心裁

地设计与创设教育契机，巧妙地将幼儿发展与教师引导恰到好处地衔接，体现教师的专业敏感度、思考力与行动力。

善求新，在设计实施、家园共育、教育科研等教师专业发展的各领域，能勇于接触新观念、尝试新办法、形成新经验，在自己原有的知识经验和经验框架中寻求突破并愿意付诸实践。

乐行动，对于各种理念、想法、计划，都愿意积极落实到教育实践中去检验成效，能形成可行性的实施做法并按步骤地落实，在行动过程中积极思考、及时反思并调整优化。

结合幼儿园教师的日常工作实务，我们希望一名智慧的"乐创教师"，能对教育现象、幼儿表现会解读，能将教育政策、理论、观点能与"乐创教育"合理联系；对各类创造性活动及实践会思考、会设计，能将对"乐创教育"和迷你创造的理解渗透到日常教育工作中；对创造活动的过程、实践效果与调整方向等会反思，能分析问题本质，积极突破自我，并在实践中不断加深对"乐创教育"和幼儿创造性表现的了解；对教育行动的意义和价值、自身所持的教育理念会思辨，能综合自己的知识结构和已有经验，不断澄清问题，丰富自身认识。

第三节 "乐创教师"培养体系的建立

一、"乐创教师"的发展目标

遵循"乐创教师"的素养框架，给予每一个教师适宜的发展机遇与空间，营造分享与共享的氛围，激励教师个体的日趋成熟，力求使教师团队能够获得新一轮的突破，从而推动"乐创教师"群体的整体提高，继而进一步促进幼儿园保教质量的提高和内涵的发展。

（一）教师专业发展总目标

以关注专业标准为依托，重视专业素养的提升，拓展和优化"乐创教师"培养体系，促进队伍综合素养的提高。打造一支"理念先进、知识完备、能力卓越、品质优质"的创造教师队伍，以及在市、区级具有一定影响力的学前教育领军团队。

（二）教师专业发展分层目标

教师专业发展分层目标是形成完善的专业发展梯队。经过多年的实践，我们已经形成了一套完善的分层发展目标，表现为：

新手教师能够独立开展循环教学，做到"一年基本胜任、两年完全胜任，三至五年小有作为"；普通教师能够在全面发展上下工夫，力求在学历、职称、教学技术等方面有所突破，参与1—2项项目研究，取得一定成效；骨干教师能够在园级、区级层面具有一定的影响力，着手在专业个性和教学风格上下工夫，力求在课程开发、教育研究等方面有所成就，领衔1—2个项目或工作室，形成学习团队；学科带头人能够在区级、市级及以上层面具有一定的指导力和辐射力，力求形成稳定的专业素养，打造研究团队。

（三）教师专业发展个性化目标

在制定教师专业发展的目标过程中，我们既要照顾卓越教师的培养，打造教师队伍的领头羊，形成示范和引领效应，也要立足群体成熟度的理念，建立补救机制，对发展上存在缺陷和不足的教师给予相应的支持，不断完善教师的综合素养。基于此，我们建立了"名师锤炼"和"完人打造"两个教师专业发展的个性化发展机制。

1. "名师锤炼"

在专业个性和教学风格上有出色表现的骨干教师和学科带头人，成立教研训基地或工作室，进行优势教学项目的专题研究，锤炼教师形成较强的组织管理能力和研究实践能力。

2. "完人打造"

结合教师群体成熟度指标，力求客观全面地分析自身，利用一段时间，对自身的弱势项目进行修炼提高，以提高不断教师的综合素养。不同层面教师专业发展目标的制定，给予了每一位教师发展的方向，明确自身的发展定位，引导教师不断在需求中获得增长，在增长中寻求突破。

二、"乐创教师"培养体系的结构

在"乐创教师"专业发展体系中，我们涵盖了教师序列鉴定、分层培养推进、共同平台搭建、人文素养熏陶、职业发展评价等方面工作，目的在于强调并满足教师全面与个性的专业发展需求，提高教师群体的"乐创"活跃度与实践力。

依据"'乐创教师'综合能力评估指标"，对教师进行个性化评估，形成职初期、发展期、稳定期、突破期、卓越期不同的梯队发展序列，并结合梯队的不同发展需求，建立公平均等的培训机制，分层构建由人文素养、思想道德、岗位技能、专业技能四大板块组成的培养体系。体系运行以"名师锤炼"与"完人打造"为两大取向，通过公共性培训课程、自主性培养机制、专项能力培训项目"三渠道"为教师营造自主发展的成长环境，促进教师教育教学、审美情趣、人文情怀、自主创新等综合素养的养成，最终建成"乐创教师"队伍。

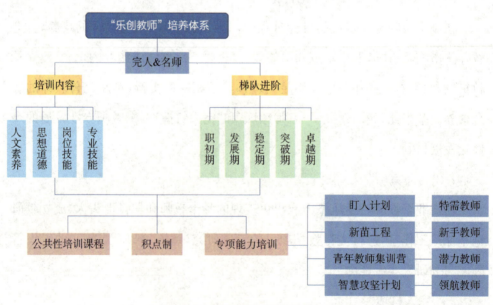

图 5-2 "乐创教师"培养系统

三、能力表现是"乐创教师"素养的支撑维度

示范幼儿园的教师队伍,应该是整体的团队优质,而不是仅仅只拥有几个代表性的名师。幼儿园将"教师群体成熟度建设"概念作为队伍培养的要义,不断调整教师评价的方式,倡导教师开展实现"专业进取"的自我评价过程,即对自己专业客观认识、专业发展自觉、专业实践自信。由此,形成一系列培育驱动举措。

(一)"乐创教师"发展的进阶系统

根据《幼儿园教师专业发展标准》,结合我园"乐创教育"的现状和需求,我们邀请教育领域的专家学者通过调研、设计形成了《幼儿园教师综合能力评估表》。该表包括人文素养、思想道德、岗位技能、专业技能四个二级指标,囊括师德修养、教学能力、指导能力、文化素养、创新能力、个人突破等9类20项三级指标。依据这一指标,我们建构了职初期、发展期、稳定期、突破期、卓越期不同时期教师应该具备的素养指标和标准,并依据这一指标框架对教师进行评价,并依据评价结果,将教师划分进不同的成长期。与此同时,我们还制定了《幼儿园教师群体成熟度发展指标》,对不同时期的教师如何走向成熟度提供技术支持。根据这些文件,我们设计了不同梯队的教师发展指标,如职初期教师重点发展落在基本完成教育教学工作,初步了解园本化课程内涵;发展期教师重点落在全面发展上,认真实施园本化课程;稳定期教师侧重呈现教育教学的优势项目,实施并完善课程内容等;突破期教师聚焦于在全面高位发展的基础上,实现某一领域的个人专业突破,并在片、区范围内形成影响;卓越期教师在专业领域形成特色,并在区、市级范围内发挥引领作用。

指标制定之后,我们定期约请各个层面的教师,对"教师成熟度"、"教师个体与群体的关系"、"教师专业素养"等展开讨论,在不断更新指标的基础上,帮助教师正确认识教师专业发展的方向,助推教师不断追求自我完善。

(二)搭建"1＋X"园本研修路径

我们为教师专业发展提供了"1＋X"的培训模式。其中1为公共性培训,即所有教师必须参加的培训课程,通过这一培训发展教师的基础能力和通识知识。除了公共培训课以外,我们还增设了很多的"X"项目,开设并鼓励教师参

加多样化的发展项目,包括各种市级和区级的相关能力发展的培训课程,以及学校内部开设的培训课程,当然除了培训以外,还鼓励教师参加各种工作研讨,参与申报和组建教师发展工作室,参加各种教学发展会议和论坛等。

(三) 定制专业成熟度的发展项目

除了提供各种形式的培训外,学校还制定了多种发展项目,支持教师的全面发展。这些发展项目涵盖了刚入职的青年教师到入职多年的卓越教师的培养,是一个全方位、全过程的体系。目前来看,主要包括以下几个项目:

"盯人计划"主要针对在课程某一板块的组织中存在一定短板的老师,借助各类评价与调研帮助他们清晰自身问题,不断调试改进。

"新苗工程"主要针对 2—10 年教龄的新手教师,他们经历过了入职第一年,熟悉基本的活动组织常规后,该如何进一步追求质效进行教学活动设计与组织,寻找专业发展的制高点,将成为关注的焦点。

"青年教师集训营"主要针对进入专业发展平稳期,需要寻求突破的青年教师,该部分老师在活动设计与组织方面已经有了自己一定的思考,但在专业教学的细节关注与品质把握上还需得以推动。

"智慧攻坚计划"主要针对一批已经形成一定专业风格的"领航教师",在课程实施的创造性、感悟力、思考格局上进一步提升,向区内乃至市级范围的"名师打造"方向而努力。

(四) 建立教师个人发展的追踪机制

学校为每一位教师建立了《教师成长手册》和《积点制手册》,全过程记录教师的成长历程和发展需求。《教师成长手册》是学校为教师个人的纵向发展而设定的文档,记录了教师每年的个人规划及成效,纵向上为学校把握教师的成长提供依据;横向上看,手册帮助教师了解自身在群体中的位置,增进他们了解自己与他人之间的关系,清晰了解自身的优弱势,并能有针对性地进行关注与改进,推动个体成熟,使团队发展与个体成长同行,从而让教师的成熟历程变得可见、可测、可比。

《积点制手册》是个人自主学习的记录手段,以学期为单位,记录个人经历的所有学习足迹。以思考感悟的深浅为依据对个人成长赋分,鼓励教师针对相似的学习经历提出个人意义的思考,突出自主学习与反思对个性化教师专业成长的重要价值。《积点制手册》成为个人跟踪成长的"手账",在自我赋能和自我比较中发现个人专业兴趣点与优势成长。

(五) 打造教师共同体发展的平台

学校非常注重教师共同体的成长,鼓励教师建立各种小组、工作室、研讨坊,形成教师相互学习、共同发展的机制。以教研组为例,学校将其打造成了教师共同体成长的基本平台。在这里,新教师可以和老教师师徒结对,老教师可以在这里向新教师分享教育教学经验,有教育难题的教师可以在这里与大家互通交流,共同解决难题。为了教研室能让更好地发挥作用,学校还出台了《教研组操作手册》,依托这一文件,将教研室的工作制度化,即在定期开展工作的基础上,及时分析教研组自身建设中的优势和不足,梳理教研组建设中个体与群体之间发展的侧重点,清晰组织建设的框架,这样的制度化做法不仅推动了组长的专业提升,也使每位教师的成长与成熟有迹可循。手册助推了教师在保教实践中自我调整与提高,更重要的是在此过程中建立共同的教研文化认同,教师群体的专业发展取向和成熟速度就更显现了。

(六) 营造教师个体发展自觉的氛围

苏格拉底的"未经反思的生活不值一提"和孔子的"为人由己"都反射出中西哲学中对自觉意识的重视。从当代的教育理念来看,叶澜教授呼吁把培养生命自觉的新人作为基础教育的核心价值观。[①] 于教师而言,只有具有发展自觉的教师,才能担当起培育学生自觉的根本使命。所谓的教师发展自觉,就是教师在自我觉悟的基础上发自内心地、主动地进行专业发展。教师通过对教育活动的持续体验和反省,不断洞彻教育的意义,在教师发展过程中主动筹划、反思创造、坚定自我,不断完善。

在办学的过程中,我们认为教师专业自觉是一个开放的循环系统,专业自觉发展的过程,取决于幼儿园教师对教育价值认同、接受以及积极主动地、创造性地开展教育教学活动。教师的专业自觉更多地是隐含在教育行动中,具有情

① 岳欣云.教师发展的最高境界:教师生命自觉[J].华东师范大学学报(教育科学版),2018,36(02):117—122+158.

境性。故通过专业自觉行为观察表、专业自觉案例、教育教学活动组织状态等方面,呈现教师的专业自觉,其轨迹清晰明朗。

专业自觉作为教师固有的品质,我们通过"设计引导性方案、利用引导性手册、聚焦教育行动现场"等策略来促进和发展。同时,我们还生成了很多自觉自发的小措施,如"偶像"零距离、"好伙伴"休闲谈、"工作室"研磨时间、"性格"对对碰。在多次交流互动中,教师在思维碰撞中突破自己的思维定势,建立更佳的专业实践的自信,这正是专业自觉的体现。

教师的"专业自觉记录本"也是反映其自觉自发的有效举措。记录方式主要有以下四种:第一,文字。文字是记录思想的工具,它是能够在最广度上进行经验传播的工具。文字类的记录方式适用于所有人用于记录所有的问题。第二,符号。相比文字,符号更具有个性化特征,它是教师内隐的专业自觉的显性表征方式。第三,照片。能情境化地呈现游戏现场,文字在补充说明的同时也体现了教师的思考。第四,简报。老师们使用简报的方式。这说明,对于记录本"不设限"与"不设线"让教师的记录方式更加自由、更加随性,打造一本真正属于教师自己的随笔集。

当然,我们也深刻地体会到,这些策略之所以有效,是因为我们遵循了专业自觉发展的规律,尊重了教师的个性化需求,增强了教师专业自觉的认同度,提高了教师发展的自觉意识。

通过这些举措,各梯队教师对教育责任和任务承接的意识明显增强,通过给予大家公开的发展平台,形成教师群体自主、积极的发展氛围。教师群体的专业能力、教育心智日趋成熟,他们对课程的理解能力、对幼儿的观察解读能力、家园互动间的应对能力、情绪情感的稳定等各方面均在不断地成长,教师的创新能力在各类成绩不断涌现。我们的教师连续多次荣获上海市中青年评教一等奖,多名教师成为闵行区各类评教的一等奖,多名教师成为闵行区"希望之星",多名教师获得全国教玩具评比一等奖、全国微课制作一等奖,承担市级和区级各类展示活动等,获得了领导、专家、同行的肯定,也赢得了家长的赞誉与良好的社会声誉。

关注需求,让教师乐享善思、能行愿行,共育教师群体专业的成熟。

第四节 "乐创教师"的成长轨迹

教师专业成长是教师在教育理念、知识结构、教学能力以及个人品质方面的不断发展。每一位教师的成长,除了在理论学习阶段获取必要的养分外,还需要在实践中不断塑造自己的教育理念、风格、特点等。"乐创教师"的成长就是在"乐创教育"的环境中不断发展"乐创"的理念、知识、技能和品质的过程。在我园"乐创课程"背景下,每位教师架设自己专业成长的通道、提升自己实施课程的能力并成就个人职业生涯的意义。我们通过不同成长时期的教师,讲述各自不同"乐创课程"背景下的专业成长故事,试图折射出"乐创教师"的成长轨迹。

一、新手期:融入"乐创"的发现与行动

新手教师是那些入职初期的教师,他们往往有教育的热情和理想,但是对教育的认知、对教师职业的认知还存在很多的偏差。如何帮助新手教师度过适应期,是一个非常关键的问题。对于我们而言,让新手教师认识"乐创教育"理念,让他们树立起创造教育的意识和自觉行动力,可以有效地助力教师成长,并积极贡献"乐创教育"。

案例 6

孩子王,奇奇老师

我是一个想做孩子王的奇奇老师,你们想了解吗? 当初选择学前教育这个专业的时候,常常会有人抱着好奇地心态问我:"你怎么会想

到去学幼教啊?""带着一群孩子是不是很烦躁啊?""幼儿园里就你一个男老师吧?"我就笑笑说:"没办法,喜欢孩子嘛。"是啊,我在他们眼里就是这么奇怪,我就是喜欢和孩子玩,我就是一个想做孩子王的奇奇老师。

1. 同化顺应,融心于莘

在职业初期,我对自己的职业有过很多的抱怨。在一次访谈新教师的职业困惑时,我把自己不太成熟的想法讲了出来:觉得这个职业太憋屈,明明教师就是一个很高尚、受人尊敬的职业,但是作为一名幼儿园教师,不论是收入还是各方面的社会评价都明显地和这个职业不匹配。在我发表这些论断的时候,伙伴们都惊呆了,没办法,我就是这么个敢想、敢说、敢问的奇奇老师。这时候园长都老师对我说:"弟弟啊,我们需要自己知道这是一个怎样的职业。"起初,我对这些话并不在意。但是,在真正融入这个教育大家庭后,我发现很多老师在真正践行者教育者的使命,他们不计较得失,几乎是全身心地投入到幼儿教育中。尤其是在面对"乐享创造 全面发展"的办学理念时,每一位教师都能秉持"儿童是天生的创造者"的信念在做好自己的育人工作。在这些价值冲击和理念洗礼的过程,我开始反思自己的问题,我好像把自己的初衷抛在脑后了,我的初衷是什么呢?我目前做的一切不都是为了孩子吗?不要觉得帮孩子换衣服、系鞋带、包肚子不是事儿,这些小事儿对于孩子来说都是大事。

每个人都有着自己"奇特"的想法,不同的想法没有严格意义上的对错之分,但是这些想法不断在影响着自己的教育观、儿童观,以及自己对待工作的方方面面。我非常庆幸自己在工作的第一年中就能够迅速融入莘幼大家庭,不断感受莘幼的温暖、进取、团结。

2. 潜心请教,个性养成

除了对于这个职业有些想法,我还对闵行区男教师抱有巨大的好奇心？诶？他们上课怎么就这么轻松，一讲话孩子们就齐刷刷地看，说什么听什么，回应孩子的时候信手拈来，还句句到位，一甩手，一抖肩，孩子们就知道要干啥。那我肯定得学啊，如果学会了这个本事可不得了，幼儿园里的小粉丝肯定会越来越多，我去向我们园的男教师潘老师请教，希望能学到幼儿园男教师的教学奥秘。事实告诉我，其实这个本事并不简单，没有什么技巧可言，纯粹是多年的熟能生巧，如果真的要找出一个诀窍的话，就是在潜心做一名教师的同时，可以专注在教育的某一领域发挥自己的特长，作出特色，才是对学生和家长的贡献。

在认识到个性在特定的环境中有着特定的意义后，我在努力做好基础工作的同时，开始按照自己的特点和想法去塑造个性化的教育。我不断尝试，并最终找到了属于自己的教学风格，就是做一个有能量、外放的自己，一个更受孩子们欢迎的自己。

3. 迷你创造，创新萌发

在工作中，我往往还能出奇制胜，我们幼儿园一年一度的创意节来了，今年要让孩子们去体验真实的职业氛围。作为男教师，当然要做点特别的，我选择了让孩子体验军营生活，做个小小解放军。相比较其他活动而言，我的活动虽然给孩子们发的"创意货币"比较骨干，但是却场场爆满。为什么呢？活动中我发现，这群孩子就是想看看能不能爬上比自己还要高的垫子，这十几层的垫子可不是开玩笑的，并不是谁都能爬得上去，也不是谁都能下得来，大班的朋友照样挂在上面动弹不了，但是他们就是想要挑战自己，我也喜欢看他们为了自己的目标而奋勇向上的拼搏精神，还真是有那么点的军人范儿。哦对了，孩子们还喜欢看我"跳山羊"时飞起来的样子，这个动作可是帮我招揽了不少的"生意"。

"乐创"，是我在莘幼家庭中不断能够听到的词语，这个词简简单单但声声入耳，我把它记在心中，在集体活动设计遇到困难的时候、在生活环节组织出现问题的时候、在解决幼儿矛盾无奈的时候……我都会想起这个词，与幼儿相处的过程中，每时每刻都是不可预料的，没有任何通用的模板可以解决所有问题，但乐于创造，则是看待和解决问题的一样法宝。

4."乐创教育"，自在心中

在莘幼家庭中，我还有一种奇妙的感受，这种感受叫薪火相传，在我们幼儿园通常称它为"莘"火相传，我认为这个词太合适不过，在各类培训以及学习中，深深感受到"乐创"的教育理念，为满足教师的需求，园所为教师带来了各类创新形式的活动，别具一格的教研、有趣的专题讲座、形式多样的工会活动……在"乐创"的氛围感染下，自己与幼儿的互动中也开始不断地注重快乐创造，让幼儿能够在自主积极地学习中体验到创造的乐趣。

各位前辈之于我，就好像我之于孩子们一样，我学习前辈对我的方式，并且把这份情感传递给孩子。其实讲了这么多奇，都是我刚入职的点点滴滴。虽然每件小事可能都不足为奇，但是它们帮助我在与幼儿相处的道路上越走越顺，不管什么奇，我都期待着成为一个真正的孩子王。

点评：奇奇老师是一位新教师，在刚入职的时候有很多的不适应在所难免。在奇奇老师的叙述中，我们发现他是一位有活力、幽默、有行动力的教师。如何将这么有特点和爱教育的人转为真正理解教师职业、接受"乐创"理念的教师是幼儿园面临的一个现实问题。所以，我们给他提供了团队成长的平台，让他在团队中大胆提出自己的质疑，善于思考、及时反思并调整优化"乐创课程"中遇到的问题。他说："'乐创'，是我在莘幼家庭中不断能够听到的词语，这个词简简单单但声声入耳，我把它记在心中，在集体活动设计遇到困难的时候、在生活环节组织出现问题的时候、在解决幼儿矛盾无奈的时候……我都会想起这个词。"此外,我们还给予奇奇老师自由的创造教育的机会,因为与幼儿相处的过程中,每时每刻都是不可预料的,没有任何通用的模板可以解决所有问题,但乐于创造,则是看待和解决问题的一样法宝。这些都为奇奇老师在心里扎根下"乐创"的理念起到了积极的作用。

二、合格期:践行"乐创"经验的反思与积累

经历过新手阶段以后,教师已经树立起"乐创"的理念,并已经能参照其他教师的"模板"开始实施创造教育。然而,要成为一名合格的"乐创教师",还需要在教育实践中不断反思和积累经验,不断塑造"乐创教育"的知识和教育能力。

案 例 7

创设主题博物馆的思考与收获

近两年,我在乐创课程的深入实践过程中,对个别化学习活动中产生了一些思考:辛辛苦苦创设的材料,孩子为什么不爱玩,好困惑;孩子不按我预设的玩法玩,我该怎么办,好纠结;每个月主题更换,要把个别化材料再进行补充和调整,好辛苦;材料要符合主题核心经验,要关注领域平衡,好困难;我制作了一份好材料,可是一段时间后就用不上了,好可惜……这些大家共性关于材料可玩性、结构性、主题性、平衡性、延续性等方面的问题堆积在一起,引发了我想要去解决和"乐创"的大胆想法。

我把我的想法与发现直接与园长妈妈进行了交流,提出了自己的困惑、假设与想要做的项目方案。园长妈妈提出,创造不仅仅是自己想去怎么创造课堂,更为重要的是如何从学生的兴趣和身心特点出发。单纯的某一个事物难以激发学生的兴趣,是否可以考虑创造多样化的创造环境?带着这样的回答,我开始思考如何去创设更好的情

景。在园长和同事的帮助下,我决定做一次博物馆之旅。这样,我开始了自己和同伴的博物馆奇妙建设之旅,试图在此过程中推进基于幼儿深度学习和乐创体验的个别化学习活动有效性。

1. 打造"乐创"的主题博物馆空间

我们的博物馆奇妙建设之旅第一步尝试是打造主题氛围,按照博物馆的分区、分主题式的做法进行呈现。在城市博物馆中,我们将两间小屋一分为二,外面一间是老上海的味道。运用炫彩斑斓的色彩勾勒出了我们标志性的外滩,包括最高的上海中心、国际金融中心、金茂大厦、东方明珠、东方艺术中心等等。里面一间是未来城市的可能。每一块海绵纸上是孩子对于未来城市的想象。我们用灰色调试图建构城市的现代感。环境是一个很好的老师,城市主题的氛围能让孩子们身临其境去发现、探索、表达。

我们关注幼儿与环境、幼儿与材料、幼儿与幼儿、教师与幼儿之间的互动体验。再走进城市博物馆看里面的内容,我们创设了迷你城市让幼儿主动建构城市网络,有对交通标志、垃圾分类、陀螺、光影、停车、新车出厂、陆家嘴的高楼、老房子新建筑等等内容,这些来源于幼儿又回归到幼儿的博物馆设计与内容的投放,让我在不断求异、求新、求变的"乐创"的同时,为孩子们提供了乐享创造的主题博物馆空间。

2. 发现幼儿的"乐创"瞬间

我们的幼儿是很有灵性的,教师只要提供自主、自由的空间,积极地给予肯定和引导,主动发现孩子们的创意闪现,他们就能更加放开手脚,大胆尝试不同的材料和方法。这样不仅可以发散他们的创新思维,让他们创新的种子悄悄萌芽,同时也让他们在活动中不断地发现自己、认识自己、塑造不同的自己。

在不断的创造实践中,我们发现:一定要去努力发现孩子们的高光时刻,这样才能真正欣赏孩子、了解孩子。在博物馆的活动中,我们创造了一个适应他们的学习环境，他们的兴趣就高涨了，同时积极投入到博物馆的各种活动中，对博物馆里的各种材料进行再创造，并乐此不疲。幼儿与不同材料陀螺的互动中，体现了他亲身体验、实际操作、质疑、探索、寻找辅助物，直至收获经验的整个过程。

3. 支持教师"乐创课程"建设

班本化课程是教师对幼儿感兴趣事物和经验的系统支持，主题博物馆给予了教师更多观察、发现、支持幼儿兴趣与探索的空间，从囿于思考材料是否有效转变为观察幼儿喜欢什么材料，我可以在班级里怎样继续深入支持幼儿的深度学习。在《有趣的消防车》班本化课程建构过程中，幼儿和教师共同经历了对主题博物馆中的滚动感兴趣——玩转班级中的材料——尝试自主构建学习有关消防车的经验——参观消防车——重构消防车的过程。

相信每个孩子都是乐于创造的学习者，这些博物馆里发生的"小事"是一种"无声的教育"，却能达到"润物细无声"的效果。作为一名幼教人，时刻带着一双发现的眼睛去大胆突破创新、积极思考实践。一个优秀的老师一定是不断学习、了解并能支持孩子的，在不断的观察与了解幼儿过程中构建课程，幼儿也在自己感兴趣的主题内容中不断成长。

点评： 相比较新手教师而言，这位教师开始思考教育实践，主动创造教育，并在实践中，不断深化自己对"乐创教育"的认识，这一认识已经从"乐创教育"的活动本身，转向了"乐创教育"对学生的意义和价值。该教师说："我们关注幼儿与环境、幼儿与材料、幼儿与幼儿、教师与幼儿之间的互动体验。再走进城市博物馆看里面的内容，我们创设了迷你城市让幼儿主动建构城市网络……等等内容，这些来源于幼儿又回归到幼儿的博物馆设计与内容的投放，让我在不断求异、求新、求变的'乐创'的同时，为孩子们提供了乐享创造的主题博物馆空间。"正是有着一批批具有"乐创"精神的莘幼教师立足自身成长与发展,不断勇于接触新观念、尝试新办法、形成新经验,在自己原有的知识经验和经验框架中寻求突破并愿意付诸实践,才使得"乐创课程"焕发旺盛的生命力,并影响着"乐创课程"本身。

三、熟练期:激活"乐创"的智慧设计与机智

熟练期的教师,走过了入职初期的青涩,并经过合格期的实践锻炼,不仅仅对"乐创教育"的理念完全认可、对"乐创教育"的知识和方法能熟练运用,更为重要的是能形成自己的教育特色,对"乐创课程"有自己的智慧设计以及实施机制。

案例 8

作为新小班老师,我这样和孩子一起做游戏

如果你是一位新小班的老师,你会更倾向于温馨、整洁的游戏环境,还是乱成一团的废旧材料呢?

每当小班开学的时候,你是不是跟我一样,抱着一种期待、憧憬,想为自己的孩子创设温馨、浪漫的娃娃家,甚至会幻想,我的孩子们肯定会很喜欢水果店、点心店这样的游戏环境,你也想为他们做尽可能精美的游戏材料。于是,我们老师们不辞劳苦、加班加点开始流水线工作,切割KT板、包边、用橡皮纸制作仿真的水果、烤串……这一切都是为了让孩子们更喜欢玩游戏。

在刚开学时,我们的老师也许会觉得很欣慰,因为一个个萌萌哒小宝贝们都被老师创设的环境、提供的材料所吸引,喜欢去摆弄;但是,渐渐地,当他们熟悉环境和材料后,你会发现这些小家伙们并不喜欢在老师给他们圈的区域里游戏,对那些仿真材料似乎也不那么热衷,反而对百宝箱中的纸箱、瓶子更感兴趣,玩得不亦乐乎。长此以往,老师们越来越迷茫,不知道孩子们到底喜欢玩什么?需要哪些游戏材料?老师在游戏中到底如何观察提升孩子们的游戏行为?

在"乐创"精神引领下，我决定抛弃传统的教学方式，对小班游戏进行"脱胎换骨"的改造。在这一过程中，我坚定以下四个观点：

1. 等待儿童熟悉材料

在"脱胎换骨"的初期，我对教室的空间和材料进行了调整。将低结构材料和典型的主题类材料摆放在这样的架子上，幼儿取用方便，将所有的橱柜和以前娃娃家中用纸箱制作的家电、家具都靠在教室的一边，以一列小火车的形式呈现，显得整齐又美观。教室里没有任何的格局，把整个教室的空间还给孩子。这样的方式，给了幼儿熟悉材料的空间，他们会深入地去琢磨材料。在拖来拖去的过程中，出现了材料的翻转、组合、变形，学生大胆的创意和想象会得到萌发，这给他们带来了更多的自信和满足。

2. 采用儿童眼中的材料

在完善材料的过程中，我们会采用儿童眼中的材料，充分利用教室所有的东西，比如桌椅。一开始我们害怕这种占空间的桌椅会影响孩子游戏，将它们都放到午睡间。有一次，孩子们在午睡间发现了桌子，拖出来后把桌子、椅子、纸箱连到一起，变成火车，吸引了很多孩子来乘火车，当发现不够坐的时候，他们又找来了小椅子连在桌子后面，那辆火车横跨整个班级。孩子们在火车上睡觉、看书、吃东西……有了这次火车的经验，孩子们更加自信大胆。再比如，有一次一个男孩子把六张椅子背靠背放到长桌上，说是摩天轮。顿时吸引了所有的孩子，都争先恐后地来乘摩天轮。我们发现原来教室中这种随手可取的材料也能够激发幼儿创设游戏环境的想象。

3. 带给儿童真正自主

随着现在科技的发达，孩子们接触的信息越来越多，他们对游戏主题的兴趣点已经不仅仅满足于娃娃家、医院。我们开始创造不同的游戏环境，例如我们设计了"火箭"环境，宇宙、太空、火箭、飞船、宇航员……也许我们老师认为这些对于小班幼儿来说还太深奥，但是就是这样的主题能够引起全班小朋友的共鸣。我们班有一名小男孩丁丁，他的父亲在航天局工作，所以他会接触到一些关于火箭方面的知识。他会在游戏中用纸箱搭造火箭，那段时间掀起了"火箭潮"，孩子们都特别乐忠于搭造火箭，为此我们还请来了丁丁爸爸走上讲台。孩子们把活动中汲取的经验运用到游戏中，每天的游戏中都能看到一艘艘被火箭送入太空的飞船和探索宇宙奥秘的小小宇航员们。

4. "个别儿童"不见了

在以往的游戏中，我们大多关注那些在游戏中起主导作用的幼儿，他们具有较强的语言表达和同伴交往能力，却忽视那些"个别儿童"。而在我们这样"脱胎换骨"的趣玩游戏中，我们能够关注到孩子们在不同方面的能力发展，会发现没有一个孩子是不会玩游戏的，他们都可以玩出他们的精彩，游戏中再也没有"个别儿童"。

游戏之于儿童是回归真实的自我，在与空间、材料、同伴的互动中获得自尊、自信、自主的过程。而对于小班幼儿来说，这个过程尤其具有特殊的意义！它在某种程度上关乎幼儿对于幼儿园的"第一印象"：教室是"我的地盘"还是"教师的领地"、同伴是"我的朋友"还是"互不相干的同龄人"、教师是"我的大朋友"还是"高高在上的权威"。而这种第一印象决定着幼儿是否会敞现自我、自主选择、互动交流，获得属于他自己的生命独特性的发展！

而作为小班老师的我，愿意追随我的孩子们，经历这种"脱胎换骨、'乐创'成长"的过程！

点评：该教师善于思考幼儿游戏中存在的既定形式的合理性，相信幼儿，大胆创设教育契机，巧妙地将幼儿自主游戏的能力提升与教师创设的环境、提供的材料等教育策略恰到好处地进行有效联接，体现教师的专业敏感度与实践能力。她在文中说,游戏之于儿童是回归真实的自我,在与空间、材料、同伴的互动中获得自尊、自信、自主的过程……教室是"我的地盘"还是"教师的领地"、同伴是"我的朋友"还是"互不相干的同龄人"、教师是"我的大朋友"还是"高高在上的权威"。而这种第一印象决定着幼儿是否会敞现自我、自主选择、互动交流,获得属于他自己的生命独特性的发展! 对"乐创课程"中"趣玩游戏"板块的深度实践过程,勾勒出一位高机智的"乐创"教师形象。

四、专家期:优化"乐创"的自觉意识与特色凝练

进入专家期的教师,不再关注外在的任务,而是将自我更新放在首要位置。这一过程中,教师的各种行动都是内化经验和知识的自觉显现,同时教师也会根据个性化发展不断优化自我教学特色。在"乐创教育"的过程中,专家型教师一般会经历过多个阶段性的发展历程,最终达成对"乐创教育"的自觉意识,同时将自身特色凝练,形成自己的专业品牌。

案例 ❾

我的成长三级跳

2006年7月,大学毕业的我,来到了上海市闵行区莘庄幼儿园,在这片热土上,我已经工作了14年,也成长了14年,回顾我的成长,一些里程碑的事件,历历在目。

我的成长,是自己不断实践、反思、总结的过程,伴随着自己专业能力的提升,也获得了越来越多的认可。2009年,我获得了"希望之星"的称号;2011年,我破格晋升了高级职称;2013年,在人才辈出的莘幼,我有幸承担了教研组长工作;2016年代表闵行区的学前教师,站上了"新秀教师在课堂"的舞台;2017年的上海市中青年教师教学评优,收获了一等奖第一名的成绩……成长的里程碑很多很多,纵观这些构成里程碑的基石,少不了莘幼"乐创"背景下,给我营造的自主、

宽成里程碑的基石；少不了华幼"乐创"背景下，给我营造的自主、宽松的成长氛围；少不了大胆创新，积极实践的办园理念；更少不了由园长郜老师领衔的团队对我的引领和指导。当我有机会，回顾自己的成长，发现，这其中有三个关键的"跳台"时期，让我能够一步一步弹跳向上。

成长第一跳：角色游戏，打破传统

2010年9月，这是我人生中的第一群"小叮当"，我认真地带班，总想尽自己的努力为他们创设最温馨、最完美的环境。于是，我试着精细地制作角色游戏中他们需要的各种家具，提供每一件游戏中可能用到的道具材料，当我看到我的孩子们每天的游戏都能够在属于自己的小天地，尽情摆弄材料：蛋糕店里用雌雄搭扣粘贴水果制作蛋糕、妈妈给宝宝烧饭喂食、超市老板对各类物品进行分类整理时，觉得幼儿教育其实挺简单。

11月的一天，因为参加的市级课题需要进行现场展示，郜老师带着课题组的老师们走进我们班级，欣赏孩子们的游戏。过程中，我为孩子们有序的游戏情景窃窃自喜时，没想到郜老师只看了10分钟就紧急喊停，表情严肃地告诉我，这不是游戏，这就是个别化学习，没有互动，没有情节，独自游戏只是机械重复，临走，她对我说："去找一些资料，看一些讲座视频，你先弄明白，什么是角色游戏，下个星期我再来。"

一场游戏40分钟，只被围观了10分钟，得到了否定的答案，这无疑对专业成长上没有经受过打击的我来说，是当头一棒。那晚到家，我给课题负责张老师发了这样一条短信："游戏不适合我，这次展示你找别人吧。"但是张老师只是回复了我几本书名，以及通过飞信，给我推送了网盘连接，别无多言。无奈，我只能硬着头皮，去学习如何做好游戏教学。七天的时间，我从游戏环境的创设开始重新学习，了解

第五章
"乐创队伍"的
培育与成长

了幼儿真实的游戏情景是什么样的，试着从案例里面了解不同游戏行为的幼儿教师应该如何介入；七天的时间，我撤掉了原本格局严谨的游戏布局、更换了统一的典型性游戏材料、删减了人数提示卡；七天的时间，孩子们试着自己建构游戏场景、走出区域和同伴互动、主动分享自己游戏中的与众不同。

七天后，孩子们的游戏，得到了郁老师的初步认可，同时，她也对我进行了一个半小时的个性化指导，针对游戏环境中材料的摆放、游戏中对幼儿的观察等等，都进行了细致的举例。之后的日子，我不断地进行理念上的改变、实践的颠覆，我也开始喜欢记录孩子们游戏中的"哇"时刻。

这个"七天"的转变故事，是我的第一个跳台，让我从传统游戏到"开放式"游戏进行了转变，逐步奠定了我对自主游戏的深入探究。

成长第二跳：一日活动，实践自主

随后的时间，我开始逐步爱上了"开放式"游戏，在对幼儿自主游戏的观察中，我慢慢读懂了幼儿游戏中各种精彩的行为，撰写了生动有趣的游戏案例，在对幼儿的行为做分析的时候，我更进一步读懂了"自主"的含义。原来，在宽松、开放的空间里，幼儿会被激发出更多的想法，通过不断地互动交流，让自己的想法被同伴接纳，也正因为这些想法需要被理解和实现，才会在活动中，让幼儿有了更多的自主意识和行为。

2012年6月，孩子们向我诉求关于自主游戏时间太短，想增加游戏时间，我思考着给他们自主安排一日作息的机会，当我把这个想法和郁老师提了之后，很快便得到了她的支持。她说："'乐创'下的教育，不仅仅培养'乐创'的孩子，更需要有一群敢于创造的老师。"于是，我开始尝试着慢慢放手，把一日活动的作息时间交给孩子们，把集体活动的选择权交给他们，把做小老师增加学习兴趣的机会交给他们。 整个活动的推进过程中，郁老师不断给我思维上的刺激，鞭策我能够对每一个小活动都思考细致，关注幼儿多元经验的积累，也不断鼓励我，让我能够把每一个小故事都记录好，就这样，我们有了有趣的"叮当自主日"。

2014年4月，我有幸和全市的老师们一起分享了"叮当自主日"的故事，第一次仔细梳理了自己的些许做法，得到了黄琼老师的认可，这也是对我创新实践莫大的鼓励。

"乐创"理念下的刺激，让我有了乐于创新的动力，在鼓励下实践，在实践中得到各项支持，在平台展示中获得认可，在认可中积蓄了更加深入实践的动力。 在这个滚雪球般的跳台上，我对幼儿的"自主"有越来越大胆的实践。

成长第三跳： 班本课程，凸显个性

2017年9月，我又迎接了一群新的"小叮当"，当毕业的叮当们把自己亲手栽种的幸福树传承给新叮当的时候，我把原先积累的推动自主发展和幼儿同伴关系的做法也进行了完善和新一轮的实践。 这次的实践中，我思考着，作为一位有专业自觉和教育理想的老师，我还能为孩子们做点什么？ 除了一日作息的放手、班级特色内容的放手之外，还有更多的自主权嘛？

或许，有的事情就是机缘巧合，2017年8月，幼儿园龙头课题《重建教育场景： 幼儿园个性化教育的实践研究》正式立项成了教育部的重点课题，叮当班作为实验班，承担了关注幼儿个性化发展的研究任务。 在以班级为群组场景的活动开展中，我还能做什么呢？ 在感受到自己的专业发展遇到了瓶颈之后，我多次找到了郁老师，在沟通中，我收获到了一个新的词语，叫"领导力"，对我触动最深的，是领导力中的设计力和执行力，我开始思考，在班级场景中，我对课程的领导力何以体现？

我开始仔细观察孩子，了解他们的兴趣爱好、对活动的专注度等，基于《3—6岁儿童学习与发展指南》的关键经验进行价值分析。在与孩子们的讨论中，和他们一起建构属于叮当班自己的课程。在实践过程中，我还意外发现了，不同幼儿对不同的活动有不同的兴趣；对不同的活动材料有自己固有化的探究模式。在资料查阅中，我明白了这就是幼儿的"学习风格"，这也是影响幼儿学习和发展的重要因素。于是，我便有了基于幼儿的学习风格，进行更好的个性化支持的课题研究。

在班本化课程的实践中，我的课程领导力得到了发展，在同步的课题研究中，让我的专业不断提升，第三级跳台中，我也找到了我自己个性化的追求和后期专业成长的方向。

我常常在想，一位教师的发展，有没有顶峰？曾经，我会给自己设定发展小目标，以为这就是我专业发展的顶峰目标，可是后来，我发现，随着孩子的不同，自我成熟度的不同，社会对教师要求的不同，自我的专业发展，是没有顶峰的，只会有不断地自我提问和自我要求的推进。

感谢在莘幼"乐创"课程背景下的引领，给了我广阔的空间，让我可以大胆创新，放手尝试，给了我最大的专业支持和引领，可以实现我的自我价值和自我理想。

点评： 该名教师分享了自己十多年和"乐创课程"共同成长的感悟，让我们见证了一名富有专业自觉的"乐创教师"成长的起点与可能达到的顶峰。正如她所言："'乐创'理念下的刺激，让我有了乐于创新的动力，在鼓励下实践，在实践中得到各项支持，在平台展示中获得认可，在认可中积蓄了更加深入实践的动力，在这个滚雪球般的跳台上，我对幼儿的'自主'有越来越大胆的实践……感谢在莘幼'乐创'课程背景下的引领，给了我广阔的空间，让我可以大胆创新，放手尝试，给了我最大的专业支持和引领，可以实现我的自我价值和自我理想。"

第五节 "乐创队伍"建设与管理

"乐创教师"是实践"乐创课程"的重要主体,承担了直接运行课程与教学实践的任务。但幼儿园的人员队伍不单仅限于此,还包括除"乐创教师"之外管理人员、后勤人员等,这些人员构成了"乐创"队伍的两端,管理人员一端在顶层设计等方面发挥着重要作用,后勤人员一端在生活保障上发挥着重要作用。发展这两大群体的专业能力,是提升整个"乐创教师"群体的重要内容。

一、管理人员的培育

管理人员是幼儿园承上启下的中坚和重要力量,是将"乐创理念"和幼儿园发展规划进行有效分解、创造性组织开展实践工作的承担者,也是幼儿园教育教学管理、课程实践支持的责任人。

管理团队发挥着一种承上启下的作用,在很多场合中,成为幼儿园文化和"乐创教育"的设计者和诠释者,同时又通过对教育教学实践的了解来提炼与丰富"乐创教育"的内涵。管理团队还发挥着一种纵横协调的作用,面对幼儿园管理中纷繁的信息和事件,选择关键点,合理统筹资源,做出适宜的计划和引领。

对"乐创教育"中的管理人员,我们希望能具有实务管理能力、明锐的洞察能力及应对、解决问题的良好协调能力;具有专业发展需求,了解国家教育发展规划与上海学前教育工作精神,遵循教育规律,具备课程领导力意识;具有主动管理的意识,能积极参与规划幼儿园发展,对"乐创教育"内涵建设富有责任感。

(一) 以案例学习为抓手塑造管理风格

干部领导素养修炼,最关键的是提高干部同志的思考力、分析力与行动力。

也就是说,能否在日复一日的常规工作中寻找经验或发现问题,将脑中想法都化为切实的做法,而设立不同类型的管理类文本案例,正是引导他们从日常小事中挖掘管理深意,不断塑造良好管理能力的重要手段。所谓"管理无小事",将案例作为干部定期反思的抓手,能够帮助他们对自身工作进行梳理与审视。

针对发展程度的青年干部,我们也分别设立问题指向不同的三类管理类案例资料——"管理案例"、"教育实例"、"一事一议"。管理案例:清晰描述事件来龙去脉,以及解决办法与后续效应,篇幅稍长,体现管理理念和个人感悟;教育实例:强调发现问题、提出问题,寻找原因,可适当提出解决问题的设想;一事一议:针对某一具体情境或问题,提出困惑或改善建议等,语言尽量简短精练。

案例 10

遇见不一样的你——科研成果推广活动的组织

事件记录:

本学期,我们要组织一次以"'个性化幼儿'教育的实践研究"的成果为主要内容的市级科研成果推广会。作为科研主任,刚开始,我的主要精力都放在了凝聚成果的《遇见不一样的你——个性化幼儿教育的实践研究》这本书的书稿上,对于科研成果推广活动如何组织并没有多少预想。但是,成果的推广是至关重要的,因为它是理论反哺实践、实践检验理论的重要环节。由于准备不充分,在推广环节我们遇到了很多的问题,基本如下:

问题分析:

1. 如何让科研成果推广体现"创新教育"的内涵。在莘幼"乐享创造"的办园理念感召下,我们的团队在思考如何把一场科研成果推广活动做得有情怀、有品位,让参与成果推广的人能够真的有所获、有所得,能让读的人真正能感受到"乐创教育"的实践,生灵活现地展示出"乐创教育"的内涵。

2. 如何把科研成果的推广解构为一个个的吸引观众关注的小活

动，比如如何呈现幼儿的发展现状、如何体现家长和教师在遇到个性化幼儿时的焦灼心情、如何展现教师的思考、如何敞现课程设置的演变过程、如何共同发现个性化幼儿教育的机制。

3．如何统筹活动相关的人事物，让所有的资源凝聚一起，为本次活动有序、有效地开展提供支持。

如何解决这些问题，成为摆在我以及团队面前的一项重要任务，我们经过不断地摸索、讨论，逐步形成了以下的解决策略：

措施提炼：

1．创新设计成果推广会方案，体现创新教育内涵

在课题的著作出版的契机下，我们以新书发布开场，以翻页的方式展示创造教育的内涵。活动整体在"相遇"、"相伴"、"预见"的三个版块中铺陈开来！第一部分"相遇"，莘庄幼儿园通过动画片、话剧、微报告的形式呈现"个性化幼儿"的行为表现、教师的无奈、家长的焦虑状况以及"基于关爱教室设置个性化教育运作系统"的建立与运作。第二部分"相伴"，以关爱室指导老师的朗读、微报告向与会嘉宾呈现关爱室活动开展的情形，并通过举例分析的方法，深入介绍"个性化幼儿"教育课程的构建与实施。第三部分"预见"，一部"个性化幼儿"成长历程微电影与一张"写给不一样的你"的明信片，镌刻下在场教育工作者们对教育事业的美丽愿景，对预见更好的"自己"充满希冀！

2．创新会场环境布置，烘托推广活动的浪漫情怀

为了让会场弥漫浓浓的学术氛围，环境组将会场布置成咖啡书吧的形式，让观摩者在咖啡的香味中，投入充满学术情调的活动中。书柜、书本、吧台的设计不仅仅局限于展现课题成果，更是要让来宾感受到观摩过程中的舒适及记录互动的方便。

3．建立活动筹备小组，筹备会议与彩排同步跟进，关注活动的细节品质

建立园长直接领导的活动筹备小组，借助微信群，共享设计方

案，分工负责某个版块。通过设立环境组、信息组、话剧组、报告组等，合理布局会议实施过程。我们做到每周初开筹备会议确定细节方案，每周进行彩排的方式来不断提升活动的细节品质。

4. 分工协作，体现莘幼人的专业自觉

活动前一天，园长亲自安排活动流程，签到、引导、礼仪、茶水、车位、现场导演等都分工到人。有老师说为了让话剧表演的效果更好，甚至睡梦中都在想台词；有老师想到为了让当天给会场中的老师加水更方便，创造性把三层小推车应用起来。

借用朱家雄教授评价的一句话：推广活动犹如一首很美的诗！无论从会场的布置、书的编辑，还是PPT的设计等等，展现给所有人的都是一种美的享受。他从研究的立场和教育过程的公平两个方面来评价今天所推广的研究成果。用"遇见不一样的你"这样充满中国文化特质的语言来描述孩子，就是一种理念的转变。虽然都是发展中的问题，但是如何对待"个性化幼儿"才是公平的是最重要的！莘庄幼儿园的老师们能够做到公正、关爱、理解、容忍实属不易！

启示：

1. 创新教育的智慧可以融合于本次活动，它为本次活动提供了思想的引领。

2. 合作的力量让人惊艳。本次活动不仅仅表现出一场科研活动的品质，而是凝聚了园长领导下莘幼人的共同智慧。

(二) 以"封闭式集训营"为手段提升管理

身为一所"一园三部"幼儿园的管理团队，各个岗位都承担了日常管理类和大量事务性工作，这让他们的培训等各种专业发展活动往往变得零散、缺乏系统性。为定期能为管理团队润泽专业，激发思考探究，我们采用"封闭式集训营"的方式，在短时间内集中性地发展团队的管理能力。

"封闭式集训营"通过将管理人员暂时脱离日常工作内容,通过集中研修的方式,保证管理人员的培训时间,提高培训的专注度和学习效能。此外,在"封闭式集训营"中,管理团队有时间聚在一起围绕某一主题共同学习和成长,提高了管理团队成员的沟通和交流频率,对提升管理团队的凝聚力起到了积极的效果。在培训的过程中,不同的级别的团队成员均参与活动、思考,有助于个人展现自己,也有助于管理团队更好的梯队建设。围绕"乐创"而开展的集中训练营,有助于"乐创教育"的丰富与"乐创文化"发展,能爆发式地助推教育实践发展与文化共识的形成。"封闭式集训营"根据主题内容不同,分为"养成培训"和"核心研讨"两类:

（1）养成培训

因幼儿园管理人员多是由教师兼任或是教师转岗而来,往往具备较强的教学专业素养却管理背景与经验不足。同时,幼儿园工作环境相对简单,教师对社会热点、国际形势、中国传统等内容关注不足,故而在此两方面加强培训,弥补管理团队短板。

管理专项类培训。目前,我们已经开展了"高效能人士的七个习惯"、"超级工作汇报"、"成全每一个孩子"等5场管理专项类培训,从一般管理学和学校管理学两大角度,围绕个人素养提升和与学校发展的融合来促进能力提升。这样的培训,既是对个人素养的提升,也是对幼儿园发展的保障,是"成人成事"的途径。

文化拓展类培训。我们开展了包括"中国人的智慧密码"、"知识革命与审美时代"、"《蒙娜丽莎的微笑》的艺术价值和社会价值"、"当前国际形势与中国外交"、"互联网＋时代,教育如何实现智慧转型?"等15场文化拓展类培训活动,拓宽管理团队视野,提升其专业自信以及文化敏锐度的专题讲座。讲座的专家有大学教授、知名主持人、民间艺人等等,不同职业人的语言体系对问题的剖析方式对管理团队产生了强烈的冲击。

（2）核心研讨

"乐创教育"是幼儿园建设的中心,也是一个不断"生长"的概念。随着园所发展与实践深化,对它的理解和认识也发生着变化。尤其是"乐创教育"不同的发展阶段,我们对创造教育、幼儿创造力发展的关注重点也在精进与更迭(具体见第一章第四节），不断从"粗放"走向"细致"。

管理团队是"乐创教育"发展的敏锐见证者与改革者。一方面，他们作为幼儿园核心团队，最清晰"乐创教育"的理念内涵与价值方向，能感受到理念与实践之间的关联与差距；另一方面，由于对幼儿园日常运行的洞悉，所以也能洞察"乐创教育"在现实中的问题与困境，以及教育实践希对"乐创教育"的期望与需求。因此，"封闭式集训营"定期会以"乐创教育"的当前状况与未来发展为核心，组织管理团队多次深入探讨。

围绕阶段需求，我们开展了包括"我们理解并认同的幼儿创造力发展特征是什么？"、"如何看待与评价幼儿创造表现？"、"教师对'乐创教育'的理解和困惑是什么？如何解决？"、"如何界定'乐创教育'中的具体培育方式与做法？"等不同的"集训"话题研讨活动，并从中形成了《"乐创教育"对幼儿创造力的基本认识》、《教师课程实施方案使用意见调查》、《对"乐创课程"评价工具的需求分析》、《托兰斯评价工具使用情况报告》、《"乐创五妙招"实践经验梳理报告》等20余篇研讨报告，极大地拓展与丰富了"乐创教育"内涵。

（三）"双规双导"机制实现教研组长的个性化成长

教研组组长是联接幼儿园管理层和教师的关键纽带，一方面他们要将幼儿园的教育理念传送给老师，另一方面还需要带领教师研制教学技巧和方法。所以，这一群体的成长至关重要。我们在办园的过程中，摸索构建了"双规双导"的机制，以此来推进教研组长的个性化成长。

"双轨双导"是共享教研组长对专业与管理的创新与合作的机制。通过组内设立"双组长"的方式——资深较深的教师担任组长和年轻教师担任组长，让组长们在实践中共享着彼此的收获和心得，以适合个人的不同方式实现个性化成长。

这一机制的构建源于教研组组长的需求而成。我们对不同梯队的组长进行座谈，倾听了她们各自的发展需求，通过"任务取向"、"平衡取向"、"自主取向"定义不同教研组长的不同发展需求，明确在专业和管理中的培养目标，同时也成为组长间组合与合作方式的一种思考线索。

那么，双组长制对年轻组长的发展效果如何呢？我们开展了深度访谈，通

平衡取向
能根据组员发展特点采用不同的引领策略和现场指导的方式

凝聚来自不同班级不同年级的教师，构建研究型团队

任务取向
能对新的教研议题进行理论与实践相结合的研究

能结合教研议题主动发起、有效组织并展示教研活动

自主取向
能积极并较快地适应组织变革情境

能创造性地带领组员共同建立新的团队发展目标与措施

图 5-3　教研组长发展需求情况

过资深组长的口中来感受一下：

资深教研组长谈"双轨双导"中的"新""老"合作：

案例 11

新老教研组成的成长

新手教研组长对教研组长工作比较陌生，在教研组管理、专题研究和日常指导方面都有较大挑战，对于她们来说既怕老教师的不支持、不信任，又怕年轻教师的不合作，作为一名比较资深的教研组长，我觉得我有责任与新教研组长携手起来，一方面尽快让她熟悉教研组的各类工作，另一方面帮助她建立自信和在教师群体中的引领作用，树立威信，形成个人工作经验。在组织每次教研活动前，我都会和新手教研组长做足功课，预设问题，精心准备，把每一次活动的目标、准备与过程进行了较详细的设计和安排，包含了活动主题、活动目标、活动准备、活动过程以及活动后的效果记录。除了做好这些准备以外，我还鼓励新教研组长翻阅大量的资料，并进行整理与归纳，提取对教研活动的目标达成有用的部分，向教师们进行讲解与传达。活动中我会帮忙积极推进，活动后和新手组长共同整理与反思，对她的教研活动进行整体的评析，提出自己的想法和建议，由于每次都能精心准备，新手组长的工作开展得比较顺利，组内教师也对组长的工作有了进一步的认可。

新教研组长一般都比较年轻，因此思维活跃，接收新鲜信息的能力强，因此我们教研组的大活动中我会鼓励她来组织和策划，在此过程中我积极配合她做好推进工作，帮助她在教师群体中增加凝聚力，增强她与组员们的合作能力，比如在大班的"亲子义卖"活动中，我们俩先商量好活动的主题与简单流程，由她组织组员去做好前期宣传工作、制作海报、发动家长积极准备与参与、后期的追踪报道等等一系列工作，看得出组员们对新任组长产生了信任感，组内的大活动顺利进行着。

除了这些举措以外，我们还组织教研组长们参加了学前教育国际课程会议、学前教育研讨会等外出学习项目。结合"教研议题三碰面"、"教研互听例会"、"教研组长沟通艺术"沙龙、个性化晨会、特色教研展示及教研活动微格分析、区级经验汇报、承接工作室主持人、大活动设计与组织等形式共享不同梯队组长在实践中的收获和成效，解决可能或已经遇到的问题和困惑，从而推动组长在专业和管理上的平衡能力、创新能力和合作能力。

二、后勤管理制度

（一）跟随式培训促细节规范

后勤工作的第一要义是科学规范、落实细节。通过建立跟随式培训制度，学校在后勤人员的工作过程中按需展开培训内容，提升后勤人员的工作规范和专业水平。

其一，是学期初的培训。每学期初作为后勤人员工作开展的关键期，学校会针对不同岗位、不同专业水平的人员开展不同指向的分层培训。结合操作经验不同，我们将人员分为新手人员和熟手人员。对于新手人员，主要以日常操作中的应知应会掌握为目标,让新手明确工作要点与关键;对于熟手人员,主要以能力的优化提升为导向,让熟手在常规工作中思考如何更精准地实践规范要求。

其二,是月度的培训。学校每月以分散研讨的方式组织小组式培训,分为保育员教研活动与专项知识培训活动。前者主要借鉴教师教研活动,采集保育员日常工作中的"真问题"展开研讨,如"新生入园如何有效减少他们哭闹与焦虑?"、"面对挑食的孩子,该如何引导?"、"哪些餐桌礼仪要让孩子们知道?"、"如何帮助孩子养成良好的如厕习惯?"等。后者主要结合幼儿常见传染病,对症状及消毒隔离等知识进行详细解读,形成自觉规范操作意识。

除现场培训之外,我们充分利用碎片化时间,通过微信群、网络、实际操作等方式及时开展文本宣传、细则培训以及对现场遗留问题的解答。这不单提高了培训效率,也体现了跟随式培训及时跟进、及时反应的特点。

图 5-4　跟随式培训示意图

(二)手册指引促三大员自主成长

后勤岗位职责不同,专业要求各异,通过设立操作指引性文本资料,为后勤人员提供自主学习的工具,促成保健员、营养员、保育员的个性化成长。

学校针对各类人员的发展水平,结合从纲领性文本精神到园本化操作手册,制定了保育员和营养员的《新手入门手册》和《熟能跟进手册》等。为不同年限和经验的三大人员提供了操作的规范和标准。同时,结合三大员应知应会的基础性知识,形成《三大员应知应会口袋书》。人手一册,小巧易携带,便于自主学习。结合"口袋书"内容,开展三大员应知、应会的基础巩固培训,同时结合督导检测、日常抽查和每周一问的形式,开展多讲一点点、多说一点点对三大员队伍的理论知识进行地毯式梳理及巩固。

各类手册的自主学习成效,都将在日常操作与岗位实训中得以呈现。这些自主学习的心得与成果都将以各种方式呈现在个人成长档案中,为三大员成长留下足迹。

(三) 能力展示促专业自信

每一位后勤人员通常都会默默无闻地工作,相比较教师而言,他们不善于表达自己,对学校的贡献也容易受到忽视,因此常常显得自信不足。为了锻炼他们的胆量,我们积极设计各类环节,强调"说"与"做"并重,树立三大员自信心。

搭建平台展现创意。在每个后勤岗位的日常操作中,都有很多创意,这是后勤人员的专业智慧体现。将这些创意通过有效渠道进行呈现,将是对后勤人员极大的肯定与鼓舞。例如,我们多次举办"甜蜜下午茶——创意点心制作展"活动,为营养员提供展示和学习的平台,在做一做、尝一尝、讲一讲的轻松环节中相互学习、互为推进,并提高我园营养员队伍整体素质。

创设空间亮相自我。我们充分利用幼儿园活动安排、重要项目推进,积极融合进后勤人员的亮相身影。在这些关键事件孵化中,构建后勤人员的专业信心。每学期一次的班级家长中,都有健康教育宣教与家园共育建议的主题栏目,在这个栏目中每位保育员都会亮相,在全体家长面前讲述自己的专业理解和操作做法。这一过程既是对家长育儿知识的必要普及,更是对保育员重要性的肯定。每届幼儿园专业发展中的盛事——学术节,都会有保育员的专属板块,操节律动、创意拼搭、故事表演……在基于提升后勤人员专业技能中,激发

图 5-5　后勤人员学术节

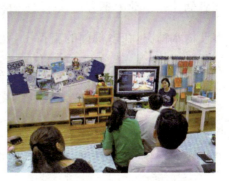

图 5-6　保育员主持班级家长会

创造热情；在搭建展示舞台中，充分展示个人的敬业与专研。

建立渠道见证成长。成长是点滴积累，让日常成长看得见，让隐性成长显性化，是树立专业自信的重要方式。结合各类培训学习，我们通过说说、做做、比比、问答形式开展了多种形式的"操作预演"。如利用保育员午休期间，组内成员进行自我问答，在反复的一问一答一演示的过程中逐渐成熟。尤其对于新进保育员来说，这是一种非常好的锻炼方式，从开始的紧张、不知所措到熟练自如主动地回答各种提出的问题，其成长是显而易见的。同时，建立《三大员个人成长手册》，将日常培训感悟、自主学习成效、岗位实训收获、自我亮相记录都呈现其中，为三大员留下成长足迹。

(四) 反思性案例凝实践智慧

如何在平凡的岗位上做好、做细每一件事情是每位后勤人员需要思考的问题，这就需要不断激发后勤人员的反思。对此，学校积极组织后勤人员撰写工作案例，寻找三大员队伍中在细节规范操作中的一些有价值的故事，作为今后管理的经验积累，同时也能作为培训的依据。

这些案例可能来自于个人思考，也可能来自于保育员教研的集体智慧，但是都体现出后勤人员对自身工作的问题察觉意识和创意解决能力。在案例中折射出对细节的有效落实，追求本职工作的精益求精。

在这些案例中，我们能读出后勤人员的职业敏感度提升和良好专业习惯的养成。如：下雨天时家长来接送孩子，雨伞滴水导致地面湿滑，存在安全隐患。各班保育员自发形成"雨天特别行动组"，提前摆放雨具容器、防滑垫、警示牌，还专人负责地面拖干，有效排除了安全隐患，提升专业自觉和效能感。又如，观察到幼儿在运动中不方便饮水的现象，迁移联想到，寻找其他情境中幼儿也不方便饮水情况，在多部门的支持下，建立移动饮水车、爱心暖水桶、个性化保温壶等举措，让幼儿不能及时喝水的问题得到解决。

这些优秀案例或以文字或以图文，甚至以视频的方式得以呈现，力求让案例的可读性和反思性得到最大认同。同时，这些案例也成为市区级保育案例参赛的优秀素材，并累计已获得多项奖项。

第六章

"乐创教育"资源的开发与利用

资源是践行幼儿园教育的重要保证。如何优化各种资源,打破传统意义上对教育场景的"思考围墙",将社会生活、时事热点、不同人群、自然环境等资源引入到教育场景中来,是"乐创教育"的一直需要思考的问题。

幼儿园面对的资源复杂多元,它们来源于幼儿园内部、家庭、社区、大社会等不同场合,表现为物力、人力、自然、虚拟数据等不同形式。"乐创教育"需要我们善于挖掘资源的教育价值,建立与"乐创教育"的联系,将能体现"乐创理念"并能帮助实施的资源内容纳入资源库之中,并不断丰富与完善。

因此,"乐创教育"背景下的资源是指丰富课程内容,满足师生与园所的个性发展需求,保障教育愿景实现,所有能为"乐创教育"理念服务的各类客体,包括人力资源、园内外环境资源、信息资源等。它们的运用都会呈现出四个特征:

(1) 尊重幼儿的"迷你创造"实践特征,在资源的开发利用中需要体现顺应幼儿的天性与潜能、启发幼儿的经验迁移与好奇联想、支持幼儿个性化的表达表现;

(2) 资源利用的核心是服务"乐创课程","乐创课程"是"乐创教育"中最核心的内容,也是"乐创理念"实现的重要载体,资源的开发利用需要关注与课程内容的有机结合,思考具体实践方式的适宜性;

(3) 重视教师创造性开发利用资源的能力,建立资源与课程需求之间的关系、敏感地捕捉资源特质、生成富有创造意义的活动内容,都考验着教师的专业敏锐度和思考执行力;

(4) 关注对"乐创资源"的有效补充与及时更新,面对不断发展变化的学生、课程标准与资源,要以发展的眼光看待并加以不断充实"乐创教育"。

第一节　人力资源及其开发

人力资源是指处在一定时空范围内,能够创造财富的、具有体力劳动或脑力劳动的人们的总和。这里具有体力劳动或脑力劳动既包括现实存在的,也包括潜在的,即有待于开发的素质和能力。于幼儿园而言,人力资源就是指幼儿园全体教职工以及幼儿园外能为幼儿园所用的所有人力和智力的总和。它与普通意义上的人力资源相比,幼儿园人力资源的功用在于服务幼儿教育,为幼儿发展创造精神和物质财富。相对于园内外环境、信息等其他的幼儿园资源而言,人力资源的有效运用对幼儿园的发展更具有直接和现实的价值。同时,人力资源是可再生的资源,通过有效管理、园本文化浸润和各类培训投入等举措,可以促进挖掘人力资源潜力,升值效力。本节介绍"乐创教育"的人力资源,包括幼儿园教师资源、幼儿园家长资源以及社会人力资源三方面。

一、幼儿园教师资源

幼儿园内部的教师资源是指幼儿园中真性情、高机智、善求新、乐行动的全体教职工,将这些人力资源在一般意义上进行有机组合、重整与优化,能切实丰富"乐创教育"意义,满足发展需求,保障"乐创教育"实现再突破。

(一)支持兴趣特长的生长,形成学习共同体

兴趣在人的心理行为中具有重要作用。一个人对某事物感兴趣时,便对它产生特别的注意,对该事物观察敏锐、记忆牢固、思维活跃、情感深厚。幼儿园支持教师兴趣特长的生长,通过打破园部、年级组以及班级的学习壁垒,充分利用各种资源,激发教师的兴趣特长,让每一位教师在"乐创教育"中建构属于自

图6-1 五个工作室

己的品牌,这对于丰富"乐创教育"的资源起到了积极的作用。

目前,幼儿园成立了"乐享乐说"语言工作室、"趣玩乐思"科学工作室、"玩美乐画"美术工作室、"初音未来"音乐工作室、"畅想乐游"游戏工作室共五个工作室,依托这些工作室为老师的兴趣发展提供了平台。让有兴趣特长的教师形成研究学习共同体,共同对领域特质进行深度的实践研究,从而激发教师的自主性,更好呈现人力资源的生机和竞争力。工作室的形成呈现出更多"乐创"的样式,为幼儿园"乐创教育"注入源源不断的优质、创新能量。

每学年教师根据自己的兴趣与擅长方向,通过自主申报、双向选择的原则,向工作室提交研究主题和研讨主题。工作室为教师的创新活动提供资源和实践研究共同体。工作室主持人均为区学科带头人以及区骨干教师领衔。

以"趣玩乐思"科学工作室为例,工作室活动旨在创造性科学活动研讨中进一步帮助青年教师梳理并明确不同年龄段幼儿的科学活动组织要点,让幼儿园科学活动能遵循幼儿的学习特点,满足幼儿趣味玩耍、快乐思考的发展需求。在确定研讨主题和方向后,工作室坚持以多元方法和途径解决科学相关的问题为主线,培养幼儿逻辑思辨的能力、解决问题的能力为目标,通过各种方式帮助工作室成员提升在幼儿园创新活动设计与组织中的有效实践与反思能力。每年底,工作室将研讨成果在幼儿园、区级等层面进行展示与辐射,以集体教学活动展示、案例、报告等形式交流工作室研讨经验。科学领域特质教师资源的集结,放大了群体智慧,起到了为"乐创教育"资源添砖加瓦的作用。

截至目前,五个工作室均有各自的论文、案例专著,在全国、市、区级层面开放活动达到百余次,形成百余个优质的教育教学案例运用在"乐创课程"之中。

图 6-2　科学工作室展示活动现场

（二）搭建研究实践的平台，聚集多样化人才

幼儿园以教师自主申报的形式，先后成立了 STEAM⁺、创造性艺术、室内运动、环境创设、多元阅读等等 N 个项目组的研究。以多样化人才资源的整合整体呈现出"乐创人"的自觉主动、专业深度的实践与思考。

幼儿园主张项目组由教师主动、自觉申报的方式建立，为学有余力、行有所悟的教师搭建深入研究与实践的平台。每学期有意向的

图 6-3　幼儿园项目组

教师自主集结，填写项目方案书，详细阐述项目名称、项目类型、项目地点、项目领域、承担部门、负责人、项目提出的背景和必要性、项目设计思路、项目实施保障、项目实施困难与问题应对措施、监控与评估等内容。通过方案书，教师可以形成系统性的思考和设计，管理层通过方案书可以明晰资源支持的力度以及跟踪评估的要素等。项目组的建立不仅为教师发展提供一个合作化的平台，让每一位教师在合作的过程中各显其才，而且对于充分激发教师的潜力起到了重要的作用。

图 6-4　项目组教师资源管理图

项目组的申报到实施过程，就是教师资源合理分配与挖掘的过程。以创造性艺术项目组为例，某园区教师群体旨在对高瞻创造性艺术领域进行深入的研究与实践后，希望立足《3—6岁儿童学习与发展指南》与园本"乐创课程"，帮助教师理解、认识"创造性艺术活动"的重要特质与开展要素，了解对幼儿发展的重要意义，教师在解读幼儿在创造性艺术活动中的过程中，结合高瞻关键性指标，能正确认识创造性艺术活动中的儿童。这一方案提出后，得到了园长及园区保教主任的认可，并给予了建设性实施意见。在实施阶段，项目组通过一课三研、课例解读、同课异构等方式，提升了教师创造性艺术活动组织的介入与支持能力。

教师在参加类似项目的过程中，可以充分梳理总结幼儿园自身创新教育中的特色课程活动，开发具有园本特色、本土特色的创造性艺术活动样式。参加项目组后，教师们的学习积极性提高，领悟性增强，并形成了乐于分享、敢于争论，并勇于探索、敢于实践的品质。

图6-5　幼儿园创造性艺术项目组展示活动现场

（三）激发岗位技能的突破，展示个别化能力

幼儿园除了关注教师资源的专业发展，也同样注重教师基于个体岗位技能的个性发展。让每位教师能够在"乐创"的实践中满足个体的发展，呈现自身的价值，从而逐渐融入、喜欢"乐创教育"，发挥自身独特的闪光点。

例如幼儿园敏锐地发现有一批平时在教育教学中"默默无闻"的教师拥有钢琴方面的特长后，搭建了"钢琴T台"，为帮助这批教师充分激发钢琴这一岗位技能的再突破提供平台。在每天清晨幼儿来园最密集的时段，参与的教师都会在园区大厅弹奏各种儿童钢琴曲。这一活动不仅让幼儿园的每个清晨洋溢着琴声，开启师生乐创美好的愉悦生活；同时也让拥有钢琴技能专长的教师，有了不断温故知新、展示自我的机会。在这一活动的影响下，越来越多的教师走上"钢琴 T 台"，或弹奏一两首简单的儿童歌曲，或弹奏自己擅长的钢琴曲。这一活动不仅培养了一批教师在钢琴技能方面的发展，同时也形成了良好的园区氛围。这一活动也成为了学校的品牌，在某次全区举行的会议上，六位钢琴专长的教师做了 12 手连弹的才艺表演，向社会展示了幼儿园教师的风采。

不仅如此，幼儿园还为舞蹈特长的教师开设学术节舞蹈专场，绘画特长的教师开设个人美术展，厨艺特长的教师和营养员举行美食品鉴会……多种多样的活动平台为每位教师搭建个性化定制发展的平台，教师在被尊重、被满足、被肯定的基础上不断突破与发展，这也是"乐创教师"身上始终散发着自信与愉悦的原因。

图 6-6　教师美术作品展

图 6-7　区级大活动 12 手连弹展示

(四) 重视专业潜力开发，教学效能最大化

教师在日常教学中所显现出来的能力只是冰山一角，他们还有很多需要开发的潜力，这对于学生的发展和教师的发展是互惠互利的。为此，幼儿园重视挖掘教师的潜力，根据教改方向、课程实施、社会时事等情况，捕捉教师潜能生发。

例如幼儿园重视与开发后勤保健教师资源，在我们眼里，他们不仅仅是后勤人员，更是幼儿园的重要师资力量。激发这一群体在教育教学中的作用就显得尤为必要。在长期的实践中，我们一直注重对这一群体的培养，创造各种培训和锻炼平台,让他们不断成长。在 2020 年全国新冠疫情期间,后勤教师对维持学校的教育教学起到了积极的作用。他们录制视频,主动做好家校沟通,提高卫生保健健康教育的时效。保健教师、生活老师与教师共同分解视频,将传染病防护要点分段推送给居家的幼儿,让幼儿了解传染病的危害,以及做好自我防护等。在制作视频的过程中,保健老师、生活老师与班主任积极合作,共同参与健康教育中来,形成教育合力。

二、幼儿园家长资源

教育过程是学校、家庭和社会共同参与的过程。家庭参与对学校教育的影响不言而喻,要做好学校教育,就必须正确看待家校合作的重要性。我园在办学的过程中,关注并尝试发挥家长在幼儿园"乐创教育"中的重要作用,让家长成为幼儿园管理、班级管理中的重要人力资源,积极助力"乐创教育"。

(一) 关注安全,参与园区安全防护

家长参与幼儿园工作的最常见形式是做校园安全的保护者。当然,他们在安全防护过程中,也理解了校园理念和文化,这符合"乐创教育"的需要,使得创新之举发挥更大的能量。

幼儿园日常安全工作主要由保安、片警和值班教师共同承担,巡查范围较为局限,在幼儿园每个拐角处、楼道口或是幼儿行径的路线上,不能全面防范突发事件发生。由家长自愿参与的园区安全防护队,使一批心理素质好、志愿热情高、综合素养强的家长轮流参与护园,为幼儿园安保注入家长力量,扩大安保体系底盘,为幼儿园安全加码。

幼儿园在组织一些特殊活动,如走出园门的春秋游、特色亲子活动时,家长乐于参与到安全防护的队伍中,与教师共同保护幼儿在特殊活动中的安全。有了家长的坚强后盾,学校在开展"乐创教育"的过程中才能更加大胆、无后顾之忧。

(二) 协助管理,支持主题活动开展

根据每学期的活动设置,每个年级组和班级都会开展丰富多样的家园互动主题活动。幼儿园以各项活动为契机,邀请家长协助活动管理,积极参与幼儿园活动和班级活动,包括家长与教师、幼儿一起制定活动方案、布置活动环境、

制作活动道具、提供活动摄影摄像等多项内容。这个过程不仅发挥了家长资源对幼儿园"乐创教育"的支持作用,也使家长更了解幼儿园"乐创教育"的理念与实践情况,了解幼儿的发展状况,有效促进了家长与幼儿园、教师和幼儿的沟通。

以大班亲子利废时装秀项目为例。活动前,年级组邀请家长共同确定《大梦想家》的主题,对来园签名拍照、游园装扮彩绘、利废时装走秀以及家长教师节目等活动中的四个环节共同策划流程,并帮助教师在室外布置时装秀 T 台以及背景板。活动中,家长协助教师一起为幼儿与家长拍照,在每个班级协助彩绘以及走秀时摄影并表演节目等。活动后,家长帮助教师共同收拾整理场地,参与评价利废制作的效果等。在这个过程中,家长充分参与到幼儿园的大活动中,协助教师让活动更加精彩地呈现,为活动的有序、丰富、多元发挥着重要的作用。当然,这一活动也激发家长与幼儿参与活动的积极性,感受"乐创教育"的魅力所在。

图 6-8　某年级组亲子利废时装秀活动

(三) 发挥特长,参与"乐创课程"实施

家长们从事着不同的职业,有着不同的兴趣爱好和特长,幼儿在充分挖掘的基础上,合理加以运用,使其成为幼儿园、班级最佳的教育资源。幼儿园会经常邀请家长走进班级与园区,将自己的兴趣特长与幼儿分享交流。这一过程,让幼儿感到亲切、新鲜、有趣,使得"乐创教育"随时迸发着新意,同时也使得家长与教师成为亲密的合作伙伴,加强了家长与班级、幼儿园的教学与管理的联系,最大限度发挥家长参与的途径与效果,提升了幼儿园"乐创教育"的时效性,对促进幼儿乐享创造、全面发展十分有利。

例如,幼儿园有一个叫"魅力阳刚进校园"的项目,幼儿园邀请周边小学体育教师、在读幼儿的爸爸、爷爷、叔叔等进园参与"乐创课程"实施,使幼儿在和爸爸、叔叔、爷爷以及幼儿园男教师的互动中,感受男性阳刚之气,乐于接受挑战,促进幼儿形成勇于创新、坚强勇敢等品质。

再如在"家长走上讲台"项目中,各班级教师邀请从事医生、警察、美发、飞行员、航空航天、信息科技等等各行各业的家长进入教室,与幼儿分享关于"我该换牙了"、"交通警察指挥交通的秘密"、"飞行员的驾驶室里有什么"等等幼儿感兴趣的话题,从情境与问题入手,生成并共同探究"乐创课程"的班本化实施。

图6-9　飞机机械师爸爸走上讲台　　　　图6-10　和爸爸一起做火箭

三、社会人力资源

社会人才资源是指除幼儿园教师与家长资源之外,能为幼儿园"乐创教育"发展提供助力的各种社会力量的总和。吸收并有效运用社会人才资源,能丰富

幼儿园"乐创教育"内容,为幼儿提供更开阔的视野和多元的发展路径。

(一) 社会个体资源

幼儿园开设了丰富多样的公益班,将邀请不同领域专长的教师人才资源,为幼儿提供国际象棋、国画、民族舞蹈、古筝、编程、故事表演、手球等等体验活动。这些涉及领域广泛、形式多样的活动,为幼儿的个性发展提供了广阔的发展平台。从幼儿园层面来说,多元的公益班内容也是落实"乐享创造 全面发展"办园理念的具体实践路径之一。除了以园为单位开展的活动外,各个班级也自主挖掘社会人才资源,结合"乐创课程"的需求将富有专业技术的人才引进班级与教室,拓宽乐创课程的广度。幼儿在与社会人才资源的情境式互动体验中,充分感受到多种创造教育的浸润与发展。例如在某班"乐创课程"实施过程中,请来了某餐饮公司的厨师,和幼儿分享创意使用面粉的小技巧。幼儿与身穿职业服装的厨师情境式互动,激发了面粉变变的多样表现。

图6-11 某餐饮公司厨师来园互动活动

图6-12 某艺术课程公益班活动

(二) 社会团体资源

幼儿园根据"乐创教育"需求,与社会团体建立有效链接,邀请各类行政单位、民营企业、公益团体等参与幼儿教育教学活动,全方位提升社会团队资源参与"乐创教育"的作用与价值。例如,幼儿园平阳园区和平阳小学同在古美街道一个不大的小区内,两所学校间隔距离近,平阳小学又是我园部大班孩子入学的对口学校,两校之间长期建立着幼小衔接工作关系。为了做好幼小衔接,两所学校经过多次的研讨与尝试,共同构建了幼小一体化的课程体系。例如,在日常手球活动开展中,幼儿对小学教师的话语系统需要一个适应过程。有时会出现幼儿对小学男教师的语言指令没有反应或不理解的情况。为了解决这一难题,幼儿园主动对接平阳小学,两个学校的体育教师共同研发了一套幼小一体化的手球课程,既能让孩子们在进入小学后减少手球学习的障碍,同时也能丰富幼儿园的体育课程,使我园大班孩子与小学"结缘",体验小学活动的乐趣,扩大视野和经验,激发孩子们向往上小学的积极心理状态。

再如,幼儿园与消防支队建立了长期合作关系,定期邀请消防队的大叔叔们向小朋友们讲解消防安全知识,培养消防安全意识。消防员叔叔们鼓励孩子们既要注意消防安全,同时也让孩子们在方法合理的前提下创造性地解决消防问题。

图6-13 平阳小学教师手球班

图6-14 向消防员叔叔学本领

第二节 园内环境资源

《幼儿园教育指导纲要》中明确指出:"幼儿园环境是重要的教育资源,应通过环境的创设和作用,有效地促进幼儿的发展。"幼儿园园内环境作为一种重要的教育资源,既包括空间、设备等方面的硬环境,也包括人际间交往的软环境,如何充分利用这些环境,对幼儿发展具有重要的影响。

幼儿对幼儿园园内环境具有广泛的接受性和依赖性,对班级、专用活动室、公共环境进行创造性地设计与利用,可以有效地拓展幼儿学习、游戏空间,丰富优化幼儿学习、游戏的内容和条件,并对幼儿进行全方位地信息刺激,让幼儿在自由、快乐、充满艺术性的环境中激发幼儿内在的积极性和创造性,实现幼儿创造力的发展。我们所言的幼儿园园内环境资源一般包括教室环境资源、专用活动室环境资源、公共环境资源三个方面。

一、自主、艺术的教室空间

教室资源,作为一种专属的时空环境,是幼儿一日生活的主要活动场所,具有多维度、多功能的特点。从空间的角度划分为午睡室、盥洗室、教室、区域这些基本的空间,这些空间承载了游戏活动、生活活动等功能。"乐创教室"作为落实"乐创教育"的基本场所,除了要具备一般意义上的教室设置外,我们更注重发挥幼儿园教室空间创设的艺术性和互动的自主性,充分发挥"乐创教室"资源的价值,在幼儿充分欣赏美、发现美的基础上,发散幼儿思维,激发幼儿想象,引发幼儿创造美的可能,利于引发、支持幼儿的游戏和各种探索活动的需要。

(一)教师空间的艺术设计:审美情趣的体验

教室整体环境以明亮、温暖的色彩为基础,体现不同的冷暖色调如蓝色系列、黄绿色系、红色系等,通过不同色块、形状、线条等艺术环境引发幼儿对色彩、空间的审美情趣。以低结构、开放性的生态化材料为基础,与幼儿共同创设

图 6-15　以"小叮当"为班级形象的教室童趣环境

图 6-16　以"易拉罐"为主要生态化材料的创意教室环境

图 6-17　以"仙人掌"为主题的艺术教室环境

他们喜欢的动物、植物、卡通人物等作为班级形象的"乐创环境"。在富有童趣的、艺术的"乐创环境"中,幼儿发现美、感受美、创造美。

(二) 教室环境的自主性:个性发展的支撑

教室不是封闭幼儿的地方,而是促进幼儿自主发展的地方。教室的空间设计与材料摆放一定要激发其幼儿自主创造的意识与能力。例如,教室墙面环境以矮墙饰空间为主,在幼儿视线范围内能看得见、摸得着,便于幼儿与墙面的自主互动。教室区域以动态式呈现,各区域之间相互开放,随着幼儿需要不断调整、融合,操作材料开放式归类摆放,易于幼儿灵活拿取。幼儿在这样的自由度高的环境中,能自由、自主地进行选择、操作、摆弄、探索、创造,让幼儿的主动学习成为可能,从而满足幼儿的个性化发展的需求。

自主环境之一:自在生活环境

在甜蜜餐点活动中幼儿和同伴一起商量设计餐点环境包括桌椅的摆放、音乐的选择等;在轻松盥洗中幼儿能自主选择喜欢的音乐、选择玩偶陪同等;在安

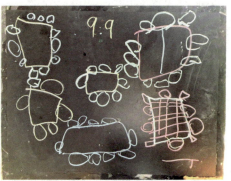

图 6-18　幼儿自主制定摆放餐桌的计划

心午睡生活中通过幼儿自主选择床位和老师共同参与的方式制定午睡规则等。

图6-19　幼儿自主摆放、美化餐桌

自主环境之二：计划区

班级计划区能帮助幼儿有目的地规划自己的活动，包括活动中时间、人员、材料、结果等要素的配置等。根据幼儿年龄特点，计划区包括计划墙、计划书两种形式。小班、中班幼儿以表征、绘画的形式在绘画墙上记录自己的想法，并张贴在班级墙面上；大班幼儿更关注计划的连续性，因此以计划书的形式连续记

图 6-20　教室里的计划墙和计划书

录自己近阶段的个性想法。

自主环境之三：晨间信息板

晨间信息板包括一日流程提示、特别事件提示、共同分享小欢喜、重点项目提示等内容。幼儿通过晨间信息板对当日或近阶段的活动的了解，并主动参与当日班级活动的计划制定。通过晨间信息板，幼儿能在一日生活中展现出更多主动、自信的气质。

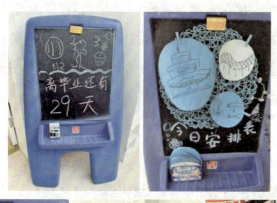

图 6-21　不同形式内容的晨间信息板

除了以上的"整体环境"、"自在生活环境"、"计划区"、"晨间信息板"以外，我们的"乐创教室"环境还包括"问题墙"、"作品展示区"、"百宝箱"等，这些教室环境资源都指向幼儿"乐创"品质的发展。

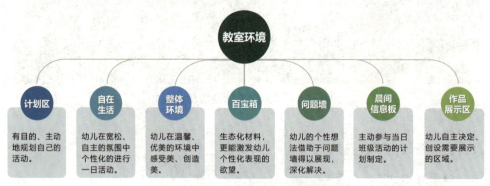

图 6-22 "乐创教室"环境的布局图

二、互动、联结的专用活动室

幼儿园的专用活动室是教师和幼儿共同创设的供幼儿主动探索的活动空间，是能发挥多种教育功能的活动区域，包括科学探索空间、艺术创意馆、主题博物馆、生活馆、建筑天地等领域。以"乐创教育"为背景，我们注重发挥专用活动室的材料丰富性、内容深入性等优势资源，同时关注活动室与教室的联结互动的功能。支持幼儿多视角、多领域地在丰富多元的低结构操作材料中自主选择、充分摆弄，按照自己的方式进行感知、探索、创造的自主学习过程。

(一) 多元的专用活动室：支持幼儿乐享发现的行为

活动室配备数量丰富、种类多元、层次多样的材料和工具，包括主题博物馆、科学工作坊、水光工作坊、创意美术空间、乐高建构馆、公主王子馆、小社会等在内的活动主题，让学生的活动充满了学科性和游戏性。活动室给予幼儿更丰富的游戏空间、更深入的学习体验，满足不同幼儿对各认知领域自主探索的需求。

活动室之一：科学工作坊

科学工作坊具有很强的操作性空间，让幼儿在行动中感知科学的奥秘，不仅能帮助他们获得科学知识，同时还能建构起主动探索的科学精神。

图 6-23　科学工作坊关于关于色、光、影和宇宙的探索

活动室之二：创意美术空间

创意美术室包含丰富多元的材料和多角度的操作空间，美术资源室支持幼儿的自主艺术创作。

图 6-24　创意美术空间的环境资源

(二) 联结的专用活动室：与教室活动的一体化行动

专用活动室不是孤立的，它是和教室有联结的。它是教室里个别化学习的拓展；它是班级集体活动内容的延伸；它是大游戏时和幼儿已有经验的连接。专用活动室不仅和教室有联结，它和公共环境也是相互依托的，公共环境提供了展示的空间，活动室保证了探索的需求。各个活动室之间，也是相互畅通、彼此支撑的，活动室之间工具、材料的共享，能引发幼儿勇于联系、突破空间限制的创新思维。专用活动室能随时为幼儿提供资源，引发幼儿的创造性行为。

图 6 - 25　专用活动室与教室的联结

专用活动室之主题博物馆

我们的主题博物馆包含了三个年龄段的主题，设计了具有共性的、层层递进的个别化内容，筛选、提供了丰富的相关资源支持幼儿主动学习，这样一个自主开放的空间可以让幼儿充分地开展探索。当然，这种学习不仅仅在教室或博物馆发生，它在两者之间建立了联系。在相互交叉和互补的空间里，幼儿可以学以致用，知行合一。

三、开放、多元的公共环境

公共环境相对教室环境和专用室环境呈现出区域空间较大、环境开放、互

图 6-26　幼儿的兴趣从主题博物馆的管道联结到对班级中管道的探索研究

动性强等特点,可以弥补班级区域创设空间的限制,拓宽游戏的空间和范围。我们在办学的过程中,注重充分挖掘公共资源的价值。学生在公共环境中交往与活动,可以融合不同年龄幼儿的交往,丰富幼儿活动的内容和形式,让幼儿在与同伴的交往互动中学会合作、谦让、团结等"乐创品质"。

(一) 开放的公共环境突显幼儿"迷你创造"的发生

公共环境的开放性为幼儿的创造提供了很大的舞台。幼儿园鼓励学生们在学校的公共区域开展自己的创造,如他们可以自由摆设各种公共材料,按照一定的想法和创意进行布局的空间再造,他们也可以在公共环境中展示自己的作品,当然这些作品一定是自己创造出来的。

开放环境之门厅环境

门厅里摆放了座椅、画笔、颜料、生态化材料,幼儿来园、餐后休息时可以自主进入公共区域进行绘画创意活动。门厅里孩子们收集了相关主题的自然物材料或作品,和同伴老师一起创设了四季主题活动。门厅黑板墙上是幼儿各种想法的展现。

图 6-27　幼儿在门厅自主进行创意绘画

图 6-28　门厅里幼儿和老师一起收集、布置的四季环境

图 6-29　门厅里幼儿与墙面进行互动

开放环境之楼梯环境

　　楼梯的墙面上、转角处是幼儿敲一敲、听一听、摸一摸的多感官体验的空间,是幼儿作品创作的展示的空间,是班级活动的延伸空间,幼儿在与环境的互动中激发创造性思维。

图 6-30 楼梯墙壁上、转角处的乐器

图 6-31 楼梯转角处幼儿借形想象的创意作品

图 6-32 班级自然角延伸到楼梯转角处

(二)互动的公共环境支持幼儿社会性角色的发展

公共环境是具有互动性的,学校不仅仅将公共环境看成是校内的学习场所,而且还将其看成是幼儿社会性发展的一个重要工具。因此,我们在对公共环境进行设计的过程中,希望能让学生们更多地模拟社会场景进行创造活动,这包括两个方面的内容：其一是将公共环境视为学生们交流和对话的平台，以此发展幼儿社会性，其二是将公共环境视为幼儿认识社会的场景，在此学生可以认识社会事物。

互动环境之内厅环境：

内厅可以是我们举办幼儿大型画展的举办场所，经过内厅的幼儿可以像一个小观众一样欣赏评价同伴的绘画作品，"绘画大师"也可以介绍他的绘画想法。内厅也可以是我们"创意节"期间的飞机场，幼儿自主装扮成为飞机师、空姐、乘客，在角色互动中有创意地进行相关工作。内厅同样可以是"我们城市"这一活动的建构场所，幼儿成为城市建筑师，设计、制作他们心目中的家园。

图 6-33　内厅《藤蔓中的我》和《我自己》画展

图 6-34　"创意节"期间幼儿在内厅开展飞机场的模拟游戏

经过多年的实践，我们认为幼儿园的环境必须给予幼儿可以创造的空间和可能性，从而培养幼儿主动创造、敢于挑战、专注探索的品质。同样，我们的"乐创环境"是顺应幼儿感受的，是满足幼儿发展需要，为个性化发展提供服务的。我们的"乐创环境"还是跟随幼儿脚步的，是支持幼儿乐享发现，灵活运用多重

图 6-35 内厅里开展《我们的城市》项目活动

视角进行多种联系创造的。我们幼儿园的环境资源中处处显现着、隐藏着幼儿的兴趣、喜好、性格和梦想。

第三节 园外环境资源

幼儿园园外环境资源是指幼儿园园部以外的环境资源,包括自然资源、社区资源和社会资源等,这些资源具有园内资源不可代替性,它们可以很好地发挥互补作用,提升创造教育的效果。

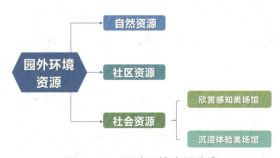

图 6-36 园外环境资源分类

教育部颁布的《幼儿园工作规程》指出："幼儿园应当将环境作为重要的教育资源……充分利用家庭和社区的有利条件，丰富和拓展幼儿园的教育资源。"可见，开发与利用园外环境资源是非常重要的。"乐创教育"理念强调"大教育"的概念，即凡是能促进幼儿创造力发展的资源都是幼儿园可以利用的。因此，开发和利用园外环境资源是教师对幼儿园"乐创教育"理念的理解与内化，也是教师充分挖掘和创意运用资源的过程，它可以丰富"乐创教育"的内容，支持和促进"乐创教育"多元发展的表现。

一、开发园外资源的三个方向

在开发和利用园外环境资源的过程中，如何整合和优化各种不同的园外环境资源以营造幼儿园"乐创教育"大环境是关键。为了解决这一问题，我们分别从拓展课程内容的需要、满足幼儿兴趣的需要以及满足全面发展的需要三个角度出发，对园外环境资源进行开发和利用，基本坚持三个方向：

以满足幼儿个性发展的需要，拓展班级活动而开发。教师在不改变幼儿园原有课程计划的情况下，以一个或几个附加活动的方式，将适宜的园外资源内容融入其中，以丰富和拓展班级活动。如在班级活动"图书漂流"开展中，教师为了让幼儿有更浓厚的阅读兴趣，充分利用学校附近的草地资源，举办了"草地帐篷阅读"活动，极大地激发了幼儿的阅读兴趣和故事表演技能。

以满足幼儿深度探究的需要，服务主题活动而开发。幼儿的兴趣会在环境、经验的不同驱使下发生变化，我们根据园外资源的种类，利用主题活动的形式把各种资源综合起来进行开发利用，结合幼儿年龄特点、兴趣指向、现有水平，促进创造活动走向深度探究。以我园的"蛋糕DIY"活动举例来说，我们在课程设计的过程中，与元祖启蒙乐园展开了合作。在活动中，我们让幼儿了解了蛋糕制作的全过程，同时邀请爸爸妈妈制作了蛋糕，这次经历引起幼儿对蛋糕的不同造型、味道的兴趣，形成了以"好吃的蛋糕"为主题的一系列探究活动，如通过亲子调查"我喜欢的蛋糕"，对蛋糕的形状、颜色、味道等进行探究；通过集体教学活动对蛋糕材料进行探究，制作纸杯蛋糕；除此之外，还开展了蛋糕游戏、生日聚会等。

以满足幼儿全面教育的需要，实现全人培育而开发。我们依据全人培育的目标，利用感知欣赏或沉浸体验的形式，让幼儿获得更多、更全、更广的知识经验以及探索、操作的机会，使幼儿受到潜移默化的陶冶与渗透，达成全面发展、实现全人培育的目标。如结合稻田的自然资源开展的"稻田之行"活动，不仅解决幼儿在辨认稻子上的疑惑，还催生"金色稻田"创意画的活动。除此之外，幼儿通过割稻、打谷等亲身体验，体会劳动的辛苦，激发爱惜食物的情感，促进幼儿德、智、体、美等全面发展。

"乐创教育"的资源开发经历了 10 多年的历程，我们逐渐挖掘了众多有利于"乐创教育"实施的园外环境资源，其中大部分用于幼儿园"乐创教育"课程的实施。从目前资源整合的情况看，服务"乐创教育"的资源框架如下表所示。

表 6-1 "乐创教育"园外环境资源的开发和利用

资源所属	资源指向	开发和利用的资源对象	资源开发举例
自然资源	植物资源	草地、树木、花	《草地创意帐篷阅读》
	农业资源	稻田、麦田、果蔬种植地、棉花种植地	《金色麦田创意画》
	动物资源	野生动物园、上海动物园、鱼塘、养鸡场、蚂蚁	《蚂蚁生物奇遇》
	气象资源	沙、水、风、雨、雷	《好玩的沙子》
社区资源	联动单位资源	居委会、青春足球场、敬老院	《爱心义卖》《创意亲子运动会》
	协议单位资源	高炮三团、平阳小学、消防局	《消防车的秘密》
	公共设施资源	双拥公园、莘庄公园、月湖雕塑公园、上海辰山植物园	《亲子春秋游》
社会资源	沉浸体验类场馆资源	上海油罐艺术中心、上海科技馆、元祖启蒙乐园、自然博物馆	《视觉艺术体验与湿拓画的萌芽》、《蛋糕 DIY》
	欣赏感知类场馆资源	汽车博物馆、航海博物馆、上海美术馆	《汽车博物馆探秘汽车》

二、聚焦个性需求的自然资源

自然资源是指能满足人类需要的有形之物或无形之物，它包括植物资源、动物资源、气象资源、农业资源、森林资源、海洋资源等等，如空气、水、土地、野生生物、各种矿物和能源、樱花廊道、稻田等。自然资源如同一部真实、丰富的百科全书，蕴藏着巨大的教育财富，它向儿童展示了具体、形象、生动的学习内容，为幼儿获得对世界的感性认识提供了天然的场所，对于幼儿的发展来说，具有潜在的教育价值。

《幼儿园教育指导纲要》倡导"让教育回归真实的生活，让幼儿回归自然的环境"的理念。同样，在《3—6岁儿童学习与发展指南》也提出应"经常带幼儿接触大自然，激发其好奇心与探究欲望"。可见，利用自然资源开展教育是教育领域内的共识。那么，为什么要利用自然资源来开展教育呢？

首先，幼儿的天性决定了开展自然教育的重要性。早在两个世纪以前，著名的教育家卢梭就提出了"自然教育"的主张，他强调让幼儿回归大自然的意义和价值，这对于促进幼儿的身心和创造能力发展是至关重要的，也是任何工具都无法取代的。其次，自然世界的丰富性和可变性为幼儿的创造提供了基础。大自然无所不有，各种植物、动物等丰富多彩的资源可以让幼儿的感官、认知、行为能力得到充分的发展。同时大自然又是可变的，只要是在符合规律的前提下，它可以为幼儿提供充分的创造空间，在与自然的互动创造中，既是快乐的，又是淳朴的，既是一种创造力的发展，也符合劳动教育的内涵。

基于上述原因，我们在教育的过程中十分重视对自然资源的利用。如为幼儿提供一些有趣的探究工具，教师激发幼儿的好奇心和积极性，感染并带动幼儿，和幼儿一起发现并分享周围新奇、有趣的事物和现象，一起探寻自然的奥秘。在与自然资源交互的过程中，释放幼儿的天性，培养幼儿的野趣，激发幼儿热爱自然的情感。如以支持班级主题活动，结合自然资源开展的"创意帐篷阅读""稻田之行""公园写生""樱花创意画"等活动。以下是"创意帐篷阅读"和"稻田之行"的两个案例。

案例 ⑫

草地活动之《创意帐篷阅读》

1. 活动介绍

一个阳光明媚的上午，幼儿带上自己心爱的绘本，如《花婆婆》、《阿文的小毯子》、《月亮冰激凌》、《挖地球》、《云朵面包》等，和家长志愿者、老师们一起来到幼儿园小区的草地上，进行了一场创意帐篷阅读活动。帐篷错落地支搭在花儿围绕的草地上，幼儿在歌声中开启了阅读之旅。活动以幼儿自主选择喜爱的帐篷，分组聆听家长志愿者讲述好听的故事拉开序幕。过了一段时间，当熟悉的集合音乐响起，幼儿快速地围坐在老师的身边，聆听小小故事大王的故事，并以鼓掌的方式与同伴的现场讲述互动。紧接着，到了幼儿最期待的时刻，家长志愿者们带来了声情并茂的《小红帽》剧场表演，最后，在老师、幼儿与尤克里里汇聚成的欢快音乐中结束了这一场创意帐篷阅读之旅。

图 6-37　自由分组在帐篷听故事

2. 价值分析

一种新鲜的亲自然集体阅读，让阅读活动在花丛围绕、绿意盎然的草地上更富趣味。这种充满诗意而特别的阅读方式，给了学生一次特别的阅读经历。在阅读与草地的资源组合中，我们收获的不仅仅是亲自然，更多的是阅读交流与互动的乐趣。在错落有致的帐篷中，幼儿获得了不一样的阅读体验，这场在草地上的阅读之旅，让阅读染上了自然的味道。

一次贴近幼儿最近发展区的帐篷约会，让阅读兴趣延续。7顶帐篷塑造了外形不同的7个私密空间。私密空间对幼儿来说是一种充满着神秘、专属、安全感的小小空间。不同于班级的阅读形式，伴随着鸟语花香和徐徐微风的亲自然体验的阅读环境，吸引着幼儿快乐、专心地阅读绘本。阅读带给人类的精神愉悦是任何一种行为都无法替代的，草地帐篷创意阅读活动提升了幼儿的阅读兴趣。

案例 13

田间活动之"稻田之行"

1. 活动情况

稻子和麦子到底有什么不一样呢？带着问题，中一班的幼儿和爸爸妈妈们走进了一片农田，开始了一场识别小麦和水稻的探索之行。坐上大巴，唱着歌，经过半小时的车程，我们来到了水稻种植地。幼儿下车后，就被眼前一大片看不到边的金灿灿的稻田吸引，"哇哇"声不断。幼儿冲入稻田，摸稻子、拨动稻子、和稻子合影。不仅如此，幼儿还在农民伯伯的带领下，体验了收割稻子、搬运稻子、打谷等活动。经过这一连串的过程后，一个个幼儿感叹："原来，稻子变成米这么辛苦啊！"稻田之行在幼儿一声声"谢谢农民伯伯"、"再见"

中结束了。 第二天，在幼儿园里，幼儿运用各种自己喜欢的材料装饰摆弄，画着自己心中的稻田景色，在了解幼儿的兴趣后，教师组织了集体教学活动"金色稻田"，让幼儿经历了一次艺术之旅。 不仅如此，幼儿还发起了爱惜食物的提议——同伴间互相监督不浪费粮食，向园内小朋友宣传等。

图6-38　与稻田嬉戏的孩子

图6-39　割稻、捆扎等体验的孩子们

图6-40　专注创作稻田的孩子

图6-41　稻田作品展示

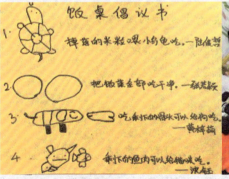

图6-42　图文式的饭桌倡议书

图6-43　积极响应不浪费食物的孩子

2. 资源价值分析

自然资源的真实教育价值，是园内资源无法代替的。当老师和幼儿基于"稻子和麦子"的主题活动引发关于稻子和麦子的异同的讨论时，因为幼儿没亲身经验过麦田、麦子、水稻在田里的模样而难以分辨。虽然教师尝试鼓励幼儿剥开稻子和麦子的外壳，观察它们的内部特征，大胆表达自己的发现，但还是没有办法做到充分感知。只有稻田，才能以真实环境资源支持幼儿对稻子继续探索。他们在与真实存在的稻子展开积极互动的过程中，以直接经验的方式，充分感知了水稻各种不同的形态、谷物的形象，获得了与稻子相关的认知经验。

自然资源的多维度体验，让创作更立体多元。艺术家喜悦于从自然中寻找灵感，以帮助他们创作。喜欢自然是幼儿的天性之一，在"乐创教育"中，幼儿被教师看作是小小艺术家，教师鼓励幼儿与真实的情景亲密接触，促进创意萌发。当幼儿与稻子多维度感知后，再根据体验的感受创造主题为"金色稻田"时，绘画中的稻子就表现出了多元、生活的气息。

自然资源的亲身实践，激发幼儿爱惜食物的情感。稻田之行结束后，围绕稻田资源，幼儿发起了"光盘行动"，珍惜粮食，珍惜农民伯伯的劳动成果。我们感受到稻田资源所带来珍惜粮食的创意活动十分有效。如幼儿自制了以简单图示为特征的饭桌倡议书，提醒小朋友们要节约粮食，并向全园小朋友们宣传"光盘行动"活动。一次稻田资源与教育的有机融合，不仅使稻子麦子主题的内容得以丰富，而且还引发了幼儿对主题的深度探究，形成了多元的活动，收获颇多。

三、立足深度探究的社区资源

社区的各种物质和文化资源是幼儿生活学习的活教材，是幼儿园主题活动的重要来源。对社区资源的积极开发和充分利用，不仅可以开阔幼儿的视野，丰富幼儿的经验,弥补幼儿园教育资源的不足,拓展幼儿园课程的内容,还可以发展幼儿的社会意识,使幼儿更关心社会,关注周围的生活,关注社区的发展,在了解社会生活的过程中轻松愉快地融入社会,并从中体验到一种被社会接纳、重视的感受,形成对社区的良好情感。

社区资源,我们亦称社区联动资源,主要指可以与学校产生联动的资源。我们将社区中的单位进行比较筛选,共建合作,实现对"乐创教育"的教育资源的丰富和优化。幼儿园先后形成了7个共建基地,其中与6个社区签订了联动协议,发展了多个联动单位,形成固定的、联动的课程体系,共同建设了"乐创教育"大环境。如幼儿园与高炮三团合作建立的"小小兵进军营";与烈士陵园合作开展的"红五月系列活动";与社区居委会共同完成"早教亲子乐"公益指导活动和义卖活动;与社区敬老院联动完成"爱老敬老活动"等。在与社区联动资源固定合作的互动中,拉近幼儿与社区的关系,促进幼儿多元化发展,培养幼儿爱国、爱家、爱社会、爱人的情感。如以支持幼儿多元发展,结合社区联动资源开展的"义卖助孤老""垃圾分类小卫士""创意亲子运动会""消防车的秘密"等活动。以下是"义卖助孤老"的案例。

案 例 14

与敬老院的联动:"义卖助孤老"

1. 活动情况

早上,大班幼儿排着整齐的队伍来到了双拥公园,在这里他们要举行一场义卖活动。经过一番布置后,一个个陈列着幼儿心爱的玩具、书籍和亲手制作的手工艺品地摊完成了。义卖活动开始了,幼儿围坐在自家摊位旁,齐声吆喝拉揽生意,叫卖声引来了公园来往行人的围观。在这一过程中,有的幼儿拿出自己准备的售卖秘诀为自己的义卖品宣传,有的幼儿还和选购的"客人"讨价还价,场面热闹非凡。经过1个小时的时间,幼儿的义卖品全部售出,整理摊位后,他们还要统计义卖得来的资金总额。结束后,教师和幼儿一起回到教室协商如何使用义卖款去慰问敬老院的爷爷奶奶。经过一番讨论后，幼儿决定把通过义卖得来的收益换成礼物，一起去敬老院慰问爷爷奶奶们。于是，在自愿报名和推荐的双向选择下，选出了代表全班幼儿实施慰问的幼儿代表和家长志愿者们。在零下4度的寒冬腊月，幼儿在敬老院院长的带领下，去亲切慰问了老人们，并送上了他们的礼物。"爷爷奶奶，祝您身体健康……""希望你们每天都开开心心哦……"幼儿的慰问声，让老人们喜笑颜开。义卖助老的活动在爷爷奶奶们的声声感谢中圆满结束了。

图6-44　幼儿的义卖活动现场

图6-45　给爷爷奶奶送上慰问品

2. 价值分析

拓展的社交空间，是幼儿社交经验的迁移或更新。幼儿园是幼儿步入的第一个集体小社会，有同伴、有老师，但社区空间所联结的是比幼儿园更大的社会交往圈。就像义卖活动中的社交圈一样，幼儿需要面对不熟悉的爷爷奶奶、叔叔阿姨宣传叫卖，如何售出自己的义卖品等问题。在这个过程中，有的幼儿通过提升作品的创意、美观等来提升出售几率，有的幼儿通过打折优惠促进义卖品的售出，这些赋予幼儿积极互动的机会。

真实的爱的表达，助力"爱的教育"的体验与传承。当幼儿代表带上他们义卖所得的"温暖"礼物，在零下4度的寒冬腊月，为年迈的老爷爷老奶奶们，献上一份爱心，这个真实环境中的体验给幼儿留下深刻的印象。幼儿通过赠送礼物、慰问话语，与老人们交流、互动一系列爱的亲体验胜于我们日常语言提醒，让幼儿直接体验了爱的内涵，激励他们爱周围的人的情感。

通过双拥公园与平阳敬老院的资源整合，让幼儿体验爸爸妈妈赚钱的不易，增强了幼儿敬老爱老的意识。通过这样的活动提高了幼儿的社会责任感，让"尊老爱老"的传统美德深印心底。在现代教育理念中，教育不是一件孤立的事情，它作为存在于社会生活中的一种现象，与整个社会和其他现象发生着经常的、密切的联系。

四、利于全面发展的社会资源

社会资源是指面向公众的或具有人文价值的场馆、场所等有形资源，如博物馆、科技馆等。这些场馆对于幼儿来说能丰富认知的多元感知与沉浸体验，在真实环境中发现和习得经验。我们追求幼儿能保有自己想法地生活，充分享受地探索，快乐满足地获得。我们按着指向场馆的社会资源与"乐创教育"联结形式，分为欣赏感受类场馆资源和沉浸体验类场馆资源两种。

社会资源有着独特的特征。首先，它具有社会性，即面向社会而存在，为服务社会而存在。其次，社会资源具有流动性，如知识可以传播、技术可以交流等。第三,社会资源具有可再开发性,即它并不是一成不变的,在条件允许的时候,可以进行再开发和再利用。

幼儿园在办学的过程中,充分利用了社会资源来助力创造教育。如我们借助社会各种场馆资源,拓展、形成教育的"大空间",增强对幼儿探索发现的支持力度,实现幼儿的自主探索。典型的有上海油罐艺术中心与多媒体视觉影像技术打造的互动型沉浸体验的场馆,带给人们超震撼的视觉体验,丰富我们对美的体验。在与社会资源的互动中,促进幼儿的全面发展,启迪其自由天性,获得个性发展。如以拓宽视野的认知广泛性需要,结合社会资源开展的"视觉艺术体验与湿拓画的萌芽"、"蛋糕 DIY"、"汽车博物馆探秘汽车"等。

(一) 欣赏感受类场馆

"乐创教育"背景下的欣赏感知类场馆大多以园外活动的方式进行开发和利用,或结合班级主题活动的开展而需要,或为了解决幼儿感兴趣的疑问而实施等。主要场地是具有以上特质的,以观赏为主的场馆或场所。如汽车博物馆,一个讲述汽车发展史的场馆;中共一大会址,一个记录着中国共产党发展历程的场馆;南京路、外滩、东方明珠等人文旅游景观等。通过对欣赏感受类场馆资源的开发和利用,积淀幼儿的感知欣赏能力,丰富审美感官的体验。以下是《汽车博物馆探秘汽车》的案例。

案例 15

在汽车博物馆中探秘汽车

1. 活动情况

"汽车的轮子转呀转,转呀转,转呀转……"乘坐大巴士幼儿来到汽车博物馆,进入场馆,幼儿的热情瞬间被点燃了,不时发出"哇! 哇! 哇!"的感叹声。跟随历史车轮前进的轨迹,大朋友和小朋友们一起参观了汽车历史馆和汽车珍宝馆。在一楼的历史馆里,幼儿了解了代步工具演化的过程,参观了马车、自行车、蒸汽车、轮船、热气球、飞机，国外的汽车、中国的汽车、数不胜数。"哇！汽车上有个箱子哎"、"车轮好大好大呀"、"我认识这个是法拉利"，不停地有惊喜出现。二楼的珍宝馆里更是有各式各样特别的汽车，有车门在前面的冰箱车、有没有顶棚的车、有带着超长排气管的车等等。在珍宝馆里，幼儿还能聆听车载音乐，观赏古董车、汽车后备厢的物品，还有马路边的设施，发现了最早的红绿灯只有红绿两个颜色的秘密！参观了一圈，幼儿在馆内作画。他们画下了属于自己的汽车"我的房车有三层，可以坐很多人"、"我的汽车有好多好多车轮，还能在水上开"、"我的车子有螺旋桨，可以飞起来"……在三楼的探索馆，孩子们观看了未来汽车大电影，做了汽车装配师、小小修理工，还操作了万能工具箱，体验了模拟驾驶、给汽车加油，玩得不亦乐乎。在嘉定汽车博物馆里，幼儿与汽车来了一场亲密接触，身临其境地创作，很新鲜、很开放。回到幼儿园，幼儿和老师一起布置了画展，将幼儿的创意汽车画展示给更多的人欣赏。

图 6-46　在汽车馆里参观

图 6-47　幼儿园的汽车画展

2. 资源价值分析

真实而直观的体验，有利于支持幼儿对车的充分感知，形成对车的系统认知。我们常会遇到一些无法支持幼儿探索发现的情况，如有的东西很大，我们不可能搬进教室；有的动物很大，不可能养在园所。在小司机主题和创意美术特色活动的深入研究中，我们同样遇到了这些问题。但是，给予幼儿直观地观察和感受的机会，教育效果就会好很多。在嘉定汽车博物馆里的汽车形状各异、种类繁多，直观、真实，实现了幼儿学习探究中的"真支持"，这就是一次直观地体验所带来的收获。

场馆馆式的创作场景有趣自主，有利于创意萌发，助力"车"主题的多元活动。不同于班级的绘画环境，在场馆进行绘画探索更加有趣。因为汽车的构造就在身边，老师在介绍和解答幼儿的提问时得心应手，各类知识也能直观易懂地得以呈现。充满车子的场景，有利于幼儿在作画时创意萌发。幼儿有的画出了飞行的车，有的画着特殊外形的车，有的车子是用来提供专门服务的等等。以画展的形式提高幼儿自信心，使幼儿获得成功的体验，激发更多的创作欲望。

（二）沉浸体验类场馆

沉浸体验在积极心理学领域是指，当人们在进行活动时如果完全投入情境当中，注意力专注，并且过滤掉所有不相关的知觉，即进入沉浸状态。沉浸体验是一种正向的、积极的心理体验，它会给个体参与活动时获得很大的愉悦感，从而促使个体反复进行同样的活动而不会厌倦。沉浸体验类场馆资源是指具有完全投入情境、反复体验的场馆。如上海油罐艺术中心，满足体验者视觉艺术的享受；上海正大广场的公主学院，以公主童话故事为背景，集实景、互动、先进科技戏剧表演等多种形式带给观众沉浸式体验；元祖启蒙乐园，让体验者俯瞰蛋糕工厂的空中走廊体验蛋糕制作工序，制作 DIY 蛋糕等。我们通过对这一类资源进行开发和利用,实现对幼儿创造性艺术的培养。

案例 16

视觉艺术体验与湿拓画的萌芽

1. 活动情况

春意盎然的一天,幼儿和老师一起坐着巴士来到上海油罐艺术中心——水粒子场馆。场馆里由灯光、音乐、VR互动等现代科技手段营造的流动、变化的花、瀑布和海浪组成,让幼儿兴奋无比。在场馆里,幼儿顺着流动的花翻滚、趴在地上观察、拓印地上变化的花朵,有的还叫上同伴美美地拍照,快乐地徜徉在花的海洋里。过了一个多小时,老师和幼儿一起来到场馆旁边的咖啡厅。在大大的、宽宽的阶梯,布置满雕像的咖啡厅里,幼儿拿出自己准备好的绘画工具,开始了自己的创作。最后,幼儿收拾整理了一番,坐着大巴返园。一路上,幼儿还在滔滔不绝地说着印入脑海的画面,"那个瀑布像真的"、"你捉到花了吗"、"在花丛里翻滚太刺激了"……第二天,在幼儿园里,幼儿运用湿拓画的材料继续摸索着视觉艺术,结合拓印的方法,制作出了一幅幅颜色不同、花样各异的美术作品。

图 6-48　观察向日葵变化和做游戏的孩子们

图 6-49 场馆里绘制的画

图 6-50 教室探秘"湿拓画"的孩子们

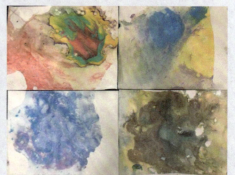

图 6-51 幼儿"湿拓画"作品

2. 价值分析

高科技视觉体验促进多元的艺术感知。 整个场馆里充满着艺术气息和互动体验的氛围。 当屏幕被触动时，屏幕上的景象也会发生改变，循环变化位置的花儿引起幼儿游戏的兴趣，引发幼儿捕捉影子、跟花舞蹈、与屏幕合影等活动。 与高科技视觉艺术资源的结合，让幼儿沉浸在自主、合作、多样的互动中，获得视觉艺术的感知与理解，表达对美的感受，激发幼儿对美的鉴赏之情。

沉浸式互动迸发积极、主动的创作灵感。 在场馆里的沉浸体验与感知为幼儿进一步探索视觉艺术美奠定了基础，促进了幼儿在绘画过程中的自主表征和创作灵感。 幼儿的作画有时因着任务而不得不画，有时因匮乏想法不知如何画，经过沉浸体验后的幼儿都能积极主动，画下脑海中的视觉艺术场景，激励幼儿乐创作、个性创作的可能。

一波波有热度的体验衍生幼儿的创造，一次成功而印象深刻的体验影响着幼儿的兴趣。上海油罐艺术中心的水粒子之行提升了幼儿对视觉艺术的兴趣热度，激发幼儿对"湿拓画"的创造。这正是幼儿对感知经验的内化表现。原来，沉浸式体验的场馆可以引发幼儿的新兴趣，衍生新的领域，让一些不曾开展过的活动进入我们的眼前，开启不一样的活动经历。

"乐创教育"的理念要求教师对资源要保持敏锐发现的能力，对资源有积极开发和利用的敏感度。这需要我们秉持开放、迁移、建立新联结的原则进行资源的优化与整合。园外环境资源的开发和利用是教师对"乐创教育"的理解与内化，是切换视角进行资源开发的过程，受益于园所管理机制的保障和多元的支持。

由上可见，我们在办学的过程中，会充分根据实际需要，将园外环境资源有效整合到"乐创教育"的实施中，形成幼儿园与家庭、社区、社会机构及其他园所多位一体的互助式学习共同体。回顾园外环境资源的开发和利用的过程，是场景搬迁走出班级、走向大自然、团结小社区、融入大社会的实践过程，我们发现，在资源的整理和优化中，我们应当更加关注这些资源的源头开发、创意运用和优化整合，比起换个场地，我们更加期待资源给予幼儿的触动和启发；比起资源的一次体验或互动，我们更加追求资源给予幼儿持续探索和创意萌发。

园外环境资源的优化与整合充实了"乐创教育"的资源，为形成园所"乐创课程"提供了有价值的可行资源。园外环境资源的纳入，让"乐创教育"变得丰富多元，让幼儿的探索学习变得主动创意。

第四节　信息化资源的运用

随着互联网的发展,信息化、大数据时代到来,新技术、新产品、新思想的出现,让人们对教育内容和形式有了更高的要求和期待。网络化、数字化、多媒体化为特点的现代技术使教育内容持续更新、教育样式不断变革、教育评价日益强化。幼儿园在认识到互联网和信息化对教育领域的冲击和变革的过程中,将互联网与教育进行广泛的聚集,对教育内容、功能、时空、模式、关系等进行革新,构建了新型教育生态体系,助力"乐创"教育的实施与开展。

幼儿园为满足教师教育教学需要,为30个班级配备了电脑、电视机、打印机、DVD、iPad 等现代化教学硬件设备,并接入闵行区局域网,做到班班通网络,成立了专门的信息室,建立了幼儿园网站。2013 年,推行了幼儿园家园互动信息化 APP 平台。2015 年,设立了莘庄幼儿园微信平台。2016 年,做了"从'＋互联网'到'互联网＋'"教师培训工作。目前,幼儿园在已有成就的基础上,对个性化线上"公共卫生"课程定制和推送,开始了新的探索和突破。

在信息化时代车轮前进的过程中,幼儿园将智能化、信息化、多元化的产品作为教育领域的新资源纳入到教育教学的实践中,使教育教学、家园互动、信息收集、文化宣传等更具动态性、立体性。幼儿园将从记录、宣传、互动、辅助、个性化五个角度,具体介绍幼儿园在"乐创教育"中信息化资源运用的思考与实践。

一、记录型信息化技术应用

记录型信息化技术应用,主要指的是借助镜头、手环、过程性记录平台真实记录教师、幼儿活动情况,积累"乐创教育"实证数据信息,让科研有据可依。

(一)教育纪实的价值

"教育纪实",指的是借助于"镜头"真实记录教师和幼儿在园活动的片段,采用跟随式拍摄的方式,把教师和幼儿瞬时的一言一行、一举一动捕捉下来,搜集活动数据,成为重复性观看的资料。在反复观看对比过程中,帮助教师更好地关注常态下课程实施的状况,提升对课程实施状况的感知,提高实证意识。通过记录型平台,保留幼儿"迷你创造"课程经历成长的痕迹,为"乐创教育"的落实和推进提供重要的实证支撑。

(二)镜头式记录于教师成长

教师的课堂教学直观呈现了教师教育教学过程,这一过程展示的是教师的教育智慧和理念,最能体现教师的教学能力和水平。借用摄像工具,通过自拍或他拍的方式,全程记录教师课堂的状态,并将视频反馈给教师自己,或者用于教研组观看学习与研讨。这种视频记录方式打破了时空间隔,形成了方便反复观看、研讨的资料,促进了教师间的学习和交流,有利于帮助授课教师直观地发现课堂问题,增强教师的反思能力。除了课堂记录外,还会结合教师对生活、运动、学习、个别化交流分享、自由活动等的组织和实施的各个环节进行记录,帮助教师进一步优化自身教学方法、提升自身素质和专业化水平,使其成为更有神韵的"乐创教师"。

(三)过程性记录幼儿发展

对于幼儿,我们更多的是想通过视频记录的方式,获取幼儿参与活动时的语言、神态、行为等幼儿实质性表现的数据。我们实施的早期"视频编码",通过数据化幼儿的行为,分析幼儿行为背后产生的原因。如幼儿园"创意节"是幼儿最喜欢的活动,众多场馆,但是哪个才是幼儿最喜欢的呢? 为了解决这一问题,幼儿园采用智能手环记录的方式,来收集各类活动室中幼儿的活动数据资料,统计出每个场馆幼儿选择的次数和游戏的时间,分析各类场馆的受欢迎程度。方便后期对课程活动设置、科学专用活动室的创设做进一步的调整,从而满足幼儿个性化活动兴趣。这些客观、个性化的资料,能够助推幼儿研究发展,完善"乐创教育"的实施和评价。

在"乐创课程"的实践中,幼儿园希望能够对幼儿"迷你创造"的课程经历进行保存,让幼儿跟随课程的所思、所想、所感、所表达都能够通过文字、图像、活动等的形式予以展现。在幼儿"迷你创造"的表现中,借助互动型记录的"迷你创造时光机"平台,对幼儿生活、学习、游戏等每个阶段进行过程性记录,如当幼儿表现出探索的兴趣时,教师会奖励一枚"探索合作"的徽章;当幼儿愿意和同伴商量、接受别人的意见时,教师会发送一枚"意见能接受"的徽章;当幼儿提出一个独特的想法,教师会通过文字点评的方式,发送给家长,让家长也及时感受到幼儿创意萌发的表现。学期结束时,会统一制作成精美的相册,作为长久的留念。这种及时性、互动性、过程性的记录,能够帮助老师更全面更细致地关注每个幼儿发展,便于家长及时地了解幼儿发展情况。

幼儿园关注到了"乐创教育"实施的常态,突破原有现场观摩评价和纸质文稿评估的形式,借用记录型信息化技术,着手开展"教育纪实"的实践探索,创新了观察记录形式,提出实证思想,真实记录课程实施的状况,通过对实证的分析、讨论和交流,让园部实现对"乐创教育"开展过程中细节的了解,提升教师对幼儿的分析能力和教师的综合实践水平,立足于全体幼儿发展的大数据、科学化的基础上,更好地推进"乐创教育"的发展。

二、互动型家园 APP 运用

随着"互联网⁺"带来的数字化革命,幼儿园开展了"在大数据时代下,家园互动如何更好走向互动性"的主题活动。前期,幼儿园进行了"互联网⁺"时代教育战略思考、"智能手机拥有率和使用习惯和频率"等一系列调研和分析。2013 年,学校推出了"莘优小庄"家园互动 APP 平台,软件的图标是我们的园徽,设计了微热点、微课堂、微点评等板块,体现了我园倡导的"共享、共育、共建、共赢"的家园关系理念。

平台上开放家长发帖、评论、点赞等互动渠道,开放家长言论自由,同时建立了大数据收集的云平台,能够在数秒内统计家园互动的人、内容、数量、时间等生态元素。通过对家长发帖、讨论的分析,了解家长最真实的诉求。从专业的视角,用心呈现给家长所需要的教育咨询。发展"引导型家长",参与幼儿园家教管理和家园共育的工作。以"纳悦"的情怀,接纳与包容每一个个体,让家

图 6-49 "莘优小庄"界面

长、幼儿和老师享有创造的空间,推动幼儿教育的再发展。家园互动平台的使用,变革了家园沟通的形式,实现了从"独立"到"共通",由"单向"到"双向"的新局面。具体将从以下三个方面进行介绍:

(一)全面推广家园互动平台,促进了家园信息交流

这款双向互动的共享软件,在我园进行了全面推广,得到了家长认可和频繁使用。"莘优小庄"自使用以来,"家园互动 APP 平台"新媒体的运行呈良性发展的状态。据不完全统计,单是 2017 年,幼儿园 APP 家园互动平台总发帖量 10 470 条,其中总评论数 31 139 条,总被赞数 52 842 条。另外,各班还有"班级 QQ 群"、"班级微信群"等交流平台。发帖、评论、点赞等行为大数据的背后,是频繁的信息交互,这些及时性信息的交流与更新,变革了家园沟通的呈现方式,促进了家园间信息交流,基本实现了家教指导的信息化。

(二)开放平台"莘"互动,开拓家园沟通新局面

幼儿园致力于打造一个开放的家园互动新平台,促进家长和幼儿园、教师以及其他家长之间的互动和交流,家长没有时间、机会和老师当面交流或者不知道怎么开口的问题,都可以在"莘庄嗨儿"平台上和老师进行互动交流。在"班级动态"板块,教师可以发布班级的照片、月计划、课程安排等内容,家长可以对老师发布的信息进行点赞和评论,提出自己的想法。家长也可以自己发布

幼儿在家学习、游戏和外出等照片。通过家庭的数据分析,增进了老师对幼儿的进一步了解,捕捉家庭个性化教育需求,开拓家庭教育沟通的新局面。家长通过平台了解其他幼儿在生活中的状态,构建相互学习、共同进步的新渠道。

(三) 相互学习"莘"指导,引领家教共育新途径

为了更好地落实家园合作,做好家教指导工作,幼儿园充分发挥"莘庄嗨儿"平台互动性和开放性的作用,在"家园互动论坛"板块,发布育儿困惑、教育热点话题、早期教育相关讲座等,鼓励家长积极参与发表自己的看法,如老师在平台上发起:关于小班幼儿的入园适应问题与思考——幼儿哭闹不去幼儿园怎么办? 幼儿在幼儿园会受委屈吗? 幼儿怎样才能尽快地适应幼儿园的生活呢? 这些问题发布后,平台上邀请家长们各抒己见,以跟帖的方式将自己的智慧结晶与大家共享,教师针对家长困惑和疑问给出专业的指导和反馈。同时邀请家委会成员在平台上进行科学育儿宣讲,宣传科学的家庭教育理念、知识和方法。通过经验分享、话题讨论的形式,帮助家长解决育儿困惑,获得相对专业早期教育知识和经验,更好地指导幼儿发展。

(四) 开放交互平台,变革家园互动管理机制

对于"互联网$^+$"时代催生出的家园互动新模式,如何把握其良性运作的机制,让互联网带来的家园合作优势朝着我们希望的正向发展,一直是幼儿园管理思考的问题。随着家园互动 APP 平台上家长与幼儿园、教师、家长之间不断的交互,言论越来越自主和开放,幼儿园网络管理的机制也顺延出了变革的故事。论坛上,我们会看到家长的不同诉求,有个性的,也有共性的。为了尽可能对张贴在互动平台上的各类问题,进行分类、筛选和解答。园长室带领家教部、各园区行政办和园级家委会经过商讨、培训和部署,决定采用层级应急处理策略,策略包括:①针对班级幼儿及班集体的问题,由班级家委会和班级教师予以解答;②针对园区管理的问题,由园级家委会及园区行政予以解答;③家委会、教师及各园区反馈上来的各类"疑难杂症",由园长室结合园级家委会商讨,做出裁决,并予以解答。在这些平台上,可以直面家长的诉求,并且围绕这些诉求,学校管理部门可以有针对性地进行问题的解答和处理,让管理更加专业化

和精细化。

家园互动 APP 的使用,改变了家园的互动方式,家长和幼儿园不是相互独立的群体,而是共享信息、共同发展且相互融合的教育共同体。这些珍贵的数据与反馈,使幼儿园家园互动运行及整体管理实现了质的飞跃,为家园合作提供了重要的支持保障。

三、宣传型信息化平台运行

随着智能手机的普及、新媒体运行的出现,幼儿园打破原有校园文化宣传的观念和格局,重视新媒体的广泛应用,利用“公众号”的形式灵活多样地呈现幼儿园工作内容,如各种官方通知、幼儿的大活动、课程研讨活动、不同层次教师培训活动、社区联动活动、党务文化建设等。

图 6-50　幼儿园公众号界面

幼儿园的公众号,分为三大模块,即“幸运草”、“智慧花”、“文明树”。在界面设计上,采用了幼儿园标志性的园徽作为图标,主体页上清晰地表现了幼儿园“乐享创造　全面发展”的办园理念、“温良有礼　敏而求新　乐学合群”的校训、“一样童真释放　更有创新萌发”的课程理念。精心的网页布局,严谨推敲发布的文字和图片,凸显了幼儿园的文化软实力。公众号搭建了实时便捷的信息了解渠道,成为家园沟通的“软桥梁”。在公众号的运行上,我们注重以下三点作用的呈现:

(一) 统一发布相关通知，形成官宣平台

幼儿园作为教育系统的一部分，有其自身的权威性和严格性，要及时严谨地把相关信息通知到家长，方便家长提前做好安排。如每年一次的小班适龄幼儿招生报名信息，要给到家长详细的报名流程，做好温馨提示。让家长接收到统一明确的信息，消除流程顾虑，方便入学办理。法定节假日会根据国家安排，同步发布放假的具体日期，同时结合不同的法定节日，简单地介绍法定节假日所蕴含的意义，如国庆节注重提升民族自豪感，五一节鼓励家长带着孩子一起做家务，让孩子体验劳动的快乐！同时还包含假期应该做好的外出安全提示等。有了这样统一官宣的平台让幼儿园信息更加公开透明，同时也保证了家长获取信息的及时性和便捷性。

(二) 注重个性化课程宣传，凸显园本特色

"乐创教育"是幼儿园特色实践活动，我们相信儿童是天生的创造者，相信每位幼儿的创造潜能。为了向社会和家长介绍我园的"乐创教育"，同时也为更好的让社会各界监督和反馈"乐创教育"，幼儿园公众号"智慧花"板块呈现了幼儿园课程、研究、队伍建设的情况。在"课程"板块里，涉及版本化课程建设、工作坊式研修、区项目式个别化学习研讨活动等活动内容；"研究动态"涉及大小板块项目推进的情况，如快乐学习、青年教师研讨活动等让科研更好地服务于幼儿园发展；"队伍建设"里面记录了新教师培训、青年教师专业发展、姐妹园教师友好交流的情况，方便家长更好地增进幼儿园对教师队伍培养的情况的了解，同时也体现我园对教师专业性发展的培养所作出的积极努力。

(三) 搭建家园"软桥梁"，展现灵气儿童

我园作为一所示范性幼儿园，能够充分认识到早期教育对幼儿发展的价值，注重让幼儿在经历中获得成长，幼儿园会结合幼儿兴趣和需要，开展各种活动，同时通过公众号图文呈现的方式，让家长了解孩子在园的情况，搭建幼儿园和家庭之间的"软桥梁"。如"小达人汇演""班级特色活动""亲子特色活动"等，通过高质量的文字和图片呈现幼儿在活动中参与的状况，记录每个活动幼儿快乐的瞬间，展现每个灵气儿童最好的面貌。

四、辅助型多媒体信息化资源应用

辅助型多媒体信息化资源的教学课件作为辅助教学的多媒体教具,与传统的课堂教学在教学内容的呈现上具有很大的区别。

(一) 多媒体信息化资源的价值

多媒体信息化资源在教育教学中具有明显的优势,能够极大提高课堂教学效率和质量。它可以把图片、文字、声音、动画、影像等素材以多媒体的方式组织起来,制作成课程软件。对于学前阶段的幼儿来说,灵活、图文并茂、动态的呈现方式,更容易引发幼儿的兴趣,取得更好的教学效果。

(二) 我园多媒体信息化资源的内容

多媒体信息化资源的运用,需要配备基础的硬件设备和教学软件。上文说道,幼儿园为满足教师教育教学需要,为每个班级配备了电脑、电视机、DVD、iPad等现代化教学硬件设备,在此基础上,给每个教室的电脑都配置了优质的多媒体软件供教师使用,包括《上海二期课改配套资源》《幼创空间》《童宝宝》等软件均在我们的电脑中。这些数字化教学软件平台,包含了优质课件及动画,课件操作简单,备授课一站式服务,积件化的素材资源,节省了教师的制作时间,丰富了课程内容的展现形式,为幼儿创造了全新的学习体验。

(三) 多媒体信息化资源应用的举措

随着信息化资源的不断丰富,数字化教学软件不断丰富和更新,幼儿园能够充分认识到,不能"捡到篮子就是菜",应当认识到各种数字化课件的优缺点,有针对性地进行选择,方便教师使用,从而使其更好地服务于幼儿的发展。在信息化资源应用方面幼儿园主要采用以下四个策略:

1. "断舍离"策略

"断舍离"策略顾名思义就是精简策略,去掉不需要的,舍弃没有用的。每款数字化教学资源,配套教案、PPT课件、Flash动画等丰富多元的课件,都有自己独特的课程价值和领域色彩。但是琳琅满目的课程资源,哪些才是幼儿园真正需要的,哪些才能起到创造教育的目的呢? 为了筛选出优质的教育资源,幼儿园专门成立了"资源管理团队",对数字化课程资源做整体性地梳理,舍弃不需要的课程资源,选取能够丰富"乐创教育"实践的资源。"断舍离"不是单纯的舍弃,它是立足于创造教育的需要和幼儿发展的需要,只有梳理清楚幼儿园和资源的关系,把不需要的、不合适、不舒服的进行舍弃,获得新的课程布局和顺序,才能发挥资源的最大价值。

2. "双面胶"策略

"双面胶"策略是幼儿园在资源运用上,首先会从尊重第三方劳动成果角度,合理地借鉴、使用多媒体课件资源,同时考虑选取能够丰富"乐创教育"内容、满足教师实践需要、激发幼儿想象的资源。增强第三方资源和幼儿园需要的"黏合度",让两者更加地贴合、相辅相成,以"优"质的资源促进幼儿园"需"要的发展,以"需"要的发展推动资源的不断"优"化。

3. "便利贴"策略

"便利贴"策略是幼儿园在对课件梳理的基础上,形成资源检索目录,将信息化课件资源和教师的园本教参,做一对一指向性的对接。在这一过程中,我们对每个年龄段、不同主题、不同领域等课件资源,进行详细地标记,就像是桌面上醒目、清晰的"便利贴"一样,给予教师明确课件的需要指向,省去教师无目的摸索的时间,便于教师取用,提高工作效率。

4. "修正带"策略

信息化教学资源库不是一成不变,"修正带"策略是指幼儿园会对资源进行不断地更新和完善。在立足社会变革、课程标准的变化以及学校和幼儿发展的需要,幼儿园会定期对资源进行重新的整理。对于资源中不合适的地方,充分发挥"乐创教师"的积极性和主动性,鼓励老师动手制作课件,以替代不合适的资源。在幼儿园每年举行的"学术节"上,展示教师自主制作的优质课件,还会邀请信息组制作能够激发幼儿探索兴趣的动画课件,就像"修正带"一样,查缺补漏,不断地对资源进行及时地补充、更新,来满足幼儿园发展的实际需要。

辅助型多媒体信息化资源,是以网络为载体的多媒体教学课件,丰富了教学资源,改善了课堂的表现力和交互性,促进了教学内容的更好呈现,提升了教学效果,在教育教学实践中起着不可忽视的作用。在面对诸多资源时,幼儿园更多的从教学实践和应用的角度出发,通过"断舍离"、"双面胶"、"便利贴"、"修正带"四个策略,不断地优化、完善课程资源,增强已有资源和幼儿园的黏合度,使资源更紧密的贴合幼儿园发展,发挥资源的最大价值。

五、个性化线上课程定制和推送

信息时代条件背景下,"课程和课堂"呈现新的表现形式,互联网和智能学习工具的普及,使得线上课程成为可能。线上教学支撑环境使得支持网络教学的软件工具、教学资源以及在网络教学活动成为可能。线上课程具有交互性、共享性、开放性、协作性和自主性等基本特征。

(一) 个性化线上课程的整体考量

个性化课程定制和推送的对象主要是幼儿、教师和家长三个群体,在"乐创课程"的早期实践中,定制和推送主要集中在线下,主要形式包括专家讲座、相关培训等。如对于家长群体,幼儿园早期成立了家长学校、创办了"心悦小报",这种方式,对于提供育儿知识和科学的育儿方法、提升家长早期教育水平和能力起到积极的作用。

随着互联网和智能学习工具的普及,幼儿园顺应时代发展的潮流,发挥线上课程资源优势,群策群力开展了个性化线上课程的定制和推送。幼儿园充分考虑幼儿、教师、家长的需要,借助线上教学的支持环境,在成熟线下课程的基础上,逐步实施和完善个性化线上课程的定制和推送,打破传统课堂、培训、讲座等的时空限制,满足了不同群体随时随地"学习"的需要。

(二) 个性化线上"名师学堂"课程定制和推送

"名师学堂"是幼儿园专门打造的优质教学资源库。教师是教育实践的践行者,教师专业素养、能力、品德的优秀程度,决定着教育水平的高低。除了积极参与的市、区级的教师专业发展成长网络学习平台外,幼儿园从本园教师实际情况出发,有目的、有针对性地对不同层次教师的教学能力、科研水平、师德师风、专业需要等进行综合考虑,多方搜集或购买优秀的教育教学案例、科研培训、德育讲座、职业规划等线上视频资源,形成"名师学堂"的资源库。在资源库的建设的过程中,学校成立了资源库建设小组,一方面收集教师的学习心得,了解教师学习情况,另一方面定期访谈教师,询问资源库的使用情况,并对提出的建议做出相应的调整。

数据库除了吸收全国优质的教学资源外,同时还积极组织全园教师精心制作资源。目前,幼儿园根据教师的兴趣和专业特长,在打破三个年级、三大园区壁垒的基础上,组建了包括游戏工作室、语言工作室、艺术工作室等在内的教学研讨小组。在长期的发展过程中,不少工作室已经形成了自己的特色和课程资源。幼儿园会把各个工作室教师优质的教育资源进行收集、汇聚,整理成电子档,也纳入到资源库中,在无形之中增强了教师的自信心和积极性。即使在放假期间,各年级组长和工作室负责人也会定期组织小组成员共同观看相关优质课活动实录和学习讲座,进行在线学习心得的分享和讨论,在互动的学习和交流中,提升教师的专业能力和专业素质。

"名师学堂"资源库考虑到了不同层次个性化教师的专业、能力的需要,有目的、有针对性地给教师推送相应的课程资源,不断提升幼儿园教师的专业能力和专业素养。教师实践智慧的规范化和高度化,一方面认可了教师的实践成果,另一方面也增强了一线教师的自信心,更进一步激发了教师践行教育实践的热情和主动性,帮助教师更好地投身于教育实践。

(三) 个性化线上"公共卫生课程"的定制和推送

幼儿是需要呵护和保护的群体,当常规季节性的传染病和突发公共卫生事件发生时,幼儿园部分或整体幼儿需要"居家隔离",出现了个性化需求的情况。但是即使不在幼儿园,幼儿仍有学习的需求和渴望,为了实现远程教学,让幼儿在家也能享受到优质的教学资源,幼儿园开始了对"公共卫生课程"的思考。

卫生课程定制分成两部分,分别是公共卫生课程和防范卫生课程两个系列。公共卫生课程指向幼儿一日活动中的动动、说说、玩玩,引导幼儿居家有规律地生活;防范卫生课程又分为两个板块,一块是针对患儿进行传染病治疗的配合活动,另一块是针对居家幼儿进行传染病防范小知识的介绍。

公共卫生课程指向幼儿日常的卫生保健,主要的目的是帮助学生认识日常卫生、疾病等一些基本知识。整个课程活动体现出各年龄段幼儿的特点,以"游戏"为主,强调体验、感受与操作,通过定期播报的方式,满足不同幼儿"学习"的需要。幼儿园希望隔离阶段,既关爱患病的孩子,又带动居家的孩子。在反复与强化中,让幼儿获得疾病的知识经验,提高对卫生防护的认识,促进幼儿健康快乐成长。

防范卫生课程由一套规范化的制作和实施流程。学校在邀请校外的医疗专家的基础上，结合幼儿发展的实际情况，提前录好相关课程内容，当突发事件发生时，"定点定人"推送居家隔离卫生课程。将幼儿在居家隔离期间，需要了解的传染病防控知识、一日居家生活的活动安排等等，事先设计、规划好，便于"发生时的取用"。公共课程中，幼儿园会安排一些比较固定的活动，如每日一运动、每日一阅读、每日一游戏等等。课程内容都是幼儿易得的一些疾病的相关知识，比如"水痘"，就有专门的防范宣传教育内容，如"生了水痘怎么办?"、"不做'痘'宝宝"等。

以上多种信息化资源的运用，帮助幼儿园搜集了真实性的研究资料；拓宽了校园活动和师生风采展示的窗口；促进了家园有效互动和家教指导，丰富了幼儿园教育教学的呈现方式；提升了幼儿园的综合影响力。

教育信息化建设的深入，给传统课堂带来了新的挑战和机遇。幼儿园敏感的意识到信息化对"乐创教育"的支持性作用，将信息化资源有效整合，丰富"乐创课程"建设，使其成为幼儿快乐成长和教师专业发展的有力保障，更好地推动"乐创教育"的发展。

第七章

"乐创教育"的文化领导

每一所学校都是一个文化的存在,承载的是学校成员对关于什么是好学校、好教师、好学生、好的教育等问题的根本价值判断和认知状态。它有助于提升教师对学校组织的认同感,凝聚对学校文化的亲近感,发展对学校发展的方向感,同时在一定程度上决定着学校发展的能力、质量和水平。

　　与此同时,文化也是一个充满着差异性和生长性的概念。前者指的是,学校中的每个个体都有个人的自主性,它会让学校文化呈现出一种丰富多样的姿态和诠释。后者指的是,文化是不断发展变化的,当教育行为不断创新更迭,当人员观念因此发展与丰富时,学校文化也会随之生成新的内涵。

　　"乐创教育"中的幼儿园核心文化定位于"开放合力 和谐共荣 求异实干",这一文化取向也借助不同方式不断成就、成长。

第一节 "乐创文化"创建的领导行动

"乐创教育"的实践不仅仅需要教师和学生的参与,同时还需要管理制度的设计和支持。因为管理不仅决定了资源的投入情况,同时对"乐创教育"的师资配置、课程的运行与管理、文化氛围的创建等等都起到了十分关键的作用。我园在长期的教育教学实践中,探索出了一套符合"乐创教育"的管理机制体制,它体现在管理框架、管理文化等多个方面。

一、"双序列"的幼儿园文化自信机制

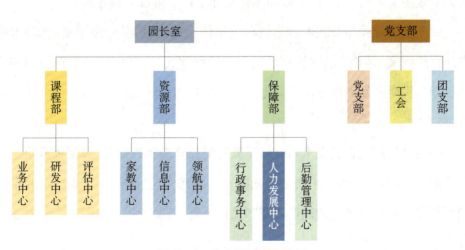

图 7−1 幼儿园管理架构图

我们将幼儿园的组织架构分成两条序列,即园长室序列和党建序列。园长室序列更多关注的是行政与专业的学校管理,党建序列更多关注思想道德与人文建设。其中,在园长室管理脉络中,我们分设了三部九中心,三部为:课程

部、资源部、保障部，九中心为：业务中心、研发中心、评估中心、家教中心、信息中心、领航中心、行政事务中心、人力发展中心、后勤管理中心。

课程部，主要负责幼儿园"乐创课程"的研发与实施，是幼儿园发展的核心力量，通过日常业务管理、课程研发和评估来实现课程目标。资源部，主要承担外部资讯与宣传引领的职责，通过社会资源开发、家园共育宣传等方式为幼儿园各项运行提供资源和外部环境的支持；保障部，主要落实行政事务、人员发展与有序管理运行，通过日常管理的建立、人员队伍的培养，为"乐创教育"提供有力保障。

二、多元立体的幼儿园文化传播机制

(一) 文本管理：让规范管理有依据

为了让管理更加规范，学校在办学活动中有法可依、有政策可循，我们坚持以立文本建手册的方式，来推动日常工作的管理。至今，我们积累了各类幼儿园管理文本近 40 份。主要分成三类：

一类是标准指引类文本，如《员工手册》、《校园核心文化集》、《校园考核手册》等，这些文本的建立，便于教职工在实际工作中解读与遵守；

一类是引导操作类文本，如《教研组操作手册》、《后勤管理手册》、《园本教参》等，这些文本的呈现，将管理活动尽可能程序化，为教职工的教育教学和管理活动提供明确发展的方向、清晰达成的步骤、细化活动的过程，使得工作有序开展；

一类是发展培训类文本，如《新任教研组长管理实务指引》、《保育员快速入门手册》、《宝宝入园指导手册》等，此类文本的建立与完善，为教职员工的专业发展提供了一套规范化的制度规范和操作手册，有助于提升教职员工的专业发展水平。

三类文本制度，将幼儿园的基础工作和发展性思考有机地整合起来，使得教职工的工作有章可循、有例可查，推动了日常有序、均衡地发展。

(二) 视角共享：让浸润管理有内涵

共享是实现教师发展和团队文化的重要机制。幼儿园将日常工作中出现

的问题、状况,借助于共读话题来进行疏导和提示;通过管理案例与实例的记录与思考,引发管理层对管理艺术、工作推进与调试、问题发现与应对等方面梳理提炼,使个体的管理风格不断趋于机智,适应幼儿园的发展需要。

以话题引领——采用励志小故事、历史事件的分析、园长的点评等方式,在共读中,形成统一的价值取向。

以事例启发——借助"管理案例和管理实例"的分享交流举措,在日常工作中,寻找身边的问题,针对问题进行的分析、解决及相关思考。

(三)"复制＋特色":让均衡管理有抓手

要达到园所的优质共荣,必须思考各园区的均衡发展。由于各园区之间的距离较远,我们设立了"一总三部十六室"的管理网络,形成部门间交叉联动配合、职责专兼并举、"复制"与"特色"共存的管理格局。

一方面,我们定期开展工作交流制度、增加分园的保教管理人员配比、将管理制度规范化等举措,对园区的常规工作加强了监管,如设立检查量表、实施园际督查、定时地专项监控等等,力求在基础工作上各园区形成一致的管理要求,各园区良性竞争与协作,推动各园区努力向均衡方向发展。

另一方面,我们也认为"一花独放不是春,百花齐放春满园"。虽然各园区在办学上要坚持一定的共性,但是也是要有一定的差异和特色。由于园区之间的人员情况、所处环境、园所安排不同,往往在办学的时候就需要灵活处理。在有序、统一地安排的过程当中,让每个园区能够寻找各自的差异定位,并为缩小差距而进行有目的、有方向地努力,从而寻求不同园部间较为均衡的发展结果。在这个过程中,各园区也要打开"围墙",必须呈现出更多的开放性,才能更迅速地均衡与融入。

(四)公开公信:让民主管理有保障

坚持以人为本,将民主和谐的核心归结于"有效表达"、"悉心倾听"、"坦诚对话"三个层面,积极调动教职员工的主动性、积极性和创造性。

(1)有效表达:幼儿园为表达与倾听提供制度保障,做到有法可依、有章可循、依法行政。始终坚持"政务公开"、"校务公开"制度,通过民主测评、教代会议事、反馈意见通报会,以及创建网络平台等媒介倾听和反馈来自教职工中的各种声音。我们建立了"领导接待日"、"党员示范岗"等，积极开展谈心、交流、沟通活动。

（2）悉心倾听：根据教育工作的发展，幼儿园不断完善相关制度，在重大决策、重大事项和重大制度执行前广泛听取教职员工意见，坚持公开内容、公开程序，做到公开、公正和公平，切实保障广大教职员工的切身利益。在幼儿的发展和教育过程中，我们同样注重聆听专家和家长的意见，我们设立了教代会议事、反馈意见通报会、专家议事会、家委会会议，以及创建网络平台等媒介，来共同倾听和反馈来自教职工、家长中的各种声音。

（3）坦诚对话：我们为"对话"提供平台支持，每年开展"我爱我家——我为幼儿园发展献一策"的访谈活动，教职工就完善规章制度、构建人才骨干梯队、有效实践课程执行力等方面，展开思想交流、观点碰撞。同时，我们又通过广泛的分析会、沟通会、听证会、辨析会等，协调实际问题，理解两难困境，关注瓶颈挑战，畅通了管理渠道，密切了干群关系，也促进了教职工的参政议政的主人翁意识，教职工的思想意识和行为自觉地统一到促进学校和谐发展、合力共荣的校园建设中。

（五）后勤保障：让精细管理成操守

后勤精细化管理，指向对一日活动中对消毒、清洁、膳食等方面的细致规范、程序化地实施的管理要求，通过"5S"的管理模式，即利用"常组织"、"常整顿"、"常清洁"、常规范"、"常自律"的五种工作办法进行落实实行。

后勤是幼儿园各项工作运转的保障，在每天的重复操作中更加需要有耐心和细心，在日常管理中尤为关注常态下的精细管理。秉承精细化管理理念，我们根据各领域之间不同的侧重点予以关注点，要求他们规范操作的呈现方式也要有所不同。在此基础上，我们更加细化了他们的操作要求，并通过日常培训、专项督查、专题学习等多种方式丰富和统整我们的后勤管理模式。

1. 精细体现在标准化装备与流程中

精细化管理是一种在追求规范化的基础上，以最大限度地减少管理所占用的资源和降低管理成本为主要目标的管理方式。标准化的装备和流程以一种规范设置让管理要求渗透到日常行为中。这样的设置包括建立规范性操作手册、辅助性工具配备等。

规范操作流程：利用三大员日常培训与岗位练兵等培训形式定期与不定期地帮助三大员规范流程，通过专项督查与日常巡查确保后勤人员对操作的重视。同时，针对各个水平的三大员，我们制定了有针对性的操作手册，保育员的《新手入门手册》《熟能跟进手册》和营养员《营养员规范操作手册》等。针对三大员日常工作中的规范操作要求，精炼操作提示与关键信息，形成《三大员应知应会口袋书》，为三大员规范操作的自我学习与提升提供依据。

辅助性工具配备：通过对三大员在操作上遇到的难点问题，增添辅助性工具配备，从而让操作更加精细与规范。在营养员操作任务中，增加"精确度量辅助工具"，帮助营养员精确估算生熟食的配比，更迅速、准确地操作。在保育员的操作任务中，添加了"生活辅助工具"项目，每天放在保育员口袋里的三样宝，包括不用的旧抹布、纸巾、保鲜袋。旧抹布可以随时处理孩子的呕吐物，纸巾可以随时帮助流鼻涕的孩子进行擦拭，保鲜袋可以把随时把看到的垃圾捡起收集。同时，我们通过周周检测表或者班务会议结合随机检查，让三大员重视这些保育细节，并逐渐养成了即用即添的工具使用习惯。

案例 17

关键点需要精准化击破

在日常互查中，分餐是重点关注的环节，其中定量是关键。这就考验了保育员的专业操作水平，如何提高他们的专业水平，除了日常的操练获得熟练的实践经验之外，还要汇通相关人员寻找出解决问题的关键点。

例如，大家都知道不同年龄段的孩子需要每天吃多少饭，但是谁又会很清楚地知道多少量的米才能煮出多量的饭呢？我们对大米的定量原先也只是大约估计而得，没有特别精准的配比。通过几次实验，精确得出米和米饭的比例是 1.1 比 1.5，这样的数据有助于我们在为幼儿定量时有一个精确的标准，正确的定量避免了食物的浪费，也能让幼儿的饮食更加合理和科学。

同时，我们还通过统计一包解冻虾仁的具体重量以及一斤鲍鱼的个数，让定量变得更为科学，如227克的河虾仁，解冻后大约为45两左右，再根据虾仁的重量得出虾仁的数量，根据虾仁的数量我们可以知道分配给每个孩子的虾仁个数，那么操作人员就知道每位孩子吃几个虾仁，使孩子们能够吃到足量的虾仁，又有效避免了操作人员的随意分餐；我们还测试了一斤鲍鱼大约在16—17只左右，在根据鲍鱼的重量得出需要的数量，这些精细化的做法都让我们的膳食操作更具有实践意义。

又比如，我们还对幼儿早上的各类饼干进行了定量测试，算出一包饼干内的数量，核算到每块饼干的重量，并根据幼儿点心的要求，计算出一包饼干可以分几个孩子，备餐间的工作有了科学的依据，点心量分配变得更科学、更直观，避免了浪费或供应不足，也让保育员对点心的操作做到心中有数，操作更自信。目前记录在案的有18种饼干。

2. 精细落实在常态管理中

坚持"每周一问"。由行政与保健教师共同主持，针对三大员的"口袋书"中的话题，进行现场提问与解答，有效解决了三大员胆小、不敢说、不愿说的问题。

解决"每周一题"。针对日常工作的"顽疾"，进行分阶段的梳理攻克，争取每日攻克一个难题，也借此机会，让三大员重温专业知识，提高专业解读能力。

实施"每日一会"。每天利用五分钟进行"晨会"，说说前一天碰到的事情，提出需引起关注的工作要点，使工作要求化为具体的日常，渗透在每日的细节中，也更容易被理解和接受。

推行"每学期一总结"。每个学期结束前，组织三大员一起总结一学期各工作岗位的开展情况，并通过版块梳理出好的做法和不足。对一些好的做法和常规的工作形成范本和机制传承下来,阶段性梳理解决共性问题。同时,我们在学期结束时,重点讨论"学期结束前,我们应该做好哪些工作?",并让三大员了解后期的工作开展重点和突破口。这既是对各自岗位的阶段性回顾,将已有经验文本化,更成为一种可以共享的经验,不断填充和丰富,形成一种长效机制,对三大员的管理做到水涨船高、共同进步。

案 例 18

在精准意识中寻找创新点

每年9月,新小班入园适应都是后勤管理重点关注的问题。刚刚进入机构的幼儿面临从家庭生活向集体生活适应的过程,而这一适应过程也是家长不断适应"放手"的过程。

在与保育员"每日一会"中,我们发现小班幼儿适应期一般持续一个月,在此期间家长都会通过现场问询、电话咨询、微信网络等不同渠道向教师和保育人员了解幼儿在园表现,而主要关心的是关于幼儿吃饭、午睡、如厕、情绪等生活状态情况。有时,这样的询问会不分时间场合,会一定程度上影响保育员正常开展工作。有时,某个幼儿的具体表现被其他教师关注,班级教师之间还未来得及相互沟通而造成信息偏差。甚至有时个别家长总是"意犹未尽",想要了解得更多。面对这样的"狂轰滥炸",我们觉得需要站在家长的角度理解,更加精准地对接家长和幼儿发展需求。

于是,我们尝试设计《小班幼儿适应期反馈表》,将家长们最关心的一些问题每天通过列表进行书面反馈。每天三位保教人员共同沟通幼儿当日表现并共同填写表格,幼儿放学离园时发放给家长手中。每周,教师与家长分别就个别幼儿在园、在家表现进行描述,教师提供针对性的育儿指导,如饮水、如厕等,家长也能就相应的在家表现做出反馈。这也让家园共育有了互通的渠道。

自从试用这份反馈表后,家长们纷纷对它赞不绝口,不单解决他们心中的疑惑与担心，更成为了第一份幼儿适应集体生活的成长记录。

上海市闵行区莘庄幼儿园

小班宝宝一日生活情况反馈表

班级： 姓名： 日期： 月 日—— 月 日

内容\日期	情绪			午餐			点心			集体活动			午睡			喝水			大便		
	好	一般	哭闹	自己吃	需帮助	不肯吃	自己吃	需帮助	不肯吃	积极	参与	不参与	好	一般	未入睡	主动	需提醒	不肯喝	有	次数	无
星期一																					
星期二																					
星期三																					
星期四																					
星期五																					
备注																					

3. 精细落实在聚焦式检核中

所谓聚焦性的检核包括：每月一重点，督查与指导三大员的规范操作行为，并及时反馈与指导；每周一重点，督查三大员规范操作行为的状态，针对各环节进行前后状态比较性的分析，并及时作反馈与指导；每日一重点，在督查中强化规范操作的自律性，确保后勤服务工作质量。

通过"推门式"抽查、专项督查、责任区轮岗等方式，在不定时、不定内容、不定区域的督查过程中，提高后勤工作的质量。比如，重点关注班级的清洁和消毒工作、专用活动室、甜蜜餐点等不同环节的组织和开展情况。在这个过程中，

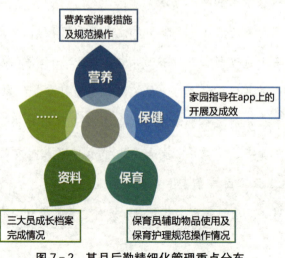

图 7-2 某月后勤精细化管理重点分布

重视后勤人员操作的规范有序以及对幼儿生活习惯的养成。

4. 精细体现在伴随式自检中

建立自查自检制度，将各岗位的工作要求表下发给各岗位人员手中，引导后勤人员自查自身，关注他人，兴起了检查的趣味。本着看一看，查一查，找一找，让检查成为一种促进工作的"游戏"，让工作的质量成为推进评估标准的助力。

日常工作自查自检表（保育员）

检查内容：保育员班级卫生工作　　时间：　　　　班级：　　　　检查人：

日期 项目	规范	加油	规范	加油	规范	加油	规范	加油
电扇无积灰								
所有边框无积灰								
灯管无积灰								
玩具柜下无积灰								
玩具柜边角、横档无积灰								
玩具柜抽屉下无积灰								
空气清洁消毒机清洁								
洗手台盆清洁								
电视机背后无积灰								
鞋架无积灰								
推拉床下无积灰								
推拉床框架无积灰								
空调后、小床下无杂物堆放								
拖线板安全措施								
餐车清洁无污渍								
备注								

日常工作自查自检表（营养员）

检查内容：营养员日常清洁工作　　时间：　　　　检查人：

日期 项目	规范	加油	规范	加油	规范	加油	规范	加油
点心间 整洁情况								
食品仓库 整洁情况								
餐具消毒 清洁情况								

项目 \ 日期	规范	加油	规范	加油	规范	加油	规范	加油
不锈钢消毒柜整洁情况								
蒸箱清洁情况								
灶台清洁情况								
操作台清洁情况								
备餐间清洁情况								
厨房用品(各类工具)整洁情况								
专用水池清洁情况								
洗消间物品整洁情况								
备注								

图 7-3　学校检查表

案例 19

让共性点管理有依据

幼儿园要定期进行消毒检查，其中一项是同伴互查。在这一过程中，大家发现餐前消毒环节，各自消毒开始时间有出入，有的早，有的晚，这样势必会造成 20 分钟以后的消毒时间有误差，在一环接一环的操作中，要是一环有出入，就会影响后面的操作环节。同时，我们也担心水脏了会降低消毒浓度，面对这样的疑惑，也为了让消毒的时间变得一致，我们对保育员消毒桌面的时间以及消毒浓度进行了实验，通过一次又一次的实验，我们发现含氯消毒液的浓度和消毒的桌子数量没有关系，消毒液浓度不会因为多次消毒桌子而改变；同时，保育员消毒一张桌子的时间大约 15 秒左右，饭前清洁加消毒的时间每个保育员控制在 10 分钟以内。通过这样的实验，我们就能把消毒时间准确地定位在某个时间点，这样对规范管理保育员的消毒时间很有帮助，既提高了他们的工作效率，也使餐前消毒变得紧紧有条、规范科学。

第二节 "乐创文化"凝练与辐射

学校文化是指在一所学校内,由学校发展历史积淀而形成的价值观念、制度契约等构成的价值观体系,它影响着学校的办学理念和发展目标。

每一所学校都是一个文化的存在,承载的是学校成员对关于什么是好学校、好教师、好学生、好的教育等问题的根本价值判断和认知状态。它有助于提升教师对学校组织的认同感,凝聚对学校文化的亲近感,发展对学校发展的方向感,同时在一定程度上决定着学校发展的能力、质量和水平。

与此同时,文化也是一个充满着差异性和生长性的概念。前者指的是,学校中的每个个体都有个人的自主性,它会让学校文化呈现出一种丰富多样的姿态和诠释。后者指的是,文化是不断发展变化的,当教育行为不断创新更迭、人员观念因此发展与丰富时,学校文化也会随之生成新的内涵。

"文化是人的主体性的产物,同时又是完善人的主体性的工具和手段"[①],所有关于学校文化建设的论述中,都离不开"人"的因素。而各类文化活动和文化作品就成为承载与表现个人文化理解的载体,同时也生成学校文化活力的来源。

"乐创教育"中的幼儿园核心校园文化定位于"开放合力 和谐共荣 求异实干",这一文化取向也借助不同方式不断成就、成长。

一、讲"乐创"文化故事,立幼儿创造之根

文化一直被认为是一种"看不见"、"摸不着"的存在,总是通过"无形之手"

---

① 周晓阳,张多来.现代文化哲学[M].长沙:湖南大学出版社,2004:9.

在塑造。已有关于文化的研究认为，可以通过研究文化的内容、文化的表述以及重要的沟通形式来分析学校文化①。在学校文化中，那些由参与建构的外显文化作品可以用以展示、交流、辨析各种文化主题的发展情形，了解学校文化的内涵。同时成员们也在解读这些文化作品的过程中，不断深入理解学校文化的核心。

我们围绕"乐创教育"不同阶段的发展成果，及时梳理、凝结对"乐创"的思考，并在形成的基础上，通过各种形式引导主动解读各种文化作品，获得自己对"乐创教育"的真正理解。这样的文化作品包括学校的核心文集、发展规划、共同使用的教材、教师和管理人员创作的各类文本资料，以及共同营造的环境空间作品等。

1. 文书作品

文书作品，主要是通过各类本本资料进行呈现的作品，既有来自于幼儿园园级层面的，也有来自于教师自身撰写创作的。文字是思想的载体，文书作品是文化的重要显性体现。

（1）核心文化集

从"乐创教育"的核心价值出发，将幼儿园章程、管理架构、课程体系、规范规章等方面进行全面梳理，形成一部部校园文化集，全面诠释"乐享创造　全面发展"的办园理念。这些作品集可以助推教师开展"创造教育"的探索研究，培养出一批"神韵教师"和"灵气孩子"，有力保证与实践着"让师生在共同生活中，享受创造快乐"的办学追求。对未来幼儿园将在"开放　和谐　多元　创新"的蓝图上，规划出精致与精品的园所管理。

（2）员工手册

每位新入职的员工都会收到这份指引类手册，全面而又精炼地介绍了幼儿园历史发展、校园文化、基本公约、职责与权利等内容。它与《核心文化集》一脉相承，成为一份面向全体员工的校园文化读本。

《员工手册》将幼儿园的"乐创理念"传递给每一位员工，除了"输出性"介绍

---

① （美）霍伊，（美）马萨尔著，范国睿译.教育管理学：理论·研究·实践（第7版）[M].北京：教育科学出版社，2007：168.

之外，还站在个体角度诠释了对"乐创理念"的实践路径，包括幼儿园能为各自工作所能提供的源源不断支持、"乐创理念"对员工的发展期待等。

（3）各类文本资料

教师反思性文本：教师的实践性反思性文本，能够体现教师对"乐创理念"的理解以及在现实教育行为中的表现，同时可以促进教师持续不断地进步。幼儿园的主要教师反思性文本有"教育纪实""学习故事"等。"教育纪实"关注教师常态下的课程实施状况，通过放慢、放大、回放镜头，引导教师用多元的视角来解读幼儿、解读课程实施的效果、反思自身的教育行为，以此来提高教师的专业能力。"教育纪实"让教师能够静下心来，关注幼儿在活动中的真实反映，并思考自身的教育水平，能够挖掘现象背后的故事。"学习故事"的引入是为了帮助教师树立"幼儿是有能力的学习者"的幼儿观，在课程实施过程中留意观察幼儿，分析学习品质，挖掘优势与闪光点，形成连续性、跟进性的课程思考。

管理人员实践性管理案例：管理人员的领导素养修炼，最关键的是提高思考力、分析力与行动力。也就是说，能否在日复一日的常规工作中寻找经验、或发现问题，将脑中想法都化为切实的做法。通过清晰描述管理事件的来龙去脉，提出困惑、解决策略、改善建议与后续效应等，体现管理理念和个人感悟。在每次的行政会议上，定期分享不同的管理实例，管理团队通过对某一事件的共同商议讨论，明确应该如何在"乐创教育"管理中给予师生的规范与空间。

2. 空间作品

环境对人的影响是潜移默化的，也是直接的。环境中存在的各种事物或作品承载的是学校的办学理念和文化，它们会对教师的教育信念、行为产生重要的影响。同样，教师和学生创造的作品，同样带有个人的情感和态度，会影响其他教师和学生的行为。

在"乐创教育"中，我们积极借助环境作用，在各个具体区域之中呈现能体现"乐创教育"理念的环境作品。除了班级环境、活动室环境等课程环境之外，幼儿园的环境文化还包括体现文化特色的文化设施和各类凸显"乐创精神"的活动说明。

我们邀请教育书画家书写"乐创教育"的核心思想语录,将中国传统文化中的书法意韵与创造教育的主要观点相融合,对"形"与"思"的双重品味共同留存。在教工之家,以年级组为单位,用教师日常的教育精彩瞬间与"乐创"口号相结合,用教育行动诠释我们对"乐创文化"的理解。在幼儿园的各种角角落落,都将创意与联想渗透其中,如一个开关上的装饰却能有千变万化的设计;如一块门牌的呈现蕴含个性符号和意味;如洗手池边简单置物台却通过轮胎的自由组合,变身成各具特色的动物形象;再如校园中随处可见、灰暗无光窨井盖,通过简单的绘画上色,却成为最有创意的、最亮眼的"校园纽扣"……

图7-4 关于"乐创教育"的书法作品

图7-5 "教工之家"环境

从园所可持续发展的角度来说,园所环境可能只是一种外显的、看得见的表现,而我们更注重的是环境所反映的内在文化,为了提升教师的内涵发展,促进幼儿身心的和谐发展,打造切合自身需要的办学风格,营造幼儿园自身的环境文化。以"乐创教育"思考环境的出发点和"全息点",进一步深化特色教育成果,活跃教师思维,改善园所环境,营造和谐氛围,为幼儿健康发展创造快乐、宽松、和谐的环境,为教师专业发展搭建平台,促进幼儿园创新教育实践的深入,促使幼儿园可持续发展。

二、推"乐创"文化活动,助内涵自主提升

"人"是文化建设中的核心关键因素,处于文化主体地位。落实到幼儿园发展得以实现的现实教育活动之中,作为文化主体的地位的教师队伍,其一言一

行都构成了学校的文化,尤其是他们创作的各种文化作品,反映出了学校的教育教学文化。因此,我们在"乐创教育"中十分关注教师的主体作用,通过各种资源与活动支撑,希望能形成并发展教师的内在文化感悟。这样的文化感悟既有对创造的感悟,更包含对教师队伍全面的人文精神的丰满。

1. 在典型宣传中提高教师对优秀优质的认同

我们推出了一系列在乐创教育实践中的优秀老师,借助微信公众号设立专门栏目——"最美花季 最美的人",宣传典型事迹。这批优秀教育工作者和优秀教师的涌现,传递了莘幼的正能量,发挥了我园优秀教师的领先与示范的辐射作用。

图 7-6 入选"最美花季 最美的人"的两位教师

2. 在丰富体验中积攒教师对文化根基的感知

优秀的教师不只表现在专业的精湛,更在于积淀的深厚底蕴。对传统文化的学习,可以让教师获得更多的人文洗礼,对其教育理念和行为都有重要的影响。幼儿园在办学的过程中十分重视传统文化的教育和学习。比如幼儿园设立"国学讲堂",通过系列多元的活动给予教师丰厚的人文滋养;参观敦煌艺术馆,体验感受敦煌之美;以"诗之美""春天的诗歌"等唐诗宋词欣赏,丰富经典文学感悟;邀请文化学者定期来园开展《中国人的智慧密码》文化讲座,深度挖掘了中国五千年文化里蕴含的智慧,加强文化熏陶。

3. 在与园长共读中形成干部对价值取向一致性的把握

中层干部是幼儿园管理的核心力量,他们处于"上传"和"下达"的枢纽位置,他们的工作实践是对"乐创教育"成为现实的关键。幼儿园高效运作离不开他们。因此,形成干部共通的管理取向,对"乐创教育"的一致理解尤为重要。

每月,园长都会与中层干部分享一段她的"素心素语",文字内容可能来自于她阅读而得的一段文字,或是个人近阶段对教育的随想,内容涉及教育理想、管理文化、为人为师等不同思想领域。在每段文字后,园长也会分享她的阅读感悟,引发管理层与她共同对"乐创教育"思索感悟,求同存异,和频共振。

三、出"乐创"教育产品,倡教育创新自信

在对文化的理解中,往往会借助一些具体、外显的事物或者载体来实现。通常而言,用以表示文化的各种符号有助于人们辨识重要的文化主题,其中故事是用以沟通学校文化的重要内容①。

借助真实事件的叙事,讲述故事背后的文化价值,更易于增强教师的"角色认知",引导教职工形成良好的教育观、人生观、价值观和发展观。在"乐创教育"中,存在很多的价值判断,比如"什么是教育真正的价值和作用"、"如何看待幼儿创造"、"创造教育中成人该有何作为"、"在'乐创教育'中如何始终保有初心,保有源源不断的动力"这些话题都是关系到对教育的根本认识和理解,更为重要的是影响"乐创教育"的开展。从上而下的方式来回答和解决这些问题,只能成为一种思想上的灌输。真正有生命力的文化是能让这样的回答来自于每一位教师心中,在有个人意义的、具体情境中的文化理解,从下至上地丰实文化共识。教师团队以具体讲述为基础的交往共生机制,也为校园文化的创设提供强劲的动机机制。

(1)让语言交流成为思想传递的助手

通过对中心话题的讨论,集中展现教师们对教育理念的诠释、对课程实施的领悟和对教学智慧的理解。希望能为教师搭建一个新的话语平台,表达他们

---

① (美)霍伊,(美)马萨尔著,范国睿译. 教育管理学:理论·研究·实践(第 7 版)[M]. 北京:教育科学出版社,2007:168.

在教学现场之外的专业素养与境界。

这样的话语平台除了日常教研、工作室研讨等形式之外,我们专门设立了每年一次的"源·道论坛",成为"乐创教育"中的品牌活动。目前,"源道论坛"已经围绕"创造中的教育智慧"、"在'乐创'中遇见'美好'"、"'乐创教育'背景下幼儿园文化建设的思考"等一系列问题,来思考"乐创教育"。引导教师更加细腻地理解"乐创教育",谈出对"乐创"个人诠释和完整描述。

案例 20

寻智慧之源　探创新之道

莘庄幼儿园第十二届"创亮生命"学术节开展得如火如荼。本届学术节新增了"源·道"论坛,旨在通过对中心话题的讨论,揭示教师的教育智慧,提高教师的教育领悟。经过精心的准备,2017年12月7日,"源·道"分论坛——"做一位智慧型的'乐创教师'"终于揭开神秘面纱,上演了一场精彩纷呈又充满温情的智慧碰撞。

论坛以趣味十足的游戏开场,主持人现场让老师们用信封制作各种创意作品。虽然是临场发挥,但经过老师们的通力合作,一会儿五个有趣的信封创意作品就亮相了:手套、飞机、娃娃、小鱼和海绵宝宝,各个活灵活现。主持人又给大家出难题:看图制作创意信封,但是依然没有难倒老师,大家又很快完成了作品。

随后在舒缓悠扬的钢琴声中,职初期、发展期和成熟期的教师分别上台表达了她们对创新型教师的理解。莫瑛梅老师告诉了听众,创新之路没有终点,成熟教师依然需要不断求新;陆夏妍老师用实例证明,创新之路没有唯一,于实践中创新,思维之树才能开枝散叶;庄盈媚老师则以虚怀若谷的态度诠释了"如何于巨人之肩摘创意繁星"。

也许是被三位老师所感染,与会的所有老师思维也豁然开朗,大家从工作态度、学习态度、生活态度等各个方面入手,各抒己见地写下了她们对创新型教师的理解。随后五位中心发言人又与主持人就

"如何做创新型教师"进行了积极的互动。老师们纷纷表示，创新需要克服困顿、执着求索的毅力，需要有效迁移、自信应对的从容，更需要"守得云开见月明"的那份坚持。

论坛的最后，都园长从灵感把握、勤奋思考、注重经历、寻求变化四点对整场论坛进行了点评，也对教师提出了殷切的希望。

开源论道，和教育智慧，这次论坛很好的诠释了"源·道"的论坛精神，也展示了莘幼人追求教育本源、不忘教育初心的执着与信念。

图7-7 "源·道论坛"活动现场

（2）让教育者角色融于生命

生活中处处存在着对教育的启迪，真正的教育者是会将教育的敏感度和思考力融于生活的各个角落，融入受教育者的生命历程。这种来自生活、来自经历的教育感悟更加平易近人，也耐人寻味。

"行走中的教育力量"就是以沙龙漫谈的形式，引导教师在轻松的氛围中回顾自己曾经的游历点滴，讲述其中发生的对自己教育理念有影响的瞬间，在回顾与展望中挖掘生命碰撞的经历对自己教育行为的启发、感悟、反思，从而增强职业道德感，加强教师思想道德建设。作为一名教育工作者，我们需要以深邃的目光，透过行走中的现象，把关注的焦点定位在自然景观背后所沉淀的文化内涵上，在行走中感悟人生，感悟大千世界，感悟社会的过去、现在与未来；在行走中解读教育的内涵，解读教育与文明史，提升自身的教育感悟力与思考力。

案例 21

<h3 align="center">荷花待放时</h3>

在一次"行走中的教育力量"的讨论中，何红萍老师分享了她的一则旅行经历，感悟到生活需要有发现美的眼光，在教育中也一样需要。当她将这样的教育感悟带到自己的班级中，幼儿也从她的故事中有了发现美的灵感。

1. 行走中的发现

2018年暑假，我们一家四口来到杭州西湖故地重游。走到湖边，被一大片盛开的荷花深深吸引。湖面的波动牵引着荷花的摇摆，一朵朵婀娜多姿的花儿吐露着芬芳，好美啊。路过的人纷纷与这盛开的美景合影。

2. 教育感悟

教师与幼儿一同感受美、表现美是一件开心的事。当我的眼前看到这一池荷花待放时，心中思索，万绿丛中点点红，也是一番美景。荷叶的万千姿态和花苞穿梭在荷叶丛中点滴粉色，太美了。喜欢绘画和写生的我，联想到孩子们看到这一片景会怎样与之互动呢？他们的小手中又会怎样绘制这一片荷花？这样的景色，我们幼儿园的后面不就有吗？其实美景处处在，运用好我们的周围资源启发幼儿去探索发

第七章　"乐创教育"的文化领导

现和动手操作，为幼儿创设不同的探索空间和场景是需要教师的敏锐心和执行力的。

3. 衍生而来的惊喜

当这样的教育感悟点亮自己的时候，我想到的是，感悟是存于心、敏于行的，要将这样的感悟带到自己的教育行动中，分享给自己的孩子们。于是我同样将旅行故事讲述给孩子聆听，当我绘声绘色描述美景和当时的心境时，孩子们也深深被触动。

"我们的幼儿园也很美！"有一位孩子说道。"是的是的，我们有小花园""还有葫芦藤"……我倡议让大家把发现的美景记录下来，于是一幅幅动人作品就跃然眼前。

葫芦藤蔓

班级里蚕宝宝

秋天的草地

花园里的绣球花

幼儿园来了只小猫咪 　　　　　　　　　　我们的乐园

图 7 - 8　幼儿作品图集

（3）让感悟成长成为文化彰显的渠道

在每个人的专业成长中都有终生难忘的小故事、小经历，那些不同的经历、相似的感悟让一群人慢慢地走到一起，成为同一种文化共识凝聚的基础。

"记忆中与你相遇"就是让老师们在轻松的氛围中回忆自己为人、为学、为师的成长过程，可以是学生时代的经历，可以是入职以后的成长，可以是来自师长的谆谆教诲，也可以是一件细微的故事对自己的触动与思考……在讲述自己或聆听他人的过程中，每一位老师仿佛都身临其境，为之动容，同时在回味中激励自己的教育初心，增强职业道德感，也对自己"未来想做一个什么样的教师"、"成为一个什么样的人"明确目标和规划。在"遇见、预见、感悟、成长"的过程中，不断地经历着、历练着、修行着。

案例 22

感恩那些美好的相遇

"记忆中与你相遇"又如约而至。一盆花、一张照片、一个文件夹……12月6日下午，大家拿着自己曾留下珍贵回忆的小物品，聚集一堂，分享自己最难忘的"相遇"。当这些尘封的记忆被再次打开，我们发现有的给老师们的职业生涯带来了转折，有的给予大家继续前进的动力。再次回望，大家由衷发出感叹：感恩所有美丽的相遇。

暖心

有些相遇，会像春风，像暖流，进入我们的人生，扎根我们的记忆。朱老师的布艺向日葵、倪老师的照片册、陈老师的枫叶就是这样一份记忆。讲故事之前，朱老师提了个问题："你们知道向日葵的花语是什么吗？"看到大家面面相觑的眼神后，朱老师莞尔一笑，神秘地说出来答案："沉默的爱。"原来，这份相遇来自朱老师班上一位可爱的男孩——东东。东东在班中非常调皮，对于自己的情绪不能很好地控制，常常会与人斤斤计较。朱老师发现后，并没有批评他，而是经常温柔地提醒她："要做个大气的男子汉，要做绅士。"在老师爱的教育下，东东有了非常大的改变，常常还用自己优良的品行为身边的小朋友做榜样。今年教师节，东东想到了他最爱的朱老师，并将这朵向日葵送给了朱老师，妈妈说："东东平时看着大大咧咧，可是他都把想法放在心底里了。"谈及接到向日葵的那一刻，朱老师眼泛泪光感动地说："能被孩子放在心上真的是做老师得到最好的礼物。"倪老师的照片，来自一位大班毕业的家长，他记录了倪老师这三年和孩子们一起经历的每个瞬间以此为感谢。这一份份暖心的相遇温暖了我们在座的每一个人，让我们相信，在孩子身上，我们永远可以以真心换真心。

匠心

人生中有些相遇一旦发生，它可能改变的就是整个人生轨迹。吴老师的文件夹、潘老师的鞋带、许老师的杯子就如同点亮他们的职业生涯的"魔法师"。让他们甘心做一名教育的匠人，一心一意为教育事业挥洒青春和汗水。工作第一年的吴老师，在一个文件夹中记录了每一次备课、每一次使用的教具、每一个教育教学案例。回头翻看这些物品，虽然此时的她已经不再用到它们，但是每一件物品背后，都能看到自己一幕幕认真钻研的身影。还有，当时入职才第一年的潘老师对未来充满着迷茫与焦虑，他不知道作为一个男老师，应该以何种方式与孩子们相处。在一个茫然无措的下午，一位孩子鞋带散了，潘老师蹲下去帮他系鞋带。这一幕被园长看到了，给予了他高度的评价——"你蹲下的样子最帅"。至此之后，潘老师茅塞顿开：原来，作为教师应该和孩子保持身体、心灵上一样的距离。许老师的杯子是她外出学习时其他幼儿园赠送额度纪念品，之所以这个杯子很有纪念意义，是因为那次的参观经历很特别。以前的外出学习，总会看到别的幼儿园优秀之处，值得我们需要学习的地方。但是从那次之后的参观，许老师发现，我们的幼儿园也有独具匠心与精致细腻之处，这大大增加了作为莘幼人的专业自信，也让她更加努力钻研。老师们以匠人的精神不断要求自己，在平凡的岗位上默默耕耘，为幼儿园做出了卓越的贡献。

初心

有些相遇的发生，像镜子，不断回望初心，给予我们继续前进的勇气。侯老师带来的一段手机截屏，是她职初期留下最美的回忆，如同春风化雨般滋润了她的心田，成为她不断前进的动力。记得那是她刚上班的第一年，很多孩子因为去私立小学考试失败而伤心。侯老师发现了他们的忧伤，在班中对他们进行疏导,告诉她的宝贝们：人生是条漫长的马拉松，未来的日子很长，这一点算不了什么，她淡然的话语瞬间给了孩子们继续快乐的法宝。第二天，她就收到了来自家长的微信，家长感谢老师能给孩子以正能量的指引。家长的感谢，给予了侯老师很大的动力，让她在后来的工作中能一直不忘初心，想孩子所想，真正成为孩子们的姐姐老师。

每一段相遇，都有自己特殊的意义。暖心、匠心、初心是我们这次沙龙老师们内心最大的感悟。教育教学的道路非常漫长，只有把这三颗心牢牢地装在心里，脚踏实地，才能将我们的教育梦想更好的实现。不忘初心，砥砺前行，相信我们每个莘幼人都能在不断地回望初心中一路稳步前进！

四、以"乐创"文化示范，展学前教育之优

"乐创教育"已历经十年，在此过程中不断发展变化、成长丰富。我们从创造教育出发，系统研究"创造教育是什么"、"怎么教"、"如何评"等基本教育问题，从中专研感悟，提升自身的教育视野。如今，我们已在创造教育领域占有一席之地，在幼儿教育方面享有较高的声誉。

"乐创教育"带给我们的不单是一种教育理念，更是一种思考问题的方式，让我们总是不满足于现状，乐于用自己的创造性的思考与实践去尝试改变。"乐创"不只是课程对幼儿的期待，更成为了教师的自我要求，成为了一种园所文化。这样的文化会不断推动着我们"向前看""往前走"。

"千校千面"，不同的幼儿园文化会为学校发展积淀不同基调。文化，不但对内激励自我，也会成为一种标签，随着幼儿园的发展壮大，也是它的积极文化被不断为外界了解、接受、赞赏的过程。文化的作用也将实现从园内到社会的辐射与影响。

（1）通过特色实践成果输出文化

幼儿园参与市区级的实验性研究项目，如"第三轮'课程领导力'实践项目"、"瑞吉欧教育实践项目"、"高瞻创造性艺术本土化项目"等。在项目探索中有机融合"乐创教育"的理念，通过项目成果分享、市区级不同形式的展示交流，也同时将我们的"乐创"理解和实践经验进行有效输出。

（2）通过集体化办学输出文化

在闵行区莘庄镇政府的统筹领导下，闵行区莘庄幼儿园教育联盟成立。闵

行区莘庄幼儿园为莘幼联盟领衔园,莘庄区域内 11 所公办幼儿园、17 所民办幼儿园为成员单位,覆盖莘庄镇 100％的公民办幼儿园。作为领衔园,我园不断输出自身优秀的教学和管理经验,将"乐创教育"的教育主张不断传播,努力实现"教好每一个孩子,成就每一位教师,办好每一所幼儿园"的区域发展目标,为不断推进闵行学前教学科学和谐发展而努力。

（3）通过基地对外辐射

通过上海市见习教师规范化培训基地、闵行区骨干教师培养基地、闵行区课程基地、闵行区校级后备干部培养基地等项目带教,直接将优质的教育教学及管理经验惠及全区 48 所幼儿园。

（4）通过项目扩大教师影响力

开设"博雅名师讲堂",让优秀教师带着经典课程走向社区,走进其他幼儿园,使得优质资源获得更大化的分享;设计"名师帖",通过对优秀教师的宣传,扩大我校教师的社会影响力。在多轮滚动中,莘幼共计 12 位优秀教师走出幼儿园,近 658 名联盟园的教师聆听观摩优质课,近 2 800 名联盟园的幼儿参与优质教育教学活动,覆盖了莘庄镇公民办 100％的园所,占莘庄镇全体人口的 1.9％,获得良好的社会声誉。

后记： 思考不息，"乐创"不止

　　站在十年的路口，回望来路，感慨于我们始终没有停下过脚步，不管是遭遇瓶颈时的困苦挣扎，抑或是一马平川时的顺遂人意。只有这样，才能让"乐创教育"如一个生命般不断成长壮大，而它也将继续枝繁叶茂下去。

　　虽说已有十年，但当下仍是"乐创教育"的一瞬，而我们对它还抱有更多的期望……

一、对勾画"乐创幼儿"形象的期待

　　"每一位幼儿都是天生的创造者"是"乐创教育"所秉持的儿童观。因为，每一个孩子都天性好奇、爱探索、爱提问、爱幻想。在教育中，经常会发生的情景是，孩子总是会问各种稀奇古怪的问题，"火车要是能开到天上去会怎样？""为什么哭的时候会有眼泪？"……他们也总是会有各种天马行空，甚至有些荒诞不经的念头，比如"我想像捡贝壳那样去摘星星"。有的孩子可能还会做出些令人费解的举动。

　　初看可能会觉得他们稚萌可笑，但仔细品味这些表现，或是询问他们背后的原因时，就能清晰地了解到它们都是创造力的表现。因为相比成人，他们对这个世界充满更多疑问和期待，但同时也少了更多条框和固有的限制，对现象创造自己的理解也就成为他们认识世界、探索世界的一种方式。每一个孩子都会有这种去创造的愿望和需要，这些也成为创造力的最初始的状态。

　　值得一提的是，这种创造力可能是以一种潜在的、内隐的方式进行，需要我们成人去发现、保护、支持。如何更好地去发现和识别他们的创造表现呢？这就要对"每一位幼儿都是天生的创造者"进行具体阐释，形成较完整的幼儿形象的描述。

我们曾邀请所有教师根据自己所执教的年龄段,结合自己的教育教学经验以及对幼儿的观察,罗列至少五条本年龄段幼儿创造力表现。教师们纷纷提到,孩子在班级中常常会表现出,"乐意跟随音乐活动身体"、"能自主用肢体表现动作,表达自己的想法"、"能用绘画、捏泥、手工制作等方式表现自己的所见所想"等等。

但同时,我们也发现,教师描述幼儿创造力的方式大多还是停留在概括性地描述上。"根据'自己的……'、'大胆……'"等大量模糊、抽象的词语大量出现。在65位教师的问卷中,"大胆"一词出现12次,如"大胆想象、大胆表达表现"等;"自己"一词出现14次,"自己的感受、自己的需要、自己的思考、自己的想法,自己的生活经验"等。对于"这些概括性词汇该如何解释、理解?""这些抽象描述如何在日常活动现场得以表现并被捕捉?"这些问题的存在,表明创造教育不能仅仅是停留在幼儿创造行为的培养上,更为重要的是要理解行为背后的认知发展和人格的形成。

这样的期待是应该被考量的,行为是创造思维和创造人格的外在表现,很多评价工具都将行为表现作为评价创造力的指征。创造性人才被认为是创造性思维和创造性人格的集合。但很多创造力和创造人才的评价工具都以行为作为外在表现和指征。因此,我们需要更丰满的"乐创幼儿"的形象,将他们典型的创造性行为特征进一步厘清与提炼,让儿童画像更清晰。

(图改编自:Russell Harmon,Andrew Parker. Frontiers in Geochemistry:Cantribution of Geochemistry to the study of the Earth. Wiley-Blackwell,2011:cover.)

我们的思考：双向汇聚式地描绘

1. 通过梳理创造性行为表现的理论文献，提供典型特征的类型与分类结构。如托兰斯学前儿童创造性倾向的行为指征。

2. 向教师收集实践中的"乐创儿童画像"，可以结合文字、作品、图片、视频等不同形式，说明莘幼孩子在"乐创课程"实践中的具体表现特点。

二、对丰满"乐创教育"内涵的期待

回顾"乐创课程"的一路发展，是一个从萌发抽枝到成长苗壮的历程。在不同的发展时期都有一些重点关注和关键事件，推动着我们从最初只关注思维培养的创造游戏课程逐渐扩大内涵，不断融入环境教育理念、生态化教育概念、"全人"的培育观念……将课程内涵不断与环境、与人的发展、与社会文化之间进行着互动与共通，从哲学基础、课程目标、框架结构、内容呈现、实施方式等经历数轮更迭，才形成了如今的"乐创课程"。

近几年间，我们发现每年招生中都会有一些特殊的孩子，有些情绪管理能力弱，有些存在一定程度的发展迟缓，等等。这些幼儿占到每年幼儿园招生的10%—15%。他们在某一方面的能力表现和发展水平与其他孩子有着显著的差异，常态下的班级集体活动形式难以满足他们的需求，面向全体的教学活动设计较难把他们的情况囊括在内，他们也渴望得到教师额外的、个别的关注。于是，我们设立了"天使关爱室"，配备专职指导老师，定制教育空间、材料，定制课程及干预方法的个性化教育空间。

这是个性化教育第一次进入到我们的视线，我们真切感受到幼儿之间的迥异。"差异性是个性的基础，主体性是个性的核心。创造性是主体性智慧发展的高级阶段。"[①]于是，我们开始系统思考"乐创教育"中个性化实施的必要和可能。

2017年，我们以《重建教育场景：幼儿园个性化教育的实践研究》为题申报教育部重点课题并立项。课题以教育场景为切口，探讨幼儿园个性化教育的实

① 严仲莲.幼儿园个性化课程研究[D].南京：南京师范大学,2015.12.

施方式,同时也反哺了"乐创课程"的内涵。在"乐创课程"中,我们越发关注儿童本身需要,关注每位幼儿都是独一无二的个体,具有不同的创造表现与需求,幼儿的性别差异、年龄段差异、学习风格差异、兴趣爱好差异等都被纳进课程实施的视角。

但是,这样的关注还较多仅停留在意识层面,在对原有的培养方式和实施原则部分进行考量之外,"如何结合幼儿的个性特征和需求,更好地激发幼儿的创造表现?""如何调整课程内容和结构,进行更好地针对性地对应?"是需要我们深入挖掘的问题。

我们的思考:

1. 以幼儿的性别、年龄、学习风格、兴趣爱好等维度进一步细化幼儿创造兴趣与创造表现上的差异,分析幼儿个性化需求,尝试调整"乐创课程"的课程内容和实施方式,以更针对性地满足需求。

2. 尝试以教育场景的概念视角建构"乐创课程"的内容实施。从人、事、物的三方面解构已有的课程内容,深入剖析场景要素与幼儿"乐创"需求、表现之间的关联。从而,丰富、优化、调整课程的实施方式。

三、对完善"乐创课程"架构的期待

课程的优化与完善是一个"永远在路上"的话题。在目前"乐创课程"的实践中,我们也通过多种途径和手段,尝试寻找问题、发现问题、解决问题。

通过对"乐创课程实施方案"的文本分析以及通过调研教师与课程管理者,我们发现以下问题:

1. 对于幼儿创造力的评价,虽然采用了权威的幼儿创造力评价工具(托兰斯测验),但是园本化的运用还有待改善,体现在评分的方法不够科学、分析方式的严谨性不足上;

2. 嵌入课程的幼儿创造力发展评价指标多来自于教师的实践性经验,呈现零碎、分散、内部一致性和科学性不够等现象;

3. 基于幼儿评价优化课程实施方案的路径还不够明确。

同时,2018年市教研室来到幼儿园进行课程与教学调研,在关于课程实施

方案的总体评价中提到，建议加强课程评价部分的研究和实践总结，并体现在方案中。例如建构完整清晰的育儿发展评价框架和方法，完善课程实施方案更新机制的总结等。采用更为科学的方法和客观的证据来开展课程分析和监控，提升知觉课程状态的水平，更有依据地完善课程实施和方案本身。

我们的思考：

以上种种问题，都反映出目前"乐创课程"在评价方面可能还存在不完备、缺乏科学、一致、整体性的评价指标与框架的问题。需要建立明确的、围绕幼儿创造力培育的"乐创课程"评价框架与指标，形成较完备的评价操作手册，进一步优化课程实施方案的内涵。

乐创教育至今已走过了十个年头，期间经历了多次的突破与飞跃。这十年，"乐创"带给我们的不单是一种教育理念，更是一种思考问题的方式，让我们总是不满足于现状，乐于用自己的创造性的思考与实践去尝试改变。"乐创"不只是课程对幼儿的期待，更成为了教师的自我要求，成为了一种文化。

这样的文化将会一直推动着我们"向前看""往前走"。相信我们会思考不息，"乐创"不止！

鸣谢

自 2009 年 3 月，受组织委派来到莘庄幼儿园，从此开启了实践幼儿创造教育的全新旅程。对于幼儿创造教育，从最初的懵懂探索到逐步厘清脉络，期间我和团队一起多次经历了重构式的突破与创生。十多年间，与其说是一种教育理想的落地与沉淀，更多则是将"乐创"教育溶于内里的过程。这是一种突破现状的管理变革，是一种直面教育瓶颈问题的深入思考，也是一场认同价值、坚守本真的教育实践。

本书凝结了幼儿园团队共同努力的结晶，在此向全体同仁致以深深的感谢！在十年的行动历程中，有许多的专家、领导、兄弟姐妹给予我们赤忱的扶助，这里也一并表示感谢！

诚挚感谢幼儿园全体教职员工，你们是陪伴每个"莘小宝"茁壮成长的主力军。是你们以"乐创"精神，投身于教育的研究和实践中：一次次学习研讨，用自己的思考诠释"乐创教育"的内涵；一个个活动设计，与幼儿的多元互动呈现了"乐创教育"的智慧；一份份教育感想，以学习故事、教育纪实等形式生动地呈现了共同成长的整个过程，让我们身处其中感到愉悦而满足。感谢原莘庄幼儿园肖景玲园长为创造教育打下的坚实基石。

由衷感谢我的导师郭宗莉老师多年对我的悉心点拨和指导，见证了我每一步的成长；衷心感谢为"乐创教育"的凝练出谋划策的专家们：华东师范大学朱家雄教授、黄瑾教授、张明红副教授、吴刚教授等；东北师范大学缴润凯教授、姚伟教授、陈坚副教授等；感谢上海市教育学会幼教专业委员会主任何幼华老师、上海教育科学研究院李伟涛老师毫无保留地为乐创队伍的建设添砖加瓦；同样感谢上海市教育委员会教研室徐则民、周洪飞、贺蓉、王菁等老师基于创造性艺术活动本土化实践研究项目的悉心指导；感谢闵行区教育学院教研室倪冰、蔡志刚、陈小青等老师的支持。不同专业领域、不同经历的专家们为"乐创教育"带来了富有创见的新观点、新视野和新启示。

衷心感谢闵行区教育局朱雪平书记、恽敏霞局长给予我们精神和制度上的支撑；感谢历任领导督促和激励我始终直面问题，勇于挑战。感谢闵行区第二届教育家培育工程暨闵行教育系统"领航人才"培养工程给予我成长与发展上的支持。

付梓出版之际，借此机会也一并感谢前文中未曾提到，但始终默默关心、帮助我们的各界同仁。还要感谢华东师范大学出版社的编辑老师们为本书提供的支持和付出的心血。

虽然拙作一定有不尽完善之处，但相信我们的工作是一种极富开创性意义的"耕耘"，期待大家的批评与指正。也衷心希望本"乐创教育"研究成果能够为诸多学前教育研究者、创造教育工作者带来一些思考与启示。

期待"乐创"成为幼儿园的文化，不断推动我们"向前看""往前走"。

让我们共同思考不息，乐创不止！

2020 年 12 月于上海

参考文献

董奇.E.P托兰斯的创造力研究工作[J].心理发展教育,1985(1)：42—44.

董奇.儿童创造力发展心理[M].杭州：浙江教育出版社,1999.

段海军,白红红,胡卫平.幼儿创造力干预项目的国际发展动态与启示[J].学前
  教育研究,2015(10)：3—14.

郭元祥.课程观的转向[J].课程·教材·教法,2001(6).

霍伊·马萨尔.教育管理学：理论·研究·实践[M].范国睿译.教育科学出版
  社,2007.

季诚钧.创造型教师：一个值得推广的概念[J].教师教育研究,2006(02)：25.

李明.3—5岁幼儿创造性人格类型倾向的特征及与多元智能关系的研究
  [D].辽宁师范大学,2010.

林崇德.培养和造就高素质的创造性人才[J].北京师范大学学报,1999(01)：
  5—13.

秦骏伦.创造学与创造经营学[M].北京：中国人事出版社,1995.

孙翠菊.论我国的科教兴国战略[D].山东师范大学,2008.

谭小宏.创造教育学导论[M].北京：北京师范大学出版社,2012.

托德·卡什丹.好奇心[M].谭秀敏译.杭州：浙江人民出版社,2014.

王灿明,许映建.我国小学创造教育40年：模式、经验与展望[J].现代基础教育
  研究,2019(01)：5—11.

王灿明.儿童创造教育新论[M].上海教育出版社,2015.

王灿明.学前儿童创造力发展与教育[M].南京大学出版社,2016.

王小英.幼儿创造力发展的特点及其教育教学对策[J].东北师大学报(哲学社
  会科学版),2005(2)：149—155.

杨莉君.试论学前儿童的创造教育[J].湖南师大教科院学报,2001(02)：96—99.

杨雄里.脑科学和素质教育刍议[J].教育理论与实践,2003(2)：1—10.

叶平枝,马倩茹.2—6岁儿童创造性思维发展的特点及规律[J].学前教育研究,2012(03)：36—41.

于伟.儿童的意蕴与率性教育[N].中国教育报,2015—8—12.

袁爱玲.实施学前创造教育必须把握其整体性[J].华南师范大学学报(社会科学版),2001(02)：105—108.

岳欣云.教师发展的最高境界：教师生命自觉[J].华东师范大学学报(教育科学版),2018(02)：117—122.

张庆林等.创造性研究手册(第一版)[M].北京：中国人事出版社,1995.

张译丹,张洪秀.幼儿创造性思维的发展以及培养策略研究[J].产业与科技论坛,2019(01)：251—252.

周晓阳,张多来.现代文化哲学[M].湖南大学出版社,2004.

朱家雄.幼儿园教育活动设计与实施[M].高等教育出版社,2008.

Amabile T M. Motivating creativity in organizations：On doing what you love and loving what you do[J]. California management review. 1997，40(1).

Kaufman, J. C. Creativity 101[M]. New York：Springer Publishing Company，2009.

Torran EP. Why fly?：A Philosophy of Creativity[M]. Norwood，New York：Ablex Publishing Corporation，1995.